Laberintos
de la
Mente Humana

¿Qué es pensar bien? ¿Cómo aprender a pensar bien? ¿Por qué pensamos y decidimos de manera irracional? Conoce qué atajos recorren tus pensamientos cuando tomas decisiones, las neuronas siempre buscan ahorrar el máximo de energía y es ahí donde entran en acción caminos ilimitados que se configuran en sesgos mentales.

José Manuel Zepeda Peralta

ÍNDICE TEMÁTICO

CAPÍTULO IV
Cambio de paradigma: otros modos de pensar.

ii. A modo de introducción: γνωθι σεαυτόν (*gnóthi seautón*) *Conócete a ti mismo.*

En la ciudad de Delfos en la antigua Grecia existía un lugar al cual miles de seres humanos, desde los más altos mandos políticos hasta el más noble agricultor, acudieron con las ansias de conocer cuál era su destino en este mundo, en esas tierras se erigía el templo del dios profeta que recibía a los peregrinos que deseaban profundamente una dirección en su vida, deseaban escuchar el oráculo divino. En la entrada al templo del Oráculo de Apolo estaba inscrito en letras de oro el adagio γνωθι σεαυτόν *(gnóthi seautón – conócete a ti mismo)*, cualquier mortal que buscaba una respuesta de los dioses, al cruzar el umbral del templo era imposible no contemplar el relumbrante mensaje que se imprimía en la vista y en la *mente,* un mensaje que invita a la reflexión profunda antes de hacer cualquier pregunta a los dioses. El mensaje **conócete a ti mismo** no era un elemento decorativo, al contrario, era una severa apelación a que cualquiera que quisiera escuchar el Oráculo de Apolo, antes debería profundizar en sí mismo, solo las personas que se conocen a sí mismas saben plantear las preguntas acertadas a los dioses, el mensaje nos enseña que ninguna pregunta que se le haga al oráculo divino tendrá sentido si antes no se responde la pregunta más importante de todas: *¿Quién soy yo?* Además, solo aquellos que adquieren la sabiduría nacida de la comprensión profunda de sí mismo, haría el mejor uso de lo que el oráculo divino les revele.

El presente escrito que tienes en tus manos nació dentro de una búsqueda ardua de autoconocimiento, en dicha búsqueda me encontré con la complejidad del pensamiento humano que se basa en mecanismos heredados de millones de años de evolución; profundizar en el autoconocimiento es un tema muy manoseado en los talleres de autoayuda que flotan por cualquier lado, pero más que un taller, el *conócete a ti mismo* es un tarea ardua que dura toda la vida, implica más que una metodología o una técnica de meditación, una manera de ver el mundo y la vida misma en todas sus dimensiones en interacción con los demás; vivimos una etapa de la historia que ha sido denominada como la etapa de la *vacuidad,* la tercera escuela de psicoterapia de Viena con Viktor Frankl ya no hace énfasis en la *voluntad de placer* como lo hacía Freud, sino que nos plantea que en la posmodernidad el ser humano vive en el vacío existencial, lo que realmente lo impulsa y necesita es fortalecer su *voluntad de sentido*. Nunca en la historia habíamos dispuesto de tanta información, productos, servicios y experiencias centradas en el usuario, como en las dos primeras décadas del siglo XXI; pero, al mismo tiempo el ser humano nunca se había sentido tan vacío que su único

...sumo desmedido, nunca antes millones de humanos habían ...nsiedad y depresión como sucede actualmente. Vivimos en la época ...*asi nada* nos hace falta, pero aún no encontramos el rumbo para superar ...uchos conflictos sociales y psicológicos, a nivel tecnológico hemos avanzado muchísimo, pero a nivel psicológico y humano estamos en el limbo. Siguiendo el ejemplo de los griegos que visitaban Delfos en búsqueda de respuestas, ahora en la posmodernidad nuestro Delfos son las redes sociales, los buscadores web, los *coaches de autoayuda* e innumerables fuentes de información digital a la carta; ahora Delfos es Google, Wikipedia, Youtube, grupos de WhatsApp, Tinder, Netflix, Twitter, Quora y cualquier otra plataforma digital que venga en el futuro; sin embargo, antes de cruzar el umbral de ese *Delfos posmoderno,* debería de relumbrar ante nuestros ojos e imprimirse en nuestra mente el mensaje *conócete a ti mismo,* deja de vaciarte tanto de ti mismo y de buscar llenar ese vacío con algo ajeno, deja de buscar solamente afuera de ti, deja de hacer tantas preguntas, publicaciones de fotos, textos, videos, etc. sin haber intentado de manera consciente y ardua responderte la primera y fundamental pregunta *¿quién soy yo?,* como decía el magnífico Agustín de Hipona *"Noli foras ire, in te ipsum redi, in interiore homine habitat veritas, et si tuam naturam mutabilem inveneris, trascende et te ipsum"* (No vayas afuera, entra dentro de ti mismo, en el interior del hombre habita la verdad, y si encuentras tu naturaleza mutable, trasciéndete a ti mismo).

Considero que este libro es una respuesta a ese *noli foras ire* de Agustín, con **Laberintos de la Mente Humana** he buscado construir una orientación para todas aquellas personas que quieran comprenderse de manera más profunda, conociendo cómo funciona nuestra mente cuando pensamos y tomamos decisiones. Si aprendemos a conocer cómo se configura nuestra mente al momento que procesamos los estímulos e información de nuestro entorno, nos ahorraremos muchas consecuencias destructivas para nosotros y nuestros prójimos. Mucho se ha hecho énfasis en el argumento que somos seres *racionales* como sinónimo que siempre sabemos lo que queremos y decidimos lo mejor, la vivencia cotidiana y la historia nos ha dicho muchas veces lo contrario, pero aún no logramos comprender *por qué*, aún muchas personas no logran dimensionar y entender cómo y por qué la *racionalidad es limitada.* Este escrito está construido sobre las bases de investigadores que con rigurosidad académica han buscado comprender cómo funciona el cerebro y mente humana, en algunos pasajes encontrarán mis puntos de vistas sobre algunos descubrimientos recientes que no dudo serán muy reveladores para las personas que lean este libro. Deseo que con esta lectura profundices en tu autoconocimiento antes de cruzar el umbral de Delfos en busca de respuestas.

Vivimos en una realidad paradójica en la que tenemos *exceso* de todo y al mismo tiempo millones de personas alrededor del mundo viven *vacíos* en medio de las sociedades de la abundancia, son muy pocos los estudios que sobre esta realidad se han realizado para medir cuántas personas realmente sienten ese *vacío* (Lukas, 1986; Avellar De Aquino, 2017), algo comprensible en medio de un sistema que no le conviene que las personas comprendan que el consumo desmedido tiene sus implicaciones en un *vacío* que la publicidad y el marketing lo disfrazan de cualquier otra cosa para que no te alarmes. Es necesario que se realicen más estudios sobre esto en la sociedad especialmente latinoamericana. La identificación del vacío y la superación del mismo pasa por una fase de *darse cuenta* que indispensablemente implica el conocimiento sobre nosotros mismos, especialmente la comprensión sobre cómo y por qué la mente humana actúa de esa manera que para muchos lamentablemente aún es desconocida, entender por qué tomamos decisiones *irracionales*, pero nunca las vemos como tal. Es imperante en la época del exceso de *datos,* conocer la arquitectura de nuestros pensamientos para tomar mejores decisiones y construir un mejor mundo. Por qué las personas no aceptan que se equivocan, por qué no reaccionamos ante las injusticias del mundo, por qué existe tanto mal, por qué a nadie le importa actuar ante el cambio climático, por qué millones compran productos innecesarios, por qué cuesta ponernos de acuerdo y actuar en conjunto, por qué somos indiferentes ante el sufrimiento de millones de seres humanos o el sufrimiento del vecino; muchas preguntas que seguramente quisiéramos que nos responda el Óraculo de *Google*, el Oráculo de *Youtube*, el Oráculo de *Twitter*, el Oráculo de los Influencers, incluso el Oráculo de los Libros; cada civilización construye sus propios oráculos, no importa quién sea tu oráculo, antes de ir a buscar respuestas *conócete a ti mismo* y entonces entenderás el porqué de muchas conductas y problemas de tu entorno. Te invito a que aprendas a conocer cómo piensa tu mente. Una vez conozcamos y comprendamos cómo pensamos es necesario responder a la pregunta *¿Qué es pensar bien? ¿Cuáles son las diferentes maneras de pensar?* A esta y muchas preguntas más trataré de dar respuesta en el presente libro.

CAPÍTULO I
Sistemas mentales y tipos de memoria.

La mente humana es un universo indescifrable hasta el momento, en constante expansión sin encontrar un límite. Hemos logrado generar el genoma humano y aun así no se logra descifrar las causas de enfermedades como el cáncer; ahora imaginemos lo complejísimo que es comprender la constitución y toda la dinámica de la mente humana. En los siguientes capítulos haremos un recorrido sobre cómo funciona la mente, la memoria, el cerebro humano, etc. Este no es un libro de neurobiología, no hablaremos sobre cómo se constituye el cerebro, sino más bien cómo funciona en su interacción con la realidad y en consonancia con la herencia evolutiva de millones de años.

En el siglo II A.C. el rey Hierión II de Siracusa ordenó la fabricación de una corona a partir de un lingote de oro. Cuando el orfebre entregó la corona, el rey quería asegurarse que la corona tuviese la misma densidad de oro que el lingote, le pidió a Arquímedes un genio matemático de la época que le resolviera su duda. Arquímedes dedicó días analizando cómo resolver el dilema del volumen y peso del oro de la corona y el lingote. Identificó la solución al problema durante su baño, observó que a medida que se sumergía en la bañera subía el nivel del agua, en seguida comenzó a asociar conceptos: él al sumergirse estaba desplazando una cantidad de agua que equivaldría a su volumen. En ese momento saltó desnudo de su bañera gritando *"eureka"* (que en griego significa "lo he descubierto"). Así posteriormente aclaró la duda del rey y dio origen al "Principio de Arquímedes" que rige la dinámica de flotación de barcos y submarinos en la actualidad.

En esa clásica historia de Arquímedes se identifican dos modalidades de pensamiento, que se alternan en nuestro cerebro como si tuviésemos dos mentes, que conviven a veces en armonía y a veces en contraposiciones. Durante millones de años han operado en el cerebro humano, cada una de ellas posee sus propias peculiaridades y durante las últimas décadas han sido objeto de estudio de psicólogos, neurocientíficos y sociólogos. Seguramente en algunas ocasiones surge la pregunta por qué el ser humano es tan ingenioso para algunas actividades y bastante despistado para otras. Eso se debe por la alternancia dinámica entre dos tipos de mentes, algunos neurocientíficos les llaman a esos dos tipos de mentalidades Sistema Automático y Sistema Reflexivo (Lieberman et al., 2002); (Ledoux, 1998). Otros le han nombrado Atención Ascendente y Atención Descendente (Goleman, 2013).

En esta ocasión al tipo de mente denominado automático se le llamará Sistema Inmediato, ya que no estoy de acuerdo que existan ideas o acciones automáticas, no existe absolutamente ningún proceso automático en el ser humano ni a nivel fisiológico, mental o espiritual; y la misma expresión "sistema automático" es un oxímoron porque todo sistema subsiste de la cooperación e interdependencia, nada ocurre por automatización, nada ni nadie opera por sí solo y de manera autónoma, por ello al estilo de mente que llaman "sistema automático", se le denominará "Sistema Inmediato" (SI) y al otro modelo lo continuaré denominando "Sistema Reflexivo" (SR).

Cuando el rey Hierión planteó su solicitud de cálculo de volumen y peso a Arquímedes, el matemático empezó a hacer uso de su Sistema Reflexivo, esa mente que se caracteriza por ejercer control, deducción, ir paso a paso, ponderación pausada de balances entre diferentes elementos, es más lenta, etc.; sin embargo, en el momento que estaba sumergiéndose en la bañera, entró en operación un sistema mental inmediato, ese que debido a la operación continua de acciones o pensamientos, emerge sin tardanza y mediación.

Por ejemplo, cuando se aprende a conducir un auto con sistema de cambio de velocidades manual, al inicio opera constantemente el Sistema Reflexivo, cuando eres un nuevo conductor, cada vez que vas a conducir piensas en todo el proceso fase por fase, de manera secuencial, comienzas a pensar en el momento de encendido, presionar el pedal de freno, retirar el freno de mano, presionar el *clutch* sin soltar el pedal del freno, meter la primera velocidad, soltar el pedal de freno y presionar el acelerador y simultáneamente soltar el pedal de *clutch*, todo esto en total armonía de manera que no se te apague el vehículo.

Luego, cuando vas en marcha en la calle, mentalmente repites el proceso de manera pausada, piensas que primero debes escuchar las revoluciones que indiquen el momento indicado para hacer el cambio de velocidad, luego soltar el acelerador e introducir el *clutch*, posteriormente hacer el cambio de velocidad, sacar *clutch* lentamente y de manera simultánea apretar el acelerador. En este momento el Sistema Reflexivo está operando en toda su expresión. Pasados unos meses de constante práctica, harás todo ese proceso de manera "inmediata y continua", sin reflexionar detenidamente fase por fase, entrará en función el Sistema Inmediato, el cual suele perfeccionarse con la repetición continua, esfuerzo y tiempo.

Por lo anteriormente descrito y sustentado en estadísticas, los adolescentes son conductores más riesgosos, el riesgo de choques vehiculares es más alto entre los adolescentes de 16 a 19 años que en cualquier otro grupo de edad. De hecho, si se calcula por milla manejada, los conductores adolescentes de entre 16 y 19 años tienen casi 3 veces más probabilidades de sufrir un choque mortal que los conductores de 20 años y mayores (US Census Bureau, 2017). Y la probabilidad de un accidente se aumenta en un 50% por cada adolescente extra dentro del vehículo. Si van dos adolescentes el riesgo es del 100%, si van tres adolescentes sin supervisión dentro del vehículo, el riesgo se triplica en un 150% (Chen L et al., 2000; Ouimet MC et al., 2000). Esto es debido a que su Sistema Inmediato no está entrenado, no tienen la práctica suficiente, y suelen hacer un uso muy lento del Sistema Reflexivo al momento de conducir; eso aunado a los distractores internos y externos, convierten a un conductor adolescente en un temerario al volante.

Nuestro cerebro es un escenario en el que se desarrolla una película multigénero, en la cual tomamos como protagonista al Sistema Reflexivo, pero en realidad el protagonista es el Sistema Inmediato. Y aunque algunos autores quieran plantear esto como un desperfecto de la naturaleza humana (Goleman, 2013), me parece un atrevimiento tal afirmación. Nuestro ADN, cerebro y mente están dotados de una perfección espectacular que nos ha permitido sobrevivir a más de 5 millones de años en todo el proceso de hominización (Jaiswal, 2007). Una de las grandes cualidades del cerebro es su adaptabilidad al cambio, esencial para sobrevivir en un proceso evolutivo de tal extensión temporal.

Entre las características de la mente del Sistema Reflexivo, se encuentran que requiere de tiempo, es más lenta en el procesamiento de datos, lo cual más adelante explicaré por qué se comporta así, se activa de manera voluntaria, rige el autocontrol de emociones y pensamientos, es la encargada de filtrar la información, ponderarla, analizarla y registrarla. Podríamos decir que es el asiento de la conciencia reflexiva.

Por otro lado, la mente del Sistema Inmediato es más rápida, intuitiva, en ocasiones es involuntaria porque siempre puede emerger, es emotiva, impulsiva, es el gran almacén en constante expansión de nuestros aprendizajes, experiencias, asociaciones y modelos mentales. Freud diría que es la residencia del subconsciente, ese amplio cúmulo de imágenes, sonidos, experiencias y recuerdos que no se pueden mostrar a nivel consciente de manera simultánea y algunos incluso están afuera del umbral del llamado de la conciencia, pero que pueden emerger eventualmente de manera involuntaria en ciertos comportamientos, palabras, ideas o sueños.

1.1 Las funcionalidades de este sistema dual de pensamiento.

Hace seis millones de años iniciamos el proceso de hominización, en el cual a partir de un ancestro común entre los *hominoideos*, una especie del grupo de los homínidos evolucionó hasta convertirse en humano. Hace seis millones de años existió la que podría ser la abuela de la humanidad y de los chimpancés, los científicos la nombraron "Ardi", el homínido *Ardipithecus ramidus* (Lovejoy, C. O.,

2009). Proceso de hominización implicó una serie de cambios morfológicos, mentales y sociales. Los principales cambios del proceso de hominización a nivel morfológico en líneas generales son los siguientes:

1. Caminar y correr erguidos en largas distancias (bipedismo).
2. Creación y manipulación de herramientas.
3. Modificación de la mandíbula y los dientes.
4. Ampliación del cerebro.
5. Cambios en el tracto vocal, lenguaje y habla.

Estos cambios no fueron graduales y constantes durante los primeros 5 millones de años. En algunas etapas de millones de años los cambios fueron insignificantes, pero en otras etapas los cambios sí fueron significativos. Por ejemplo, el tamaño del cerebro en el rango de hace cuatro a dos millones de años, era inferior a 450 centímetros cúbicos; mientras que en el rango de hace dos a 1.5 millones de años el cerebro creció en un intervalo de 650cc a 700cc. Por otro lado, los primeros patrones complejos del habla aparecieron hace 1.8 millones de años (Lieberman, 1992), 3.2 millones de años las otras especies proto-humanas que nos precedieron, no hablaban. Durante más de 4 millones de años fuimos cazadores-recolectores, fue tan solo hace 12 mil años que nos volvimos sedentarios con la domesticación y revolución agrícola (Harari, 2015).

No pretendo hacer acá toda una reseña de las implicaciones sociales, políticas, biológicas y cognitivas del proceso de hominización. Simplemente quiero remarcar algo muy importante, durante más de cuatro millones de años (sí, cuatro millones de años) vivimos y perfeccionamos nuestro Sistema Inmediato de pensamiento. ¿Acaso somos tan ilusos al creer que en tan solo 12 mil años de sedentarismo, nuestro cerebro y mente evolucionarían significativamente y dejaríamos en ese corto lapso de 12 mil años el sistema de pensamiento que nos orientó durante cuatro millones de años de nomadismo, caza y recolección?

Te conduces en un auto, metro, metrobus o helicóptero. No necesitas correr por la sabana para ir a buscar comida, recorrer diariamente 30 kilómetros en busca de presas y recolección de frutas, hojas o raíces comestibles, y en ese proceso de exploración morir envenenado o devorado. Ahora ya sabes dónde está el mercado o el supermercado, donde nos abastecemos de todo lo necesario, incluso, te puedes ahorrar la molestia de caminar y desde tu sofá o cama, tomas tu celular, abres una aplicación móvil y haces tus compras, las cuales serán entregadas en la puerta de tu casa. Vivimos en ese contexto sedentario y colmado de seguridad, provisiones y placeres, pero nuestra mente, nuestro ADN no vive en ese contexto. Nuestro cerebro, mente y ADN sigue viviendo en una sabana, donde constantemente debes preocuparte porque no sabes si mañana comerás, o debes protegerte del ataque de un animal feroz. Nuestra mente vive en ese contexto y está diseñada para ese contexto. Para ese ambiente de supervivencia fue diseñado el Sistema Inmediato de pensamiento, el cual aunque no lo aceptemos, sigue rigiendo la mayoría de decisiones, lo veremos muy bien ilustrado en el capítulo de las encrucijadas y atajos de la mente, una amplia descripción de los sesgos mentales en los que nos vemos inconscientemente atrapados en el momento de decidir la compra de un vehículo, una casa, ropa, alimentación e incluso la pareja de matrimonio. Ese proceso evolutivo de millones de años influye no solo en nuestras decisiones voluntarias, sino incluso en las necesidades más involuntarias que puedas imaginarte (Bergland , 2017).

El hecho que el sistema de pensamiento inmediato haya sido perfeccionado en cuatro millones de años, no significa que en este mundo de comodidades no sea necesario o sea una imperfección, como lo sostiene Goleman (2013). El reto es conocer nuestra mente para que podamos optimizar nuestra toma de decisiones, teniendo claro que el Sistema Inmediato se activará de manera involuntaria y creyendo que estamos subsistiendo en la sabana, querrá ayudarnos a ahorrar energía y acumular lo máximo posible para la escasez de la vida nómada. Ese será su objetivo. El cual no del todo nos es muy útil actualmente en términos de supervivencia salvaje; sin embargo, el Sistema Inmediato es de gran utilidad en la gestión del almacén neurológico que respalda a este sistema de pensamiento, el Sistema Inmediato es el gestor de un almacenamiento en constante expansión, se trata de la Memoria a Largo Plazo. Sin el Sistema Inmediato no seríamos creativos e innovadores, gracias a la estupenda gestión que hace de todos los *outputs* de la Memoria a Largo Plazo que aloja los *inputs* que le envía la Memoria de Trabajo, que a la vez los contrasta con los *outputs* de la Memoria a Corto Plazo.

Hay dos conceptos ampliamente conocidos que son la Memoria a Largo Plazo (MLP) y la Memoria a Corto Plazo (MCP). Recientemente en la neurociencia se ha descubierto otro actor indispensable que es la Memoria de Trabajo (Working Memory). La Memoria de Trabajo no es sinónimo de Memoria a Corto Plazo, son dos dimensiones mentales diferentes. La Memoria de Trabajo es la encargada de gestionar los recuerdos de la Memoria a Largo Plazo, los actualiza y hace que perduren, los trae al presente, la Memoria de Trabajo nos permite vivir, darle sentido y entender todo lo que hacemos en el presente. La Memoria a Corto Plazo es un almacenamiento que no durará por mucho tiempo, donde colocamos aquellos recuerdos de experiencias que no adquieren una relevancia para nuestra supervivencia o cosmovisión, pero que sí son útiles para darle sentido a la experiencia en el corto plazo, para entender que ahora es determinada fecha y desayuné una homelet y que la otra semana tengo un partido de fútbol. En cambio, la Memoria de Trabajo es el gestor de las experiencias nuevas y pasadas (Baddeley, 2012; ídem 1974).

El Sistema Inmediato es el administrador de todos los recuerdos, asociaciones, esquemas, miedos, alegrías, conceptos, ideas, etc. que hemos alojado a lo largo de años en nuestra vida personal (y milenios como especie) en la Memoria a Largo Plazo. En el ejemplo de Arquímedes sumergiéndose en la bañera, en ese momento estaba en operación consciente su Memoria de Trabajo que es la que coordina el procesamiento de información en el Sistema Reflexivo, en ese instante no estaba haciendo uso del Sistema Inmediato, no estaba haciendo una búsqueda reflexiva en su extenso almacén de la MLP, no obstante, en su MCP estaba latente la duda del rey Hierion II. En ese momento del *"eureka"* experimenta una sinergia efectiva entre su Sistema Reflexivo-Memoria de Trabajo y su Sistema Inmediato-Memoria Largo Plazo.

Cuando estamos leyendo un libro impreso, navegando por internet, cocinando, viendo un documental etc. en ese momento está operando la Memoria de Trabajo, que es la que transfiere el conocimiento hacia la Memoria de Largo Plazo. Podemos decir que la Memoria de Trabajo es el bloque de notas y la Memoria Largo Plazo el archivo, pero no es un archivo cualquiera, cuando ya hemos aprendido algo y está guardado en la MLP, y necesitamos disponerlo en nuestro Sistema Reflexivo, la Memoria de Trabajo hace la transferencia de datos desde la MLP hacia el Sistema Reflexivo, que es donde opera Memoria de Trabajo misma.

La Memoria de Trabajo ubicada en la parte prefrontal del córtex cerebral, es la que decide qué información se va a la MLP o a la MCP. La capacidad de la Memoria de Trabajo no es infinita, la cantidad de datos que puede procesar al mismo momento es limitada, se sugiere que el máximo de datos que puede procesar simultáneamente es cuatro, los cuales los ponderamos y los trasladamos a la MLP, para que no se desvanezcan requieren de una repetición constante (Sweller, 1999).

La Memoria de Trabajo del Sistema Reflexivo se puede ver sobrecargada en su labor, las principales razones de sobrecarga son la "solución de problemas superfluos" y "división de la atención" (Sweller, 1999), dos actividades a las que más estamos sometidos con las constantes temáticas superfluas que leemos, vemos o escuchamos en internet, el cual además divide profundamente nuestra atención. La sobrecarga de estímulos del mundo *online*, bloquea el funcionamiento adecuado de la Memoria de Trabajo y por lo tanto impide el pensamiento y conocimiento profundo (Small y Vorgan, 2008).

El exceso de distractores debido a la adicción al internet como lo señala Gary Small, es una de las consecuencias que cada día más personas piensen superficialmente, sean incapaces de mantener una concentración prolongada, así como ejercer control sobre sus decisiones de vida, incluidas las compras diarias, gastos etc. En nuestros orígenes de cazadores había menos distractores, nuestra Memoria de Trabajo funcionaba mil veces mejor, sus sentidos estaban más atentos al entorno, por cualquier amenaza o presa que se encontrara cerca. Ahora el *Homo Sapiens* debido a la sobrecarga de estímulos del internet se ha vuelto más lento y estólido (Carr, 2013). Cada día el ser humano se vuelve más estólido porque al llevar al límite a su Memoria de Trabajo, la sobrecarga y esta es incapaz de ponderar qué información es relevante y cuál es irrelevante. Cuando se sobrecarga con estímulos o información superflua y distractores (algo que siempre sucede en internet) la Memoria de Trabajo, nuestro aprendizaje no es posible o muy superficial, no logramos filtrar y retener información y crear sinapsis a partir de la información ya almacenada en la MLP. Los nuevos datos que llegan al Sistema Reflexivo no los podemos traducir en esquemas o asociaciones para trasladarlas a la MLP. La información que llega al Sistema Reflexivo y que procesa la Memoria de Trabajo es la "carga cognitiva", cuando la sobrecargamos (sobrecarga no significa difíciles de entender, puedes sobrecargar con asuntos superfluos y distractores) nos empieza invadir la dispersión y pérdida de atención. Como resultado ante el colapso de nuestra Memoria de Trabajo y Sistema Reflexivo, obtenemos seres humanos descerebrados y poco pensantes (Klingberg, 2009).

Y así, nos encontramos ante dos dificultades, una el desconocimiento que las personas tienen sobre la dinámica involuntaria, acelerada y programada para la supervivencia del Sistema Inmediato, el cual nos suele llevar por atajos y encrucijadas desconocidas. Y por otra, el daño que hacemos a nuestro Sistema Reflexivo mediante la sobrecarga cognitiva con nuestros hábitos de pensamiento, basados fundamentalmente en el uso excesivo de internet, email, redes sociales, lectura online, etc. Por lo tanto, ni el Sistema Reflexivo es mejor que el Sistema Inmediato, o viceversa. Lo importante es que tengamos conciencia de la naturaleza de ambos, cómo funcionan y cuáles son sus características, para que podamos vivir y pensar de manera armónica entre ambos sistemas. Por un lado, teniendo claro que el Sistema Reflexivo es voluntario y consciente, que como tal podemos optimizarlo enfocándolo en temáticas relevantes y evitando la sobrecarga de distractores, en este sentido es útil realizar durante tiempos prolongados actividades que demanden la concentración, una de ellas, la mejor por excelencia, es tomar un libro y leerlo durante una o dos horas diarias sin pausa. Y otra muy útil es la meditación, permitirá optimizar nuestra Memoria de Trabajo, mejorando nuestra atención y facultades ejecutivas. Por otro lado, sabemos que el Sistema Inmediato es involuntario, ágil e intuitivo, diseñado para sobrevivir, el administrador de una biblioteca de trillones de libros llamada Memoria a Largo Plazo, el cual se alimentará mejor si optimizamos la Memoria de Trabajo, este Sistema Inmediato muchas veces se lleva al Sistema Reflexivo por atajos y encrucijadas que se llaman "sesgos mentales" (*heurísticas*), que la mayoría operan con la herencia evolutiva de más de cuatro MILLONES de años. Esos caminos y atajos los analizaremos en el próximo capítulo.

1.2 Un sistema complementario y finito, pero en constante expansión.

No existe a nivel neuronal una diferenciación entre presente, pasado y futuro; esas categorías son creadas por el Sistema Reflexivo a nivel perceptual. No hay neuronas del presente y neuronas del pasado. En filosofía muchos filósofos han discutido sobre la ontología del tiempo, categorizándolo como un ente de razón, como una categoría *a priori,* el gran filósofo Immanuel Kant las denominó *formas puras a priori de la percepción humana,* entre esas formas puras se encuentran el "espacio y el tiempo"; las cuales según Kant, no constituyen cualidades objetivas de las cosas e independientes de nuestra aprehensión del mundo; el espacio es una *forma a priori de la sensibilidad externa* (o percepción de las cosas físicas) y el tiempo la forma a priori de la *sensibilidad interna* (o percepción de la propia vida psíquica). Estas categorías que dan unidad y sentido a lo que percibimos, no tienen un origen empírico, es decir no se extraen de la experiencia sensible, sino que son su condición de posibilidad. Gracias a estas formas de la sensibilidad, el sujeto cognoscente estructura las sensaciones proyectando todo lo conocido en la dimensión espacio temporal. El pasado, presente y futuro son categorías *a priori* de la percepción humana, no existen en sí ni se aprenden, no tienen substancia ni esencia. Son modos de entender el mundo y la experiencia humana, sin un substrato ontológico. El tiempo no existe en sí, pero la percepción de este sí.

A lo largo de los últimos 500 años han habido hechos históricos que han marcado profundamente nuestra percepción del tiempo, los humanos que vivían en la tradición oral percibían el tiempo de una manera diferente sobre cómo lo percibía la generación que vivió el descubrimiento de la imprenta y la proliferación de libros impresos; posteriormente, el descubrimiento y ampliación del uso del reloj mecánico alteró la percepción del tiempo en las personas; y en la modernidad, con el uso de internet la percepción del tiempo se ha modificado profundamente. Antes del reloj mecánico nos regíamos por las estaciones, salida y puesta del sol; con el reloj mecánico la jornada se dividió en horas, y con el internet diez segundos que se tarde un vídeo en cargar, es una eternidad. Puede acceder el lector a una descripción minuciosa de la alteración de esa percepción en Superficiales de Nicholas Carr (2013).

El tiempo y el espacio no existen a nivel ontológico, no tienen ser en sí, son dimensiones que se estudian en la física, pero que en sí mismas no tienen ser. El espacio es la distancia entre dos materias y el tiempo la medida del movimiento (Aristóteles, *Metafísica*). En este momento no pretendo ahondar en ese análisis, tampoco en la influencia de la percepción de tiempo en nuestros sesgos cognitivos y toma de decisiones, lo segundo será abordado en capítulos posteriores. El objetivo de esta alusión a la categoría del tiempo y el espacio como *constructos de la mente*, es para determinar que tanto el Sistema Reflexivo como el Sistema Inmediato, su operación no se rige bajo estas dos categorías, la mente no sabe nada de tiempo para su operación propia, su espacio es finito e infinito, tal como el universo mismo, parafraseando a Einstein, podemos decir que la mente es finita pero sin bordes, sin límites. A diferencia del universo, nosotros sí podemos crear nuevas neuronas que serían las galaxias (neurogénesis) y aunque el cerebro humano sea limitado a nivel físico, la mente (que no es sinónimo de cerebro, punto que será abordado más adelante) es ilimitada, sin bordes. Su capacidad de aprendizaje, almacenamiento y sinapsis es ilimitada. La mente es una mesa sin bordes.

La Memoria de Trabajo (MT), Memoria a Corto Plazo (MCP), Memoria a Largo Plazo (MLP), Sistema Reflexivo y Sistema Inmediato conforman un equipo de cinco integrantes, cada uno con sus funciones específicas, ajenas a las dimensiones de espacio y tiempo, no va primero una y luego la otra, cumplen funciones pero su sinergia es tan dinámica y perfecta, que no podemos establecer un orden secuencial, solo para efectos de explicación en la descripción de sus funciones parecerá que siguen un orden secuencial, pero no es así, pueden intervenir cualquiera de los cinco en cualquier momento.

Antes del año 1970 el modelo predominante en el estudio de la mente humana, específicamente la memoria, consideraba que nada más utilizábamos dos tipos de memoria, la MCP y la MLP (Atkinson y Shiffrin, 1968). Y, además, este modelo sostenía tres principios fundamentales que posteriormente fue demostrado que eran insostenibles. El modelo de los años 70 consideraba en primer lugar, que el solo hecho de mantener información en la MCP podría garantizar el paso de esa información a la MLP. En segundo lugar, que la MCP era esencial para acceder a la MLP. Y tercero, sostenía que el almacenamiento a corto plazo era la Memoria de Trabajo. Todos esos principios fueron superados posteriormente, de manera muy significativa por los estudios psicológicos y de neurociencia del psicólogo británico Alan Baddeley, descubridor y estudioso de la Memoria de Trabajo y sus múltiples componentes (Baddeley, 1970; Craik y Lockhart, 1972).

¿Qué hace que podamos acceder a la MLP?, ¿Cómo se define qué información de lo percibido va a la MCP o a la MLP?, ¿Cuál es la capacidad de la

MCP y la MLP?, ¿La MT es un esclavo, un amo, un servidor o super operador mental?, ¿Cómo podemos armonizar la sinergia entre Sistema Reflexivo y Sistema Inmediato?, ¿Cómo accedemos a la MLP?, ¿En qué radica la finitud de la mente para procesar datos y su *ilimitud* (ausencia de límites permanentes)?

La manera como los humanos accedemos a la MLP es mediante la MT. La MT hace que la información registrada en la MLP realice acto de presencia en el Sistema Reflexivo cuando se le solicita. La encargada de recordar la información es la MT. En el momento que hacemos el registro de la información, es la MT la que determina cuál será el destino de esa información. La que se destina a la MLP es aquella que pasa por un proceso de "codificación semántica", en el cual el Sistema Reflexivo genera asociaciones y significados relevantes, en el momento que brindamos un significado profundo a la información, esta es enviada al registro infinito de la MLP. Cuando no realizamos la "codificación semántica", la información se traslada a la MCP, en ese caso solamente se registra como un dato auditivo o visuoespacial que es trasladado de manera rápida, en el cual su tiempo de almacenamiento será de minutos, horas o días (Baddeley, 2012).

La MT está constituida por tres componentes a través de los cuales procesa la información, cada componente procesa un tipo específico de información, y según los descubrimientos de Baddeley, cada canal tiene su propio centro de almacenamiento, uno de esos canales es el *"bucle fonológico"* mediante el cual procesamos toda la información de tipo auditivo. En sus estudios pudo descubrir que el rendimiento de este canal dependía de tres factores principales: extensión de la palabra, similitud entre palabras y orden de las palabras. Baddeley realizó un estudio en el que se solicitó a los participantes el recuerdo inmediato de secuencias de cinco palabras que varían en longitud desde una sílaba (por ejemplo, *pen, day, hot, cow, tub*) el estudio se realizó en Inglaterra, por eso son palabras en inglés, y con palabras de hasta cinco sílabas (por ejemplo, *university, tuberculosis, opportunity, hippopotamus, refrigerator*) y descubrieron que el rendimiento de la memoria disminuyó sistemáticamente según la longitud de la palabra. Como era de esperar, cuando los participantes debían leer palabras de diferentes longitudes lo más rápido posible, había una estrecha relación entre extensión de palabra y tiempo de articulación. El estudio concluyó que las personas pueden recordar de manera inmediata sin absolutamente ningún obstáculo todas las palabras que puedan articular en dos segundos (Baddeley, 1975).

Por otro lado, el *"bucle fonológico"* solo puede procesar entre cinco a seis palabras simultáneamente, un orden superior a ese número sobrecarga el canal; además, si el número de palabras es una secuencia, una oración, por ejemplo, con una palabra que se olvide se rompe el recuerdo de toda la cadena de la oración. Porque en este caso la MT no debe procesar solo los dígitos en sí, sino el orden de los mismos también. La MT puede procesar al mismo tiempo más de cinco elementos de distintos canales, más no del mismo canal. Es decir, si estás procesando datos auditivos, la distracción es generada por otros datos auditivos; los datos visuoespaciales no generan una distracción al combinarse con los sonidos. El *"canal visuoespacial"* es el encargado de procesar las imágenes visuales, es útil en la planificación de movimientos y reorganización del almacén visual. En conclusión, si estas registrando sonidos, no generan distracción elementos visuoespaciales, sino otros sonidos que puedan sobrecargar el canal. De igual manera, si estás registrando imágenes visuales, la distracción y disminución del rendimiento de MT vendría de una sobrecarga de imágenes, más no de sonidos (Baddeley, 1975), caso contrario no podríamos ver una película que mezcla toda una variedad simultánea de imágenes en movimiento y sonidos.

1.3 Amnesia digital.

Para Séneca la memoria es un crisol y un contenedor del yo único, de la conciencia del mundo. Para Shakespeare era el centinela del cerebro. Para los griegos era una diosa. Para Erasmo de Rotterdam era más que un mero almacenamiento, era el primer paso de síntesis en el proceso de comprensión profunda de algo. Erasmo recomendaba a los estudiantes *cuadernos con citas memorables*, era muy común que todo estudiante de la época del Renacimiento tuviera sus cuadernos con apuntes. Esos cuadernos eran denominados *"lugares comunes"* (Moss, 1996), imprescindibles para todo aquel que deseara tener una mente ilustrada. El uso de los *"libros o lugares comunes"* se había extendido mucho más allá de las universidades y escuelas, fue utilizado por mentes prodigiosas de la historia. El filósofo Francis Bacon sostenía que *difícilmente puede haber algo más útil que una buena y sabia recopilación de lugares comunes* (1858). Estos cuadernos de notas también fueron utilizados permanente por Charles Darwin, de esa manera podemos acceder a sus grandes descubrimientos; de igual manera por Leonardo Da Vinci; John Locke, los utilizaba allá por el año 1652, mientras cursaba su primer año en Oxford. Estos cuadernos de apuntes comenzaron a dejarse de usar una vez la vida se aceleró con la aparición de la Revolución Industrial.

En el siglo XX la memorización cayó en desgracia, los educadores que se querían sentir muy progresistas empezaron a dejar de promoverla en las aulas, no se veía como un estímulo a la creatividad y el conocimiento, al contrario era vista como una barrera a la imaginación e incluso como un desperdicio de tiempo. Comenzaron a surgir plataformas de almacenamiento de datos, como cintas de audio, microfilmes, calculadoras, computadoras, etc.; se empezó a disponer de equipos de *"memoria artificial"*, cada día el esfuerzo de almacenar información en la mente era visto como innecesario.

El auge de dispositivos de almacenamiento ha modificado no solo la memorización como tal, sino nuestra percepción de la memoria misma. Actualmente las personas consideran que la memoria de las computadoras, USB o discos duros, es mucho más potente que su memoria biológica, lo cual denota el profundo desconocimiento que tenemos de la naturaleza y perfección de la *biomemoria*. Lamentablemente por el uso excesivo del internet y el almacenamiento en la *nube*, la memoria artificial es vista no como un complemento, sino un sustituto de la memoria humana.

Para no remontarnos tan lejos, hagan memoria de los salones de clase de su licenciatura, maestría o doctorado ¿Cuántas personas tomaban apuntes a mano en cuadernos físicos?, ¿Cuántos tomaban apuntes en sus laptops, Ipads, tablets o incluso celulares?, ¿cuántos no tomaban apuntes, sino mejor una foto a la proyección de la diapositiva? una foto de algo que nunca leerían. ¿Quién lee un libro y toma apuntes?, ¿quién toma apuntes cuando asiste a una conferencia? Definitivamente muy pocas personas, casi nadie. Ahora el almacenamiento en dispositivos electrónicos o en la nube se han convertido en una prótesis de la esplendorosa memoria humana. Ahora muchas personas si quieren recordar algo no apelan a su memoria, mejor le solicitan a Google Home o Alexa que les recuerde. Que "piense" por ellos. Me recuerdo de una maestra que tuve en mi maestría en la Universidad Iberoamericana, antes de entrar al salón de clases, nos pedía que todos los celulares estuviesen en silencio y sobre el escritorio de ella, además, prohibía el uso de computadoras o cualquier dispositivo digital en la clase. En ese momento sinceramente me pareció retrógrada ese tipo de reglas, años después le doy gracias y es algo que deberían hacer todos los maestros. Puede permitirse el uso de computadoras en algunos casos que es imprescindible, pero bajo ninguna justificación puede permitirse el acceso a internet durante las clases. Muchos estudios ya han demostrado la vinculación entre el rendimiento académico y el uso de Internet en el salón de clases, los cuales reportan una memoria totalmente degradada respecto al contenido de la clase, en aquellos estudiantes que "escuchaban" la clase en el aula y al mismo tiempo accedían a Internet para buscar algún dato, revisar sus redes o comunicarse con algún amigo o compañero en línea (Hembrooke y Gay, 2003).

Aunque la Memoria a Largo Plazo es infinita, el acceso a ella mediante la Memoria de Trabajo trabaja de manera finita, como se explicó anteriormente. No existe ningún ser humano que sepa casi todo sobre el mundo y sus quehaceres diversos. Cuando se nos arruina un vehículo, no todos somos mecánicos, recurrimos a la persona que sabe sobre eso, el mecánico. Cuando tu computadora está presentando una falla, te recuerdas de tu compañero de la universidad que sabe reparar computadoras y le preguntas. La mamá primeriza tiene una duda sobre su recién nacido y le pregunta al pediatra o por lo menos a su mamá. Tú no sabes todo ese tipo de información en las diversas adversidades y necesidades de la vida, pero sí conoces a qué personas recurrir para consultarles. A esto se le ha llamado *"memoria transactiva"*, esa información que para acceder a ella recurrimos a la consulta con nuestros amigos, familia, compañeros o colegas.

Cuando se nos presentan en la cotidianidad situaciones que demandan el recuerdo de conceptos o ciertos hechos, recurrimos a los miembros de nuestro grupo social en quienes hemos distribuido la información o sabemos que podemos encontrar la información. Todos delegamos actividades mentales en otras personas. Conocemos el tipo de información que los miembros de nuestro grupo social pueden recordar. La activación y desarrollo de esta *"memoria transactiva"* demanda el contacto cara a cara, requiere la interacción humana para crear vínculos de confianza que permitan la identificación y verificación de la información.

Según las investigaciones en el área de psicología, las relaciones cercanas normalmente fomentan el desarrollo de esquemas de memoria compartida (Wegner et al., 1991). Imaginemos que eres del área de marketing y necesitas de un producto para entregarlo como premio en un concurso. Seguramente no te irías a buscar dicho producto a la bodega, te llevaría horas o días encontrarlo, contactas al encargado de inventario, que fácilmente identificará su ubicación física. O imagina una pareja que viven en la misma casa, hay un apagón de luz y necesitas de unas velas, posiblemente no recuerdes dónde las guardaron, pero tu pareja te indicaría en qué lugar encontrarlas.

El desarrollo de esta memoria transactiva requiere tiempo, práctica y confianza. Cuando los individuos logran constituir esta memoria colectiva, logran una memoria superior a cualquier memoria individual. La memoria transactiva es un sistema que se construye en comunidad para codificar, almacenar y recuperar información (Wegner, 1986; Wegner, Giuliano, & Hertel, 1985). La memoria de cada persona puede volverse un sistema mucho más amplio generando una *"memoria social"* con propiedades no rastreables en un sólo individuo. Una analogía para entender la memoria transactiva es un sistema al que estén conectadas varias computadoras que comparten memoria, cada computadora accede a la memoria compartida, todas comparten un mismo *"banco de memoria"*; esto por el momento no es posible con los cerebros humanos, no podemos conectar los cerebros a un mismo banco de memoria, imaginar que eso sea posible, constituye una ciencia ficción que podría ser posible dentro de unos diez mil años. La manera como los humanos conectamos nuestros cerebros y compartimos memoria, es mediante la comunicación en sus diferentes tipos de lenguaje. La memoria transactiva ha sido una especie de *almacenamiento en la nube* que hemos utilizado como especie humana durante milenios.

El internet nos brinda la ilusión que podemos conectar diversos cerebros y compartir un banco de memoria común, y así convertir la World Wide Web en nuestra *"memoria transactiva"*; existen argumentos de carácter filosófico, social y psicológico que se oponen a dicha consideración, la memoria transactiva es un *sistema cognitivo distribuido entre individuos*, mientras que internet o los almacenamientos externos son herramientas estáticas para acceder a información (Huebner, 2016). La memoria humana es una memoria viva en el sentido literal de la expresión, muchas personas celebran la externalización de la memoria biológica como un logro para el mejor desempeño del pensamiento humano, de su creatividad e ingenio, algo totalmente desatinado si lo que buscamos en un sustituto de nuestra memoria y no un potenciador.

La formación de la memoria en el cerebro humano es uno de los procesos más sorprendentes que con claridad la diferencia de la memoria artificial de una computadora. La memoria artificial recibe los datos y los almacena inmediatamente, ya no los vuelve a procesar; en cambio, el cerebro humano procesa los datos mucho después incluso de haberlos almacenado en la memoria. La memoria biológica es dinámica, está viva. La memoria artificial es estática, está muerta. Aunque conectes la memoria artificial a un procesador de datos con Inteligencia Artificial, las conexiones e identificaciones de patrones sólo responderán a un algoritmo programado por la mente humana. La Inteligencia Artificial tiene límites, demarcados por la programación de un algoritmo. Incluso el *Machine Learning* carece de la complejidad orgánica del cerebro humano para procesar la información (Kandel, 2007; Carr, 2010).

Quienes se dejan asombrar por los dispositivos externos de almacenamiento y el procesamiento de la información almacenada para la identificación de patrones mediante la ciencia de datos, se han dejado engañar por las metáforas mecanicistas, según las cuales el cerebro humano es como una computadora. Pasan por alto la dinámica compleja de la base orgánica de la memoria biológica, que explica su misterio y contingencia. De hecho, aún no logramos comprender en su totalidad la dinámica del cerebro humano, sus conexiones sinápticas superan el número de estrellas en la Vía Láctea. La memoria humana no es pasado, ni presente ni futuro, simplemente ES, es dinámica, lo que denominamos recuerdo no es una imagen almacenada que se hace presente de manera estática cuando evocamos una experiencia vivida. De hecho, el acto de evocar un recuerdo desencadena todo el proceso bioquímico que se desarrolló en el proceso de consolidación del recuerdo, es decir, cuando recordamos el cerebro activa la segregación de todas las proteínas y neurotransmisores que se segregaron cuando procesamos la experiencia y conformamos el recuerdo. Incluso, se segregan las proteínas para la formación de nuevas formaciones sinápticas (Lehrer, 2007). Literalmente, recordar algo es volver a vivirlo.

Cuando le pedimos a la Memoria de Trabajo que traslade a nivel consciente un recuerdo de la Memoria Largo Plazo, ese recuerdo se vuelve a convertir en Memoria Corto Plazo, y en ese proceso el recuerdo adquiere nuevas conexiones, esto permite su mayor consolidación y nos demuestra que a nivel bioquímico literalmente recordar es volver a vivir. Como lo explica el neurocientífico Joseph E. LeDoux "el cerebro que recuerda no es el mismo cerebro en el que se formó ese recuerdo. Para que el recuerdo evocado tenga sentido en el cerebro evocante, la memoria se actualiza" (2002). La memoria biológica se encuentra en constante y permanente estado de renovación. En cambio, la memoria digital son *bits* almacenados, que al ser trasladados a otra memoria, seguirán siendo los mismos datos. Ningún archivo de texto se actualiza por el hecho de pasarlo de una USB a otra.

Debido al carácter inerte de la memoria digital, Internet nunca podrá ser nuestra *"memoria transactiva",* ni mucho menos el sustituto de nuestra memoria. El exceso de confianza depositada en el internet ha comenzado a generar consecuencias en las habilidades cognitivas de las personas. La memoria transactiva requiere contacto humano, el disco de almacenamiento en este tipo de memoria son los amigos, familiares, colegas, etc. Sin embargo, debido al exceso de uso del internet, ya no se necesita consultar a un amigo, el nuevo amigo sabelotodo es internet y sus motores de búsqueda. Esto explica por qué las personas cuando no tienen conexión a internet, sientan como si han perdido a su mejor amigo. Evidentemente esto es una ilusión de la mente con implicaciones negativas, entre ellas se encuentran el *"efecto google"* y la *amnesia digital.*

1.4 Efecto Google y amnesia digital.

Hemos incorporado el internet y los dispositivos digitales como miembros de nuestro grupo social, los tratamos como miembros de una memoria transactiva. Realizamos una descarga de recuerdos en la nube, el celular o la computadora, con la confianza y facilidad como lo haríamos con un amigo, familiar o pareja. Incluso, nos sentimos mejor, porque nuestros nuevos amigos pueden guardar más información y recuperarla más rápidamente, hay tanta información disponible en internet y acudimos a él con tanta frecuencia, que no solo está sustituyendo el lugar de nuestros amigos como fuente de memoria externa, sino que incluso está sustituyendo nuestra propia memoria y facultades cognitivas. Internet no sólo eliminó la necesidad de los miembros de tu grupo social para compartir información, también está poniendo en riesgo la inscripción de las nuevas experiencias y conocimientos en nuestra memoria biológica.

Las personas en la era de internet tienen una tendencia de recurrir a internet cuando intentan responder una pregunta, sin hacer el mínimo esfuerzo de buscar en la información guardada en su propia memoria. Se realizó un estudio en el que a un grupo de personas se les puso un grupo de palabras con diferentes colores, las personas deberían decir el color y no la palabra escrita, entre las palabras había vocablos relacionados al mundo del internet. Posteriormente, se les realizó las personas una pregunta ¿Las banderas de los países tienen al menos dos colores? Los colores más mencionados, eran los colores que en el anterior ejercicio estaban asignados a las palabras relacionadas al internet (Wegne; Ward, 2013). Wikipedia o Google, es lo primero que viene a la mente de las personas cuando no saben o no recuerdan alguna información, cuando nos enfrentamos a una solicitud de información de algo que desconocemos, nuestro primer impulso es buscar a nuestro nuevo amigo, el que todo lo sabe y con un toque de dedos puede proporcionarnos cualquier información, Internet está reemplazando a nuestros amigos y nuestra misma capacidad de pensar, ¿qué consecuencias mentales y neurológicas tendrá en la humanidad, el delegar nuestra actividad de recordar y pensar a Internet? Eso lo responderemos ampliamente más adelante.

La inmediatez y sobreabundancia con la que emerge la información digital podría nublar totalmente nuestros recuerdos y la conciencia sobre nuestras capacidades cognitivas. En Harvard realizaron un experimento para explorar hasta qué punto las personas incorporan el Internet, como un elemento influyente y determinante de la autoestima y autoconcepto. Se les presentó a las personas un conjunto de preguntas de trivia, se diseñó una escala para que midieran la calidad de su habilidad de recordar información. Se les pidió que respondiera con o sin la ayuda de motores de búsqueda como Google, posteriormente se debían calificar en la escala. Las personas se consideraban más inteligentes cuando usaron Internet para brindar las respuestas. Aunque la información provenía de la web, las personas tenían la creencia e ilusión que eran sus propias capacidades intelectuales las que habían producido la información, no los motores de búsqueda.

Para corroborar que las personas se sentían más inteligentes por haber usado Internet, se realizó otro estudio, en el cual al grupo que no usó Internet, se le brindó una retroalimentación falsa, sin que lo supieran, se les dijo que casi todas sus preguntas habían sido correctas. Aun así, con ambos grupos conscientes de un desempeño positivo, las personas que usaron Internet manifestaron sentirse más inteligentes, las que no usaron internet, aunque se les dijo que sus respuestas eran acertadas, se autoevaluaban como menos inteligentes (Wegne; Ward, 2013). Ahora quizá muchos entiendan porqué la gran mayoría de personas, luego de navegar un par de horas en Internet sobre determinado tema, se sientan expertos e inteligentes, aunque lo único que retengan en sus memorias sea una información superficial y limitada. Las personas están sintiendo que Internet está conectado a sus cerebros, sienten que Google es una herramienta cognitiva implantada en su cerebro, una prótesis mental.

La dependencia derivada del uso excesivo de Internet como fuente de información y almacenamiento, ha provocado que las personas tiendan a olvidar información que ellas saben que se encuentra *online,* a la que podrán acceder de manera rápida mediante motores de búsqueda como Google, Yahoo, DuckDuckGo, Mozilla, etc.; esto es el *efecto Google.* Por otro lado, cuando el olvido deriva por la confianza de que la información está en un dispositivo de almacenamiento externo, un disco duro, computadora o celular; a eso se le denomina *amnesia digital.* Olvido porque sé que eso está guardado en un lugar externo al que puedo acceder. El problema surge cuando no podemos acceder o ese almacenaje se pierde. Ya nadie recuerda números de teléfono, direcciones o algunas contraseñas, porque saben que están guardadas en la memoria de su teléfono.

En una entrevista en el año 1990 en Ecuador, el escritor uruguayo Eduardo Galeano contaba una anécdota personal, que se enmarca y sustenta lo anteriormente descrito, sobre cómo encontró el sentido a la escritura de Memorias del Fuego, una trilogía que cuenta la historia de América Latina desde la creación del mundo hasta nuestros días. Galeano afirma que el sentido de su arduo trabajo para escribir dichos libros, lo encontró en un testimonio indígena y en un testimonio negro, la clave de su trabajo literario que perseguía ser un ejemplo escrito de la tradición oral de los pueblos latinoamericanos, no la encontró en los tratados de literatura, ni en los intelectuales trabajos de los eruditos sobre el arte de escribir, lo encontró en dos cosas ignoradas porque corresponden a culturas despreciadas, no obstante, son tan profundas y elocuentes. Galeano se refiere al aporte negro de las dos memorias, uno de los grandes aportes de los africanos que fueron traídos a América como esclavos, un aporte que muy pocas personas saben que existe, menos en esta era de esclavitud al internet; los africanos que fueron traídos en los barcos negreros, como simples máquinas para el trabajo manual y deshumanizante; los *Nagós,* tribu del sur de África que fue comercializada en varios países de América, creían que cada persona tiene dos memorias, existe una memoria que es la individual, la cual está condenada a la muerte, así como está condenada a la muerte la cabeza que usamos en este mundo, esta memoria será mordida y devorada por los impecables dientes del tiempo y la putrefacción, esta memoria terminará hecha polvo. Pero, hay una memoria inmortal, invulnerable e invencible, esa es la memoria colectiva. Al descubrir esto, Galeano manifiesta que lo que él buscaba era recuperar para todos la memoria colectiva, que le permitiera sobrevivir a su pequeña e insignificante muerte. ¿Acaso tenemos conciencia ahora de esa memoria inmortal o estamos obcecados por los terabytes de almacenamiento de los dispositivos tecnológicos? La memoria digital no es inmortal, no es autónoma, no es independiente, no es homeostática. Como humanidad estamos socavando la tumba de nuestra propia memoria al olvidarnos de cultivar la memoria colectiva o memoria transactiva. No habrá necesidad de una extinción masiva de nuestra especie para que nuestra memoria muera, ella ha empezado a morir sin necesidad que nos extingamos.

1.5 Todos los puntos están conectados: memoria y creatividad.

La memoria le da sentido a la vida, es el fundamento de todo lo que hacemos. Si un día despertaras y no recordarás absolutamente nada, en ese momento habrías perdido toda tu identidad como persona humana. No sabrías de dónde vienes, dónde estás y hacia dónde podrías ir. La memoria ha sido malinterpretada durante los últimos dos siglos, porque se ha confundido memoria de largo plazo, memoria de corto plazo y memoria de trabajo. En la educación se vilipendió la memoria considerándola como una práctica poco inteligente, incluso peyorativamente se decía "memorizar es de loros", este desprecio fue impulsado por la ignorancia sobre el funcionamiento e importancia de la memoria. El error reside en no comprender que todo proceso de memorización tiene una etapa de entendimiento de información, de hecho, no puedes registrar ningún dato en la memoria a largo plazo si no se codifica su significado y se asimila a una emoción, si una persona recibe una información y no la entiende ni la relaciona con una emoción, dicha información quedará por unos días u horas en la memoria a corto plazo. Además, como se expuso anteriormente, cada vez que evocamos un recuerdo el cerebro segrega proteína y neurotransmisores que crean nuevas sinapsis, el recuerdo constante o repetición hacen que se consoliden aún más los recuerdos en la memoria a largo plazo (Carr, 2010).

La creatividad y la resolución de problemas son dos cualidades propiamente humanas que permitieron fundar grandes civilizaciones, diseñar técnicas de cacería, transporte y comunicación. El ser humano es el único animal sobre la faz de la Tierra, con una capacidad excepcional para solucionar (y crear a la vez) problemas. Somo el único mamífero creativo, que ha moldeado la naturaleza y sus recursos, de manera que aunque no tengamos alas, podamos volar; aunque no tengamos branquias, podamos permanecer bajo el agua largos periodos de tiempo; el humano no tiene garras ni colmillos, ni pelaje ni visión como las águilas; sin embargo, hemos diseñado flechas, cuchillos, abrigos y telescopios. No es discutible que el ser humano es un animal altamente creativo. Esta cualidad tan especial requiere de algo que estamos delegando en el internet y los dispositivos de almacenamiento externos, la creatividad no puede operar sin ella: la memoria biológica. Existe una nueva corriente de pensamiento que considera que la naturaleza y los animales son *creativos*, desde la perspectiva de creatividad como la habilidad de transformar el entorno para una adecuada supervivencia, no tendría en lo personal aceptar y sostener que los animales serían incluso más creativos que nosotros los humanos.

La creatividad es memoria, la memoria es creatividad. La creatividad es impulsada por la memoria. Absolutamente todo lo que ocurre en tu mente tiene que ver con la memoria, incluso los personajes de tus sueños, el lugar en el que están, lo que dicen y hacen, es reflejo de tus experiencias resguardadas en tu memoria. Muchas personas tienen la creencia que para ser creativos deben empaparse de nuevos conocimientos en ese instante que desean ser creativos; no obstante, la única manera efectiva de encontrar las mejores soluciones a los problemas es la relación de la información en tu memoria con el contexto del problema. Por eso es importante alimentar siempre tu memoria con "inputs", leyendo un libro, visitando nuevos paisajes, escuchando música, practicando deporte, experimentando nuevos aromas, conociendo nuevas culturas, etc.; todos esos *inputs* se almacenarán en tu memoria, cuando se presente un problema, la compleja actividad de la memoria biológica, creará una serie de interrelaciones que ni el más poderoso algoritmo de inteligencia artificial puede emular, cuando evoques tus recuerdos en búsqueda de una solución y lo enriquezcas con más *inputs*, se crearán conexiones neuronales nuevas y con la ayuda de algunas herramientas, seguramente lograrás las soluciones más innovadoras y efectivas posibles (Markman, 2013).

En el año 2015 fue publicado un artículo en la revista *Psychological Science (Madore, 2015)*, para demostrar la relación entre memoria y creatividad, el experimento se desarrolló mediante una técnica llamada *inducción de episodios específicos*, el ejercicio consistía en que los participantes miran un vídeo, luego se les pide que recuerden las escenas vistas en el vídeo, para ayudarlos a recordar se les recomienda que cierren los ojos, visualicen las escenas y describan los detalles que imaginan. El grupo que realizó ese ejercicio recordó con mayor facilidad las escenas, en comparación a otro grupo que sólo hizo un intento general de recordarlo y después lo describieron.

Según el experimento los participantes de la inducción de episodios específicos, cuando se les pedía que pensaran en un evento futuro, describían el evento con mayor imaginación después del ejercicio de inducción. Los investigadores del estudio determinaron que *la inducción de la memoria episódica también tenía una influencia en el pensamiento divergente*. Para ello, pidieron a dos grupos que durante dos semanas visitaran el laboratorio. De los dos grupos, uno de ellos realizaba el ejercicio de inducción de episodios específicos con un vídeo, y posteriormente se le pedía que realizaran un "test de usos múltiples", este segundo ejercicio consiste en pensar en todos los modos alternativos que se imagina la persona que podría utilizar un "ladrillo". Los participantes que realizaron el ejercicio de memoria episódica, fueron capaces de imaginar más usos alternativos que los que no lo hicieron.

El ejercicio anteriormente descrito de manera concisa, nos indica que ante cualquier actividad de creatividad, es crucial encontrar los recuerdos que se puedan interconectar y ayudarnos a desarrollar la tarea. Los conocimientos adquiridos en las experiencias pasadas son de gran utilidad en la generación de soluciones creativas. Por ejemplo, el descubrimiento de la estructura de doble hélice del ADN por Watson y Crick, requirió un entendimiento previo de conceptos de biología y técnicas de difracción de rayos X. Todo lo que leas, escuches, sientas, huelas, mires, estudies, etc., en un futuro configurará tus ideas y diseños. Quizá en el presente no parezca tan claro cómo se conecta todo lo que aprendemos, por ello es muy ilustrativa sobre el vínculo entre memoria y creatividad, la anécdota de las clases de caligrafía que Steve Jobs recibió, eran unas clases gratuitas a las que entraba ya que no podía pagar la universidad, la compartió en un inspirador discurso en la universidad de Stanford en el año 2005:

"De forma descuidada elegí una universidad que era casi tan cara como Stanford, y todos los ahorros de mis padres, de clase trabajadora, los estaba gastando en mi matrícula.

Después de seis meses, no le veía propósito alguno. No tenía idea de qué quería hacer con mi vida, y menos aún de cómo la universidad me iba a ayudar a averiguarlo. Y me estaba gastando todos los ahorros que mis padres habían conseguido a lo largo de su vida. Así que decidí dejarlo, y confiar en que las cosas saldrían bien. En su momento me dio miedo, pero en retrospectiva fue una de las mejores decisiones que nunca haya tomado.

En el momento en que lo dejé, ya no fui más a las clases obligatorias que no me interesaban y comencé a meterme en las que parecían interesantes. No era idílico. No tenía dormitorio, así que dormía en el suelo de las habitaciones de mis amigos, devolvía botellas de Coca Cola por los 5 céntimos del envase para conseguir dinero para comer, y caminaba más de 10 km los domingos por la noche para comer bien una vez por semana en el templo de los Hare Krishna. Me encantaba.

Y muchas cosas con las que me fui topando al seguir mi curiosidad e intuición resultaron no tener precio más adelante. Les daré un ejemplo. En aquella época la Universidad de Reed ofrecía la que quizá fuese la mejor formación en caligrafía del país. En todas partes del campus, todos los póster, todas las etiquetas de todos los cajones, estaban bellamente caligrafiadas a mano. Como ya no estaba matriculado y no tenía clases obligatorias, decidí atender al curso de caligrafía para aprender cómo se hacía. Aprendí cosas sobre el serif y tipografías sans serif, sobre los espacios variables entre letras, sobre qué hace realmente grande a una gran tipografía.

Era sutilmente bello, histórica y artísticamente, de una forma que la ciencia no puede capturar, y lo encontré fascinante. Nada de esto tenía ni la más mínima esperanza de aplicación práctica en mi vida. Pero diez años más tarde, cuando estábamos diseñando el primer ordenador Macintosh, todo eso volvió a mí. Y diseñamos el Mac con eso en su esencia. Fue el primer ordenador con tipografías bellas. Si nunca me hubiera dejado caer por aquél curso concreto en la universidad, el Mac jamás habría tenido múltiples tipografías, ni caracteres con espaciado proporcional. Y como Windows no hizo más que copiar el Mac, es probable que ningún ordenador personal los tuviera ahora. Si nunca hubiera decidido dejarlo, no habría entrado en esa clase de caligrafía y los ordenadores personales no tendrían la maravillosa tipografía que poseen."
(ElSurProfundo (10 oct. 2011). En Honor A Steve Jobs. Discurso en Stanford (Doblado al español). [Archivo de video] Youtube. https://www.youtube.com/watch?v=VktAIF6KVYM)

Capítulo II
Eficiencia energética del cerebro.

La palabra encrucijada tiene dos definiciones interesantes que se pueden aplicar a la dinámica de la mente humana. Una definición es "lugar en donde se cruzan dos o más caminos", y "situación difícil en que no se sabe qué conducta seguir." La mente humana es voluble, dinámica y muchas veces nos domina haciéndonos creer que somos nosotros los que la dominamos. La mente es lo más misterioso y difícil de comprender en el humano, las ciencias que se dedican a estudiar la mente humana, como la neurología, psicología, gnoseología, filosofía de la mente, etc.; aún no logran una explicación detallada sobre su funcionamiento.

En el cuerpo humano cada órgano tiene su facultad. El ojo se encarga de ver, el oído de oír, el pulmón de brindar el oxígeno adecuado, la nariz de respirar, y así sucesivamente hemos mapeado de manera muy detallada la operatividad de cada órgano, a excepción del cerebro humano ¿Cuál es la función del cerebro humano? la función del cerebro humano es pensar y sentir. Son dos palabras aparentemente sencillas, pero qué es "pensar", qué es "sentir". ¿Las plantas piensan? Todo lo que piensa siente, si consideramos el pensar como una facultad superior al sentir, lo más incluye lo menos. Los animales piensan, aunque no tengan un pensamiento lógico racional. El pensamiento lógico racional es propio de la naturaleza humana. Los filósofos griegos definieron tres principios de vida o tres tipos de alma: vegetativo, sensitivo y racional. En el caso del humano este posee los tres tipos de alma. El humano experimenta procesos involuntarios propios del organismo, ajenos a su voluntad, como respirar, defecar, succionar, etc. Sin embargo, el ser humano aprende muchas cosas en la vida, incluso el mismo caminar, hablar, saltar, etc. es aprendido por el ser humano. Hay actividades propias de la naturaleza del ser humano que deben ser aprendidas. Desde que nacemos poseemos la potencialidad de ejecutar dichas actividades, pero necesitamos recorrer un proceso de aprendizaje, ese proceso lo experimentamos dentro de un grupo que vive de acuerdo a un conjunto de creencias, sentimientos, ideas, dioses, costumbres, etc. Esas actividades propias que se aprenden son el pensar y el amar ¿Cómo aprende el humano a pensar? ¿Cuándo el humano piensa de manera perfecta?

Debo reconocer que el presente capítulo no pretende ser una radiografía de la mente humana, eso sería una pretensión imposible de ejecutar. Existen algunos proyectos ambiciosos en el mundo que buscan mapear el cerebro humano. Como el proyecto BRAIN lanzado por Obama. La intención es hacer con el cerebro algo como el Genoma Humano. Dicha labor es extremadamente compleja, porque intentar mapear el cerebro es pretender entender cómo se originan y configuran experiencias inmateriales que alojamos y damos sentido en nuestra conciencia. Actualmente entendemos que ciertas emociones se generan por la segregación de algunos neurotransmisores. Pero, estamos a años luz de entender de manera precisa cómo se configura una emoción, por ejemplo, de mapear cuántas neuronas se involucraron en el desarrollo de una emoción, cuánto mide ese mapa y cuánto perdura. No pretendo ser un agnóstico en esta materia, pero debemos aceptar con humildad que estamos en un campo ontológicamente muy complejo, muy denso, como ejemplo, solo baste recordar que los humanos no tenemos un cerebro, sino tres cerebros: cabeza, corazón e intestino. De esto hablaremos más adelante. En el presente capítulo más que una radiografía de la mente humana (cosa casi imposible), es una representación de los hábitos mentales que se visibilizan en el comportamiento humano. Mediante las palabras y comportamiento de las personas, los psicólogos han logrado identificar ciertos patrones sobre cómo piensan las personas en el momento de tomar sus decisiones, eso patrones de pensamiento se analizarán en este apartado, los psicólogos del comportamiento humano han llamado a esos patrones *bias (sesgos)* ocasionados por las *heurísticas* mentales.

2.1 Evolución y tamaño del cerebro.

No existe ningún tejido en el organismo humano cuya preservación y mantenimiento sea más costosa que el tejido del cerebro humano, cultivar el tejido cerebral demanda gran cantidad de energía al cuerpo humano (Aiello y Wheeler, 1995. Los primates y los humanos poseen cerebros muy grandes en proporción a su cuerpo y corremos con el alto costo energético que implica cultivar su tejido. La creación de neurotransmisores tiene un alto costo para el organismo, la demanda de estos es constante, cada vez que las neuronas se activan el tejido cerebral consume aproximadamente 8-10 veces más energía de la que esperaríamos de acuerdo a su masa.

El ser humano moderno no necesita salir a cazar, muy raro que se encuentre en un lugar con escasez de alimento, deba caminar días para encontrar algo que cazar o recolectar comida; basta que tome su teléfono y mediante alguna aplicación móvil, solicite comida o realice las compras del supermercado. Sin embargo, el ADN de su cerebro no sabe nada eso de eso, no se rige por ese estilo de vida, él aún piensa que debemos recorrer largas distancias en la sabana, él está configurado para un estilo de vida nómada de cazador y recolector. El cerebro humano ahorra energía porque nos previene de una eventual escasez, ya que, al poseer un cerebro tan grande para su masa corporal, el humano debe constantemente buscar energía y el cerebro le ayuda optimizándola.

El ser humano es el animal del planeta Tierra que posee el cerebro más grande en relación a su masa corporal. El cerebro humano adulto pesa aproximadamente 1.5 kg y un volumen craneal de 1,300 centímetros cúbicos, representa el 2% del total de la masa corporal, en reposo el tejido cerebral consume un 20% de toda la energía del organismo, consume más energía que todo el sistema muscular en reposo (Aiello y Wheeler, 1995). Para hacerse una mejor idea, el chimpancé posee un cerebro de 400 centímetros cúbicos, el cual solo representa un 0.8% de la masa corporal, el elefante posee un cráneo de 7,500 centímetros cúbicos, pero su cerebro sólo representa un 0.1% de su masa corporal (Glowacka, 2018) ¿Por qué el ser humano desarrolló un cerebro tan grande en relación a su masa corporal? Esta pregunta es muy compleja, el tamaño del cerebro y su alta demanda de energía explican por qué los humanos modernos seguimos ciertos patrones de pensamiento requerido para otros contextos ajenos al complejo mundo, por ello es importante responderla, es necesario que sepamos por qué pensamos como pensamos, por qué solemos tomar decisiones en su mayoría no muy racionales y sensatas.

Todos los animales vertebrados tienen cerebro, pero no todos tienen un cerebro tan grande y complejo en relación a su masa corporal como el ser humano. Las necesidades o ventajas para tener un cerebro grande, debieron ser muy significativas, por ello la explicación del porqué del tamaño inusual del cerebro humano, no se podrá aplicar a todas las especies, sin lugar a dudas son razones únicas las que indujeron a este crecimiento cerebral. Actualmente la comunidad científica sabe para qué el cerebro humano se hizo más grande; para un organismo grande como un elefante, se necesita un cerebro muy grande para las tareas básicas de supervivencia, como la regulación de la temperatura corporal, la respiración y la motricidad. Un elefante con un cerebro muy pequeño moriría porque su capacidad cerebral sería incapaz hasta de respirar. Aunque los elefantes poseen un enorme cerebro, en relación a su masa corporal es muy pequeño, a medida que el cerebro se agranda en relación con la masa corporal, tendrá mayor capacidad disponible para realizar tareas cognitivas (Cairó, 2011).

Figura 1

Evolución de capacidad craneal

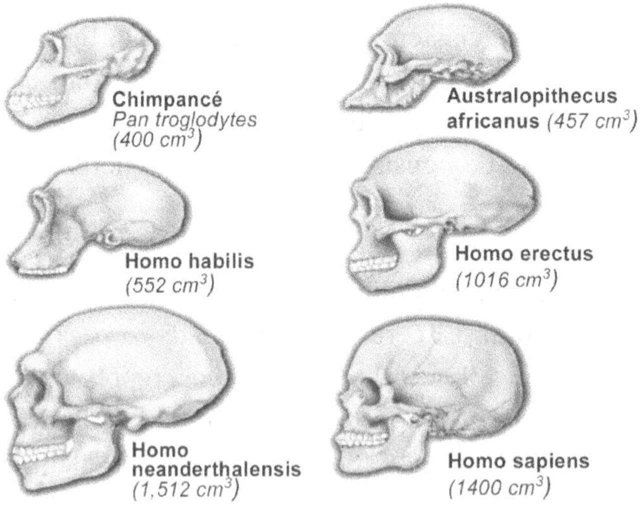

Elaboración propia, 2021.

Serie de cráneos homínidos en los cuales se muestra la diferencia de medida. El *Homo neanderthalensis* poseía un cráneo más grande, aunque de menor tamaño en la parte frontal. *(Fuente: Figura 1. Cold Spring Harbor Laboratory Press, 2007.)*

¿Por qué el ser humano estuvo dispuesto a pagar el costo energético de tener un cerebro más grande? si el incremento de su tamaño cerebral le demanda más energía, eso implicaba más alimentación y sobrecargar su proceso evolutivo al exponerse a más depredadores para buscar alimento. Para pagar ese alto costo seguramente existía alguna presión. En los primates, especialmente el humano, fue la parte frontal del cerebro la que creció de manera desproporcionada. El cerebro creció en tamaño de atrás (la parte que procesa datos visuales) hacia delante (la parte ejecutiva, donde reside la capacidad de razonar, concentrarse y autocontrolarse).

Henry Jerison (1975) fue el primero en realizar el estudio de la proporción entre cuerpo y cerebro, lo que técnicamente se llama *cociente de encefalización*. Jerison determinó que el volumen del cerebro debía corresponder al volumen del cuerpo, porque cuerpos grandes, demandan cerebros grandes para regular todos los procesos somáticos. Un argumento hasta el día de ahora válido, pero la pregunta sería qué cantidad de cerebro necesita el ser humano para que su organismo funcione adecuadamente, no se tiene una definición de cuál es el mínimo de cerebro que se necesita para sostener la vida del cuerpo, sin tomar en cuenta todos los procesos cognitivos. Ya que no todas las partes del cerebro son necesarias para dar soporte a la vida, en neuropsicología se ha determinado que podría perderse casi en su totalidad el lóbulo frontal, sin amenazar la existencia física de una persona (Stuss, Eskes y Foster, 1994), podría continuar viviendo, pero se vería comprometida su vida social. A nivel fisiológico el lóbulo frontal es innecesario, lo podrías perder y tu cuerpo continuaría funcionando, el lóbulo frontal es la parte extra del cerebro humano y la más grande de todos los lóbulos ¿Por qué surgió el lóbulo frontal?

CEREBRO HUMANO

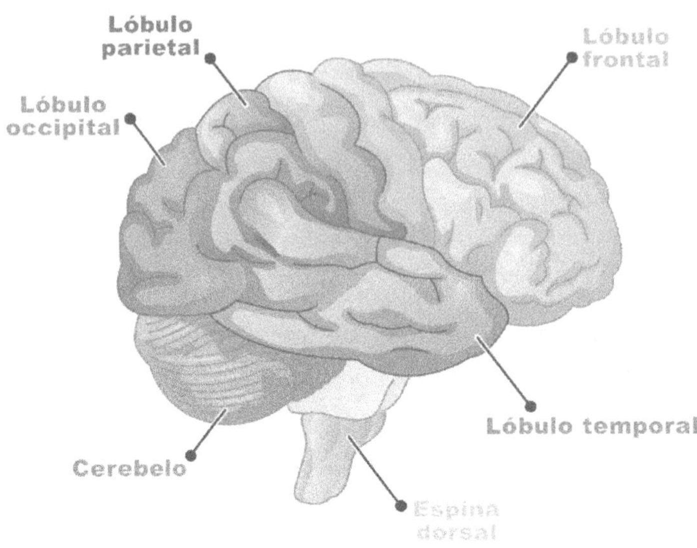

Figura 2, Elaboración propia, 2021.

En comparación con otros primates y especies *protohumanas*, la parte que más creció en el cerebro del *Homo sapiens* fue el lóbulo frontal, esta parte del cerebro humano es el procesador de toda la información, el crecimiento abrupto de esta parte nos indica que algún tipo adicional de procesamiento debía estar ocurriendo, un procesamiento que las demás especies no lo ejecutaban. El ser humano empezó a tener una capacidad extra para computar datos, la masa adicional frontal en primates de cerebro grande, principalmente el humano, les provee capas adicionales para procesamiento, no disponible en especies con cerebros más pequeños. En los humanos, por ejemplo, el procesamiento de los estímulos visuales involucra tres niveles de análisis localizados en diferentes partes del cerebro, forman una secuencia desde la parte de atrás hasta la frontal. El reconocimiento de patrones (lóbulo occipital), reconocimiento de la relación entre esos patrones (lóbulo parietal) y la comprensión del *significado* de la relación entre los diferentes patrones (lóbulo frontal) (Shackelford et al., 2007).

La necesidad de procesar más información provino del contexto y el cerebro experimentó una mutación interna (obviamente este proceso requirió millones de años, no son procesos abruptos que se puedan lograr en milenios, la evolución natural trabaja de manera muy lenta y gradual) ambos procesos responden a una causa extrínseca y otra intrínseca correspondientemente. La realidad que llevó al ser humano a estar dispuesto a pagar un alto precio por el tejido cerebral extra del lóbulo frontal, fueron las demandas de su complejo sistema de vida social, esta postura se denominada *"hipótesis del cerebro social"*, expuesta originalmente los autores Jolly y Humphrey en 1976, posteriormente de manera más completa se presentó en 1988 por Byrne y Whiten como *"hipótesis de la inteligencia maquiavélica"*. Posteriormente se sustituyó el término maquiavélico por social, por el hecho que maquiavélico hace más referencia al aspecto político que a la dimensión social.

La hipótesis del cerebro social sostiene que la inusual complejidad de la naturaleza social del humano, que implica la formación de relaciones sociales intensas y el uso de coaliciones para la cooperación, impuso al ser humano una demanda fuerte sobre sus capacidades animales, debía realizar análisis y conclusiones sobre el futuro comportamiento de los miembros de otros grupos. Ninguna especie de primates y especie humana, logró la capacidad de cooperación que desarrolló el *homo sapiens,* las demás especies de primates y humanos, normalmente creaban grupos entre 15 a 60 miembros. El *Homo sapiens* fue capaz de crear redes de cooperación mucho más grandes, esto le permitió dominar territorios, combatir y eliminar otras especies humanas, la única especie humana que sobrevivió fue el *Homo sapiens,* gracias a su lóbulo frontal que le permitió crear redes de cooperación más extensas, tan extensas que el *Homo sapiens* creó imperios, civilizaciones, países, empresas, etc.. El ser humano empezó a desarrollar el habla, creencia en mitos y técnicas de persuasión, elementos que le permitieron crear bandos de cientos de miembros, lo cual no podía, ni puede hacer ninguna otra especie (Harari, 2015; Barton & Dunbar, 1997; Kudo & Dunbar, 2001; Byrne & Corp, 2004).

Existe otra hipótesis sobre las causas del engrandecimiento del cerebro humano, se trata de la hipótesis denominada *"inteligencia ecológica"*, según la cual los retos que hicieron que el cerebro engrandeciera son de naturaleza no social, retos como buscar comida, almacenamiento de comida, técnicas de cacería, etc. (Clutton y Harvey, 1980; Rosati, 2017). Por otro lado, existe otra hipótesis llamada *"inteligencia cultural"*, la cual plantea que los retos de aprender de los otros, enseñar y trabajo en equipo de acuerdo a todo el conocimiento acumulado, etc. fueron los que fomentaron el crecimiento del cerebro en el lóbulo prefrontal especialmente (Moll y Tomasello, 2007).

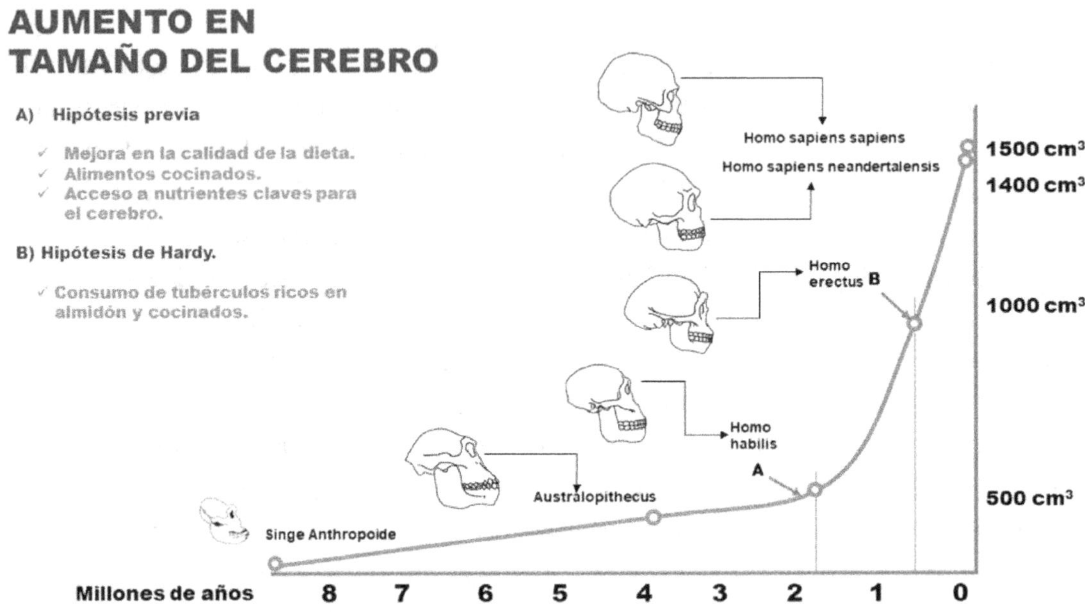

Figura 3. Elaboración propia. Fuente: La importancia de los carbohidratos de la dieta en la evolución humana. The Quarterly review of biology, 2015

La hipótesis social y la ecológica son las más ampliamente aceptadas, las dos plantean argumentos válidos, complementarios y no excluyentes. El debate se genera más bien cuando se intenta plantear una secuencia de causalidad, sobre cuál fue la primera, el ser humano se le hizo el cerebro más grande porque conformó grupos más grandes, o conformó grupos más grandes porque ya tenía un cerebro más grande, si amplió sus lazos de cooperación porque su cerebro creció gracias a lo que comía, a los alimentos que cazaba y recogía (González-Forero y Gardner, 2018). Evidentemente entraríamos en un debate similar al de cuál fue primero, si el huevo o la gallina. No obstante, unos estudiantes de la universidad de St. Andrews en Inglaterra, se tomaron el tiempo de realizar un modelo predictivo para determinar que los retos ecológicos fueron los decisivos para el crecimiento del cerebro (González-Forero y Gardner, 2018). Podríamos decir que el debate sobre cuál fue primero carecería de sentido, ya que en le proceso evolutivo ambos factores, tanto la alimentación como lo social, interactúan de manera simultánea en el ser humano. Ambos elementos, tanto sociales como ecológicos, no sucedieron de manera secuencial, sino de modo simultáneo, es decir, ambos factores operaron de manera concomitante, la inteligencia social favoreció a la ecológica, y viceversa. No olvidemos que este proceso no fue de miles de años, sino de millones de años, periodos de tiempo muy extensos, solo recordemos que tan solo hace siete mil años nos hicimos sedentarios, pasamos casi seis millones de años como cazadores-recolectores.

Para cazar necesitamos la cooperación de otros, fabricar armas, buscar nuevas rutas de cacería, explorar territorios, defensa de la tribu, etc. El elemento social y ecológico son como dos caras de la misma moneda. El humano de hace 3 millones de años no utilizaba su inteligencia para pensar en algún sistema de transporte, algún dispositivo electrónico de telecomunicación o el diseño de una nueva línea de ropa para verano; su inteligencia estaba enfocada en idear innovadoras herramientas para la obtención de alimento, el cual solía ser escaso y no se almacenaba, no existía ese concepto de almacenamiento que nació hasta en la revolución agrícola, hace entre diez mil a siete mil años antes de Cristo. Así, debido a que la mayoría de innovaciones eran impulsadas por el comportamiento de la alimentación, una versión alternativa de la hipótesis ecológica plantea que la inteligencia social es primariamente ecológica en su enfoque (Reader y Laland, 2002).

Los últimos estudios científicos basados en modelos comparativos y análisis metabólicos, sugieren que las condiciones ecológicas fueron las decisivas para el crecimiento del cerebro, recordemos que el proceso de engrandecimiento del cerebro del humano no fue una situación constante y progresiva, al contrario fue un crecimiento abrupto, hace seis millones de años que existió el último homínido del que provenimos tanto los humanos como los primates, en ese periodo de tiempo entre cuatro a dos millones de años se mostraron insignificantes cambios en el cerebro, el *afarensis y africanus* tenían un volumen cerebral abajo de los 450 centímetros cúbicos, mientras que el *Homo habilis* entre hace dos a 1.5 millones de años obtuvo un volumen de 700 centímetros cúbicos, fue en los últimos dos millones de años del proceso de hominización cuando se detonó el crecimiento del cerebro hasta lograr el volumen actual (Jaiswal, 2007). A partir de ello, podemos deducir que fue en los últimos dos años del proceso de hominización que el ser humano logró las condiciones ecológicas adecuadas para el crecimiento del cerebro, fue en ese periodo de tiempo que incrementó su ingesta de energía, mejoró la calidad de su dieta y a lo largo del año la provisión energética a base de alimentos de calidad fue estable, el *Homo sapiens* dejó de pasar largos periodos de tiempo en inanición y a las hembras se les proveyó el alimento necesario en la fase de reproducción (Graber, 2017), todas son condiciones ecológicas necesarias para experimentar el crecimiento del cerebro hasta el tamaño actual. Logramos en ese momento el desarrollo del lóbulo frontal tal como lo tenemos ahora, el que nos ha permitido desde hace siete mil años iniciar revoluciones tecnológicas, en los últimos dos millones de años del proceso de hominización logramos el cerebro que nos ha permitido obtener todas las maravillas que conocemos: avances en ciencia, transporte, viajes al espacio, computación, nanotecnología, etc. No obstante, es también el mismo cerebro que nos ha llevado a guerras, genocidios, destrucción del medio ambiente y brecha social entre ricos y pobres. Un cerebro que nos permite un pensamiento muy complejo, que muchas veces nos tiende caminos no convenientes, algunos conscientes y otros inconscientes, pero los terminamos recorriendo. Tenemos un cerebro y una manera de pensar que no fueron diseñados en el proceso evolutivo para una sociedad del consumo excesivo, bombardeo de información, publicidad, marketing, etc.. Pero, que a pesar de eso funciona de manera magistral porque su principal cualidad es la flexibilidad, por eso llevamos más de seis millones de años como homínidos sobre la faz de la Tierra. La cuestionante es qué tan conscientes somos del funcionamiento de nuestro cerebro y mente, heredados por un proceso evolutivo de millones de años y que no vamos a cambiar en un milenio ¿Hacia dónde nos dirigimos como especie en los próximos dos millones de años? si no comprendemos que la mente humana funciona de una manera que podría interpretarse como *engaño,* cuando solamente está optimizando su funcionamiento.

2.2 El consumo energético de tu cerebro configura nuestra manera de pensar.

¿Por qué las personas cuando van a tomar una decisión tienden a anclarse o aferrarse demasiado a un punto de vista, rasgo o pieza de información que generalmente es la primera información adquirida en el proceso de búsqueda? ¿Por qué las personas tienden a basar las decisiones en patrones de comparación, es decir, siempre deciden comparando varias opciones, esto facilita la identificación de las mejores opciones? ¿Por qué siempre las personas tienden a fijarse más en los aspectos negativos que en los positivos? Cada día el ser humano se presenta a innumerables decisiones, qué ropa usar, qué calle recorrer, dónde, qué y cuándo comer, decisiones en el trabajo, en el círculo de amigos, etc.; cada día se debe tomar decisiones desde las más triviales hasta las más relevantes y trascendentales, como qué marca de vehículo comprar hasta qué pareja elegir para casarse. Todas las decisiones siempre son tomadas con la misma dinámica heredada por millones de años de evolución, buscando la eficiencia de energía, nuestros cerebros no analizan a fondo cada detalle o decisión, por eso los humanos suelen tomar decisiones que podrían denominarse irracionales o sesgadas.

A nuestro cerebro le encantan los atajos, el cerebro humano jamás tomará el camino más largo, siempre buscará el camino más corto, no porque sea perezoso o poco capaz, sino porque la actividad cerebral se desarrolla siempre desde el principio de eficiencia energética, es decir, el cerebro busca optimizar el consumo de energía en su actividad. Por ello, suele hacerse mucho uso del Sistema Inmediato. El cerebro humano opera inicialmente siempre desde el Sistema Inmediato, esto le permite optimizar la limitada energía que le proporciona el organismo humano. El cerebro humano consume un 20% de energía de todo el organismo cuando está en reposo, en operación el cerebro consume cantidades inimaginables de energía. De acuerdo a las investigaciones del profesor canadiense Hochachka (1994), la sola señalización relacionada a la actividad del cerebro, consume un total de 30 mol de ATP/g/min, es un consumo de energía equivalente al uso de energía del músculo de una pierna humana corriendo una maratón. Por ello, para realizar todas sus funciones necesarias para la supervivencia y la toma de decisiones, el cerebro debe administrar eficientemente sus limitados recursos energéticos (Tobore, 2018).

Todo el organismo humano necesita de un componente que podríamos denominar el combustible de todas las reacciones bioquímicas, se trata del ATP (Adenosín trifosfato), que como indica la abreviatura de su nombre está compuesto por un grupo adenosina (adenina + ribosa) y un grupo trifosfato. Cada célula de nuestro organismo requiere de ATP, su función principal es la de brindar energía en todas las reacciones bioquímicas que se generan en el interior de las células, funciones necesarias para actividades como la síntesis de ADN y ARN, las proteínas y el transporte de determinadas moléculas a través de la membrana celular (Lehninger et al., 2014). En resumidas palabras el ATP es el combustible de las células, el cual es producido de manera natural por el organismo. El cerebro humano consume en estado de reposo, aproximadamente 5.7 kg de ATP al día, es decir, consume cuatro veces más su peso (1.5 kg) (Zhu et al., 2012). Si le pusiéramos un valor a este componente, *un gramo* de ATP purificado tiene un precio de alrededor USD$20.00 en el mercado, es decir, cada persona necesitaría diariamente una inversión diaria de USD$110,000 en ATP para que su cerebro funcione en estado de reposo. Todo eso el organismo lo produce diariamente. La energía para mantener viva a una persona en estado de reposo equivale a 29 kg de ATP, es decir, se necesitaría más de medio millón de dólares diarios; a eso debe agregársele en promedio diez mil dólares por minuto si realiza actividad física, un equivalente a 600 mil dólares para una hora de actividad física. Cada ser humano no debe pagar eso, el organismo lo produce, sin lugar a dudas cada ser humano es billonario, ya que poner en actividad su organismo y en especial su cerebro, es una operación millonaria que se realiza diariamente con los insumos generados por nuestro organismo. Ya que el ATP es solo el combustible, agreguemos a eso el costo de muchísimos nutrientes, minerales, neurotransmisores, etc. necesarios para la actividad del cerebro. Como en un vehículo, el combustible es solamente un costo, luego se requiere aceite de motor, aceite de caja de velocidades, solución para frenos y dirección, refrigerante, etc. La próxima vez que te sientas pobre, lee nuevamente este párrafo y recuerda el millonario costo de estar vivo y todo eso lo genera tu organismo gratuitamente. Cuídalo.

Existe un curso natural de las cosas que responde a una herencia de millones de años en cada especie. Ciertos comportamientos humanos que muchas veces criticamos como negativos o no favorables, responden a una dinámica natural inherente a nuestra esencia, a la cual podemos sobrepasar solo en ciertos sentidos. Por ejemplo, nuestra resistencia al cambio y la opción por la confortabilidad, algunos coaches motivacionales los tildarán como pusilanimidad o falta de proyección en la vida, pero no es así de sencillo. Ese comportamiento tiene raíces profundas en la dinámica de eficiencia energética de todo el organismo humano, el cual tiene un diseño natural para un contexto de cacería, recolección y escasez. La naturaleza humana aborrece de manera instintiva e involuntaria, cualquier desvío en la manera habitual de ejecutar alguna acción (Lewin, 1951).

Algunos psicólogos del comportamiento social, sostienen que nuestra resistencia al cambio tiene un sentido evolutivo, oponernos a dicha resistencia implica un salto cualitativo y cuantitativo, algo que en los millones de años futuros podría transformar nuestra naturaleza. Actualmente, como hijos de una evolución de más de cinco millones de años, una serie de comportamientos responden a esta herencia. Todas las personas en su vida diaria tienden a buscar información que esté en consonancia con sus creencias o puntos de vista. Los seres humanos preferimos la predictibilidad, la certeza, la estructura y el orden; la ambigüedad e incertidumbre influyen fuertemente en nuestra resistencia al cambio (Festinger, 1957).

¿Qué factores hacen que el ser humano se abra al cambio?, ¿Por qué aceptamos o rechazamos un punto de vista diferente?, ¿Por qué le creemos a determinados movimientos políticos y rechazamos a otros? La psicología social con el apoyo de la biología y la genética ha intentado dar respuesta a este comportamiento profundamente arraigado en el ser humano: la resistencia al cambio. Un estudio realizado en el año 2003, determinó que la *identidad de grupo* juega un papel esencial en la resistencia a ser persuadido y los conflictos intergrupales. El estudio se desarrolló en el ámbito político de EUA, se analizó cómo los diferentes grupos clasificados en liberales y conservadores, ambos rechazaron políticas de bienestar por el hecho que había sido propuesta y adscrita por la oposición (Cohen, 2003). Además, se identificó que el ego, el interés propio, la relevancia personal y los "intereses creados" son factores que influyen en que las personas se resistan al cambio (Crano, 1995). Las personas tienden a ser más fáciles de persuadir por aquellos a quienes perciban como creíbles, fidedignos, poderosos, atractivos, expertos o similares a ellos mismos. Por otro lado, los humanos se resisten al cambio cuando quien les prescribe o solicita algo, es percibido como no digno de confianza, poco atractivo o demasiado diferente a ellos (Hovland y Weiss, 1951; Turner, 1991).

Consideremos otro ejemplo muy ilustrativo del pensamiento creativo: hace más de 22 siglos un físico matemático de Grecia comprobó que los famosos *números primos* son infinitos. La manera como empezó Euclides su proceso de razonamiento fue considerando lo contrario: los números primos son finitos. Este ejemplo parecerá un poco arduo de entener, pero trataré de explicarlo de la manera más simplificada.

1 2 3 4 5 6 7 8 9 10
11 12 13 14 15 16 17 18 19 20
21 22 23 24 25 26 27 28 29 30
31 32 33 34 35 36 37 38 39 40
41 42 43 44 45 46 47 48 49 50
...

Me tomo el tiempo de intentar explicar este gran ejemplo de pensamiento creativo y matemático, porque es de una simpleza y maestría impresionante. Que los números primos sean infinitos implica que si intentamos hacer una lista nunca se acabaría, ya que cada vez encontraríamos un número más grande, con serias dificultades de verificar que sea un número primo. Aunque nos fuéramos a vivir a otros planetas y siguiéramos contando, jamás encontraríamos un límite, por lo tanto, demostrar que son infinitos requiere de una manera más sutil que el hecho de contar uno por uno.

El gran pensador griego empezó considerando que el conjunto de números primos es finito, en dicho conjunto el mayor número finito es **P**, veamos a dónde llevó esa suposición. Teniendo el máximo club de números primos, donde **P** es su máximo líder, se procede a multiplicar entre ellos a todos los primos, el resultado de dicha multiplicación es un número enorme, incluso mayor que **P** evidentemente, a ese número se le denomina **Q**, por lo tanto $Q=2x3x5x…xP$. Este inmenso número **Q** se puede dividir entre cualquier miembro del club, en ese sentido, Q sería un número compuesto (no sería primo) ya que podría dividirse con cualquier primo del universo, recordemos que se ha supuesto que son finitos y el **P** es el mayor de todos los primos.

Hasta acá todo luce contradictorio, confuso y no se comprueba nada. Pero este fue el momento cuando Euclides se fue a descansar, porque no demostraba la hipótesis que los números primos son finitos, tampoco que fuesen infinitos. Euclides fue a reposar a los campos de veranda. Jamás conoceremos con certeza cómo arribó en la mente del genio la idea que solucionó su búsqueda de pruebas. La solución consistió en agregar **uno** al resultado de multiplicar todos los números primos entre sí, como si alguien le susurrara "agrega uno" esa fue la gran resolución. Cuando Euclides multiplicó todos los primos entre sí, se estancó, en ese momento se tomó un tiempo para relajarse, en ese momento de relajación surgió la gran idea "solamente agrega uno", encontró la prueba que buscaba.

Habiendo logrado ese momento de iluminación, retomemos el ejercicio. Agreguemos 1 a **Q** para formar el número **Q+1**. Recordemos que **Q** es el resultado de multiplicar todos los números primos entre sí, **Q+1** sería un número más grande que **Q**, además, es un número compuesto, ya que se puede dividir entre todos los números finitos, **Q+1** no es primo, recordemos que el máximo de todos los primos es **P**, cuando supusimos que **P** es el mayor número primo existente, de manera automática todos los números arriba de **P** serían compuestos. En ese sentido, Q+1 sería un número compuesto, pero no podría ser dividido por 2, ya que dos divide a Q también, que es el número anterior a Q+1, y los números pares nunca son consecutivos. Tampoco 3, ya que divide a **Q**. Cualquier número primo que elijamos divide a Q, y por lo tanto no puede dividir al siguiente de **Q** que es **Q+1**. Ningún número par ni primo son consecutivos. Ningún número del club de los primos podría dividir a **Q+1,** ni tampoco los números pares. Pero cómo es eso, si P es el mayor número primo, eso implica que **Q+1** es número compuesto, pero a la vez no lo es. O sea, tiene y a la vez no tiene ningún divisor. En este momento estamos metidos en un callejón sin salida, en un atajo, es una contradicción que nació de la suposición inicial, de que existe un conjunto finito y cerrado de números primos, con su máximo líder el número P. La única manera de zanjar esta contradicción es retroceder y eliminar la primera hipótesis. Así, se habría demostrado que no existe un número primo mayor, el más grande de todos, sino que el conjunto es infinito. Demostrado no porque se hayan contado uno por uno, sino porque se siguió un razonamiento llamado **reducción al absurdo**, que se encuentra en el corazón de muchísimas demostraciones matemáticas.

Nunca sabremos cómo surgió esa idea de "agrega uno" a Q en esos momentos de relajación de Euclides. Ese momento de iluminación es un paso dentro del proceso creativo que describe el matemático J.E. Littlewood en su libro "Miscelánea Matemática" (1953): *"Es habitual distinguir cuatro fases en todo proceso creativo: preparación, incubación, iluminación y verificación...La iluminación, que puede suceder en una fracción de segundo, es el surgimiento de la idea creativa en la conciencia. Esto casi siempre ocurre cuando la mente está en un estado de relajación."* En ocasiones posiblemente pasas mucho tiempo enfocado en intentar solucionar un problema, solo piensas en solucionarlo, te enfocas sin ninguna distracción, no piensas en nada más que ese problema, de pronto te detienes. Es en esa pausa de relajación, donde el subconsciente aparece y toma el control, aparece la revelación o solución que tanto buscabas.

Recordemos que en el capítulo uno hablamos sobre el "Sistema Inmediato" (SI) y el "Sistema Reflexivo" (SR), describimos las características de cada uno, su manera de operar en relación a la Memoria de Trabajo, Memoria de Largo Plazo y Memoria de Corto Plazo. Cuando Euclides estaba analizando cómo comprobar su hipótesis, estaba en función el Sistema Reflexivo, pero cuando se fue a descansar empezó a operar el Sistema Inmediato, ese sistema de pensamiento que es rápido, intuitivo, emotivo y emerge de manera abrupta. Por otro lado, el Sistema Reflexivo es lento, esforzado, racional y calculador. Este punto está ampliamente comentado en el capítulo uno (Goleman, 2013; Kahneman, 2012).

¿Cuáles son las razones neuro físicas que rigen la operación de ese sistema dual de pensamiento? ¿Por qué funciona así el pensamiento humano, según este enfoque dual? Las neuronas en el cerebro humano funcionan a una *exaescala* que ninguna computadora puede igualar hasta el momento. El grosor de algunas partes de las neuronas desempeña un papel fundamental en la agilidad de la transmisión de la información y la respuesta al estímulo. El diámetro de los *axones* de una neurona en un insecto es de 0.1 micras, mientras que en el ser humano el grosor es de 0.5 micras. Para imaginarlo mejor, un cabello humano mide entre 60 a 80 micras, el tamaño máximo que el ojo humano puede visualizar es de 40 micras. Ahora, imaginen cómo es el diámetro de los canales axiales de una neurona con una medida de 0.5 micras. Mientras más grandes son las neuronas, la información que se transmite es más confiable y rápida, debido a su mayor resistencia a la corriente axial. Sin embargo, este tipo de neuronas son energéticamente ineficientes, ya que requieren mayor corriente iónica para disparar los impulsos nerviosos. Si los humanos tuviésemos axones con 1 micra de diámetro, nuestras respuestas a estímulos serían más rápida, mayor que a la de un ágil tigre, pero nuestro cerebro no tendría la suficiente energía para las funciones cognitivas humanas. Sin embargo, al tener neuronas más pequeñas, el cerebro puede generar el voltaje adecuado para todas las funciones cognitivas necesarias (Palmer, 2020).

El hecho de tener neuronas con diámetros más pequeños brinda al cerebro eficiencia energética, no obstante, implica la desventaja de que la velocidad de reacción a un estímulo será más lenta. Recordemos que para la supervivencia es crucial la velocidad de respuesta ante un estímulo, tal como lo vemos en muchos reptiles, por lo tanto, la miniaturización de las neuronas no es evolutivamente ventajoso; sin embargo, no olvidemos que los primeros homínidos empezaron a formar grupos sociales, que compartían actividades y aprendía a defenderse unos a otros, aprendieron a diseñar armas y estrategia de defensa y casería. En los primeros años de los homínidos, hace unos cinco millones de años, sí era crucial una respuesta ultra rápida a los estímulos (*Ibidem*).

Otra desventaja de poseer neuronas con axones tan pequeñas de tan solo 0.5 micras y limitada disposición de energía en el cerebro, es la susceptibilidad al "ruido neuronal"[2], este ruido consiste en alteraciones de temperaturas o descargas eléctricas, las cuales deben ser minimizadas si se quiere obtener un diseño neuronal óptimo para la transmisión de información. Por otro lado, este diseño neuronal humano plantea los pro y contras de la estocasticidad con la que opera el cerebro humano[3], el sistema neuronal no funciona en base a algoritmos de heurística determinística, los cuales para problemas complejos suelen operar adecuadamente, pero son ineficientes para instancia particulares, el ser humano se enfrenta a innumerables instancias particulares, ante las cuales algoritmos deterministas implicarían mucho tiempo y energía para obtener una solución, lo cual sería indeseable, por no decir fatal ante la presencia de una amenaza o depredador. Por ello, los algoritmos estocásticos son más eficientes. La estocasticidad compensa la tardanza de respuesta, ruido neuronal y deficiencia energética.

Basados en las descripciones anteriores sobre la miniaturización del diámetro de los axones, la eficiencia energética y la estocasticidad; podemos explicar la manera cómo funcionan el Sistema Inmediato y el Sistema Reflexivo. Cuando la mente humana está operando con el Sistema Reflexivo, la energía disponible en el cerebro está enfocada en un reducido número de neuronas grandes, de manera determinista, es decir, fiable y repetida. Toda la limitada energía cerebral se canaliza a compartimentos específicos, de tal manera que no hay energía disponible para otras tareas que implican neuronas de menor tamaño. Por ejemplo, si vas caminando junto a alguien en el parque, y le preguntas cuánto es 27 por 31, seguramente esa persona de detendrá, cerrará los ojos y no hará otra cosa que enfocarse en dicha tarea. Todas las redes neuronales necesarias para para caminar y hablar, cesarán por la demanda de energía del Sistema Reflexivo. Por otro lado, con el Sistema Inmediato puedes caminar, masticar goma y platicar de fútbol, ninguna actividad va a requerir cantidad significativas de energía.

Cuando la mente opera en el Sistema Inmediato, el cerebro distribuye la energía de manera uniforme en toda la red neuronal, especialmente en aquellos axones por cuyos diámetros son más susceptibles al ruido neuronal. Cuando el cerebro opera con el Sistema Reflexivo, actúa de manera más determinista y enfocada, pero no es en ese momento cuando emergen las ideas creativas, las ideas vienen cuando estás relajado, es en ese momento cuando la idea surge estocásticamente sin ninguna razón aparente. La idea de una solución surge estocásticamente, pero no espontáneamente ya que a su nacimiento le ha antecedido

---

[2] El ruido neuronal se refiere a las fluctuaciones eléctricas intrínsecas aleatorias dentro de las redes neuronales. Estas fluctuaciones no están asociadas con la codificación de una respuesta a estímulos internos o externos y pueden ser de diferentes órdenes de magnitud.
[3] el término estocástico se aplica a procesos, algoritmos y modelos en los que existe una secuencia cambiante de eventos analizables probabilísticamente a medida que pasa el tiempo.

todo un proceso de acumulación y análisis de información. Es decir, la creatividad surge de una interacción entre ambos sistemas de pensamiento, tanto del estocástico (Sistema Automático) y el determinista (Sistema Reflexivo). Ese momento de *iluminación* en el cual surge la idea ganadora necesita ser precedido por un proceso de *verificación* (Littlewood, 2004).

2.3.2 La conciencia humana.

Existen diferentes acepciones sobre qué es la *conciencia*, en este caso se emplea como *la capacidad de darse cuenta de o tener noción de*, junto a la capacidad de percibir un mundo *contrafactual* en el sentido de distinguir las cosas entre sí e imaginarse posibilidades. La conciencia así entendida es hasta ahora exclusiva del ser humano y fruto de la eficiencia energética del cerebro. Los mundos *contrafactuales* son esas realidades potenciales que podrían ocurrir, pero que aún no ha ocurrido o ya ocurrieron alguna vez.

Los procesos cuánticos están presentes en muchas dinámicas biológicas, entre ellas la actividad iónica en las neuronas a nivel humano, haciendo uso de la física clásica es imposible explicar las altas tasas de flujo de carga iónica mediante la membrana neuronal en sus *nanoporos*. De acuerdo con la discusión de algunos estudios recientes (Summhammer et al, 2018) el cerebro utilizará un proceso cuántico sobre un proceso clásico cuando haya una ventaja energética para hacerlo, operará en escalas cuánticas debido a la miniaturización extrema de las neuronas, generando un fenómeno que se denomina *confinamiento cuántico,* el cual es manipulado con un mecanismo especial de conducción iónica.

La dinámica cuántica de nuestros procesos neuronales no solo da origen a la creatividad o libre albedrío, sino también a la experiencia de la conciencia. Somos conscientes de la puerta, la mesa, la taza, la silla o la cama, en su existencia individualizada, gracias a nuestra capacidad de percibir mundos paralelos cercanos entre sí, la conciencia inducida cuánticamente de mundos alternos y la memoria de mundos paralelos considerados cercanos al presente, es lo que da lugar a esa experiencia que denominamos *conciencia*, como el hecho de saber que identificamos la *existencia individualizada* de algo (Palmer, 2020).

Los países más desarrollados y dominantes económicamente hablando han emprendido una carrera por desarrollar una computadora cuántica superpoderosa, que les permita procesar trillones de datos en nanosegundos, algo que tomaría miles de años en un procesador de datos binario. Las computadoras cuánticas ya no funcionan a base de *bits,* sino que la unidad de funcionamiento es un *qubits,* este último puede ser *1* o *0* al mismo tiempo, tal como en mecánica cuántica un electrón podría estar en dos lugares al mismo tiempo, esta especie de *bilocación simultánea,* le permitiría procesar una cantidad de datos inmensa a una velocidad actualmente inimaginable. Por ahora no existe una computadora cuántica que pueda realizar toda una variedad de funciones, las pocas que se han diseñado son para funciones muy específicas hasta el momento, sin lugar a dudas son inimaginables las posibilidades de la computación cuántica combinada con el *machine learning, deep learning, big data e inteligencia artificial,* las cuales pueden ir desde las más bondadosas hasta las más desastrosas.

A pesar de lo deslumbrados que puedan estar muchos gobiernos y personas con los avances tecnológicos en computación cuántica, no se dan cuenta que cada uno de nosotros es portador de una computadora cuántica en su cerebro, aunque no realicemos un procesamiento de un trillón de bytes en pocos minutos, poseemos un sistema neuronal energéticamente eficiente y autónomo, capaz de realizar no una, sino miles de funciones en procesamientos estocásticos, algo que no es por el momento muy cercano que una computadora cuántica pueda realizarlo. La tecnología es sin lugar a dudas sorprendente porque nos brinda herramientas para hacer actividades de una manera más eficiente, pero nunca debemos olvidar que *la creación no puede superar al creador,* una silla no supera al carpintero, una chaqueta no supera al sastre, un taco no supera al taquero, un plato de comida no supera la chef, un software no supera al programador, *jamás un diseño del humano superará al humano mismo en toda su complejidad,* no en su naturaleza y sustancia, un vehículo puede superar al ser humano en velocidad y fuerza, una computadora puede superar al ser humano en precisión de cómputo de datos de problemas bien definidos, las creaciones del ser humano pueden superarlo en actividades específicas, pero no en la totalidad y complejidad de todo lo que el ser humano puede hacer. No se trata de una competencia, pero ya que está de moda deslumbrarse ante la tecnología y no asombrarse sobre la esencia y naturaleza del humano, se vuelve necesario acotar esta situación de implicaciones muy trascendentales.

La conciencia como *noción de, conocimiento de o capacidad de noción de entidades o mundo contrafactuales* emerge como una consecuencia de la eficiencia energética del cerebro, el asiento de la conciencia no es solo el cerebro que se encuentra en el cráneo, sino que acá se deben analizar toda una serie de elementos que se conjugan con otros cerebros del cuerpo humano, como el cerebro del corazón y el cerebro del intestino. La dinámica de los conductores iónicos en la red neuronal no se da solamente en el cráneo, existen redes neuronales tanto en el intestino como en el corazón, estos tres focos neuronales están integrados de manera armónica, tenemos neuronas en el intestino y en el corazón, con las mismas características de miniaturización que poseen las del cerebro craneal. A lo largo de la historia humana siempre se han promovido estructuras jerárquicas verticalistas, en las cuales el poder lo posee una cabeza, una sola persona o un pequeño grupo, así es como hemos interpretado el mundo, las organizaciones que lo conforman y el organismo humano mismo; pero, no es así en la realidad, el cuerpo humano no posee solo un cerebro, sino tres cerebros, el hecho que los otros dos cerebros hayan sido ignorados por años y en la escuela solo nos enseñen que existe *un cerebro* responde más a un paradigma sociopolítico que a un criterio científico, esto lo abordaremos de manera más amplia en los capítulos posteriores.

Si la conciencia emerge gracias a la eficiencia energética de la estructura neuronal de los cerebros, casi como ejercicio de razonamiento abductivo podríamos afirmar que en cuanto mayor disponibilidad de energía tengamos, lograremos un nivel más profundo de conciencia, si el cerebro detecta que hay un reservorio amplio de energía a su disposición, la capacidad de ser concientes, de *tener noción*, de *"darnos cuenta"*, incrementará de manera considerable. Inicialmente esto parecería bastante obvio en el sentido que si alguien está agotado físicamente, su capacidad de ser concientes disminuye severamente, pero, acá no se trata solamente de un agotamiento a nivel macro en todo el organismo humano, sino de un agotamiento que puede surgir por la excesiva exposición a estímulos que demandan al cerebro y sus memorias una ardua tarea que conduce al agotamiento y empiezan a operar en un estado de inercia, es decir, capta información pero no la procesa ni retiene adecuadamente, como una especie de tanque de agua, el cual cuando se llena abre una válvula en la parte inferior para evacuar todo el agua en exceso, el tanque nunca deja de captar agua, pero llega un punto en el que no retendrá, solo captará y automáticamente evacuará. Con este ejemplo no se quiere dar lugar a la conclusión que la memoria es un espacio limitado que llega un punto en el que se satura y ya no puede almacenar, no, de ninguna manera, ya anteriormente se ha hecho referencia al carácter finito, pero ilimitado de la memoria humana, especialmente la Memoria de Largo Plazo. Más bien quiero hacer énfasis en la capacidad de captación y procesamiento que el sistema perceptivo humano posee y no en la capacidad de almacenamiento. La memoria de trabajo es la que permita que podamos interactuar en el presente, es con la cual *captamos y procesamos* la información, ya hemos hecho referencia que esta memoria no puede operar con muchas piezas de información, al superar su capacidad de captación, se abrirá una válvula por la cual así como se captó, así mismo se esfuma o evacúa la información. En todo este proceso quizá no tengas que hacer un esfuerzo físico a nivel de musculatura, puedes estar cómodamente sentado en el sofá de tu sala viendo una película de ciencia ficción, cada cinco minutos revisas tus redes sociales, eventualmente respondes algunos mensajes de texto y comentas algo de la película con alguien que te acompaña. Con las actividades que hemos mencionado la capacidad de captación de la memoria de trabajo está totalmente rebasada, está operando con la válvula de evacuación abierta, no procesas adecuadamente y pocas cosas se trasladarán a la memoria a corto plazo y quizá ninguna a la memoria de largo plazo. Tu sistema neuronal estará agotado, no importa que estés cómodo en el sofá. En ese estado la energía para potenciar la conciencia es muy poca, casi nula, tu capacidad de *darte cuenta* estará aletargada.

En la actualidad se estima que una persona diariamente está expuesta a un promedio de tres mil a cinco mil anuncios publicitarios, esto sin contar todas las publicaciones de tus contactos y cuentas que sigues en las redes sociales, los episodios de tus series, correos electrónicos, tareas y videojuegos; cada uno de ellos contiene textos, sonidos, movimientos, figuras, colores, etc.., la memoria de trabajo diariamente está operando en modo de válvula de evacuación abierta, hay captación, pero cero retención. El sistema está operando en modo de agotamiento, no hay energía disponible para el *darse cuenta*, el ser humano se encuentra agotado, no porque esté tratando de interpretar algo complejo, sino porque ha sobrecargado de estímulos sus facultades perceptivas y su memoria de trabajo. Por lo tanto, no es de extrañar que las personas *no se den cuenta* de muchas cosas importantes en la vida, ni siquiera se trata que estén intencionalmente distraídos, *su distracción es relativa más que intencional*, es una distracción que deriva de la sobrecarga de estímulos cotidianos que agotan la energía cerebral, no permiten un reservorio de energía para *darnos cuenta*, para ser verdaderamente concientes, ya no solo es nuestro cerebro el que opera por inercia, sino que la vida misma empieza a desplegarse por inercia en sus diferentes dimensiones, sin rumbo, sin cuestionamientos, sin planteamientos, simplemente la inercia del día a día y de los acontecimientos que nos arrastran como hojas secas sin vida en la corriente de un río. Este *aletargamiento* por sobre exposición sensitiva nos llevaría más que a una vida plena, a una vida que según la frase de Sócrates no valdría la pena vivir: *"una vida sin preguntas no merece la pena ser vivida"*. ¿Cómo activar más esa capacidad de *darnos cuenta?* es necesario reducir la sobrecarga sensitiva para habilitar energía para la conciencia. Es necesario volver a encontrarnos con las personas.

2.4 Definición: Heurísticas y sesgos mentales.

Los humanos suelen presumir que son los únicos seres racionales, aunque no siempre comprendan qué implicaciones tiene dicha racionalidad, la cual no es sinónimo de perfección en nuestros juicios. En el día a día se suelen tomar muchísimas decisiones basadas en dinámicas mentales que no son totalmente racionales, sino más bien irracionales, o como sostiene Dan Ariely, no solo somos irracionales, sino también prediciblemente irracionales, de hecho así se titula uno de sus libros "Predeciblemente irracionales". Agregar que somos *prediciblemente* irracionales implica que nuestra irracionalidad en la toma de decisiones no es algo aleatorio, sino que ocurre de manera reiterada; además, no importa que seas un consumidor, empresario, político, estudiante, etc. La previsible irracionalidad permea cualquier estrato social, ya que es algo que no responde a un factor económico, sino a un factor biológico heredado de millones años de evolución. Evidentemente, conocer que el ser humano es previsiblemente irracional nos proporciona la ventaja de mejorar nuestra toma de decisiones y mejorar nuestra forma de vivir en este mundo; sin embargo, el peor error que el ser humano ha cometido en toda su historia, es confiar y presumir demasiado que sus decisiones están siendo basadas en la *racionalidad*. Si antes de tomar una decisión los ciudadanos y líderes del mundo, aplicaran un filtro para determinar qué tan sesgada e irracional es una decisión que presumen de racional, seguramente muchas guerras, asesinatos, invasiones, etc. se habrían evitado y ya hubiésemos superado muchos problemas en este planeta y conquistado toda la Vía Láctea.

Pero, ese ejercicio de aplicar un filtro a las decisiones muy pocos lo hacen, no me refiero a cualquier filtro, a sentarse a "pensarlo", no, no es ese filtro, es una revisión que tiene que estar basada en el conocimiento de las causas del por qué el cerebro y la mente humana toman ciertos atajos, causa que hemos descrito anteriormente con bastante detalle; además, conocer los atajos que la mente toma debido a esas causas. La persona que aplica filtro a sus decisiones es muy poca, casi nadie me atrevería afirmar, porque es un ejercicio que necesita pericia, mucho conocimiento y práctica. Sin embargo, debería ser algo obligatorio para todo aquel que debe tomar una decisión trascendental que afectará la vida de otros humanos. Si pudiésemos diseñar ese filtro para que la ciudadanía lo aplicase a la hora de votar y qué comprar, seguramente los políticos y mercadólogos verían caer por el suelo sus estratagemas.

En los apartados anteriores se describió cómo opera la mente humana en su sistema dual de pensamiento, así como los diferentes tipos de memoria. Además, cómo opera el cerebro humano regido por el principio de eficiencia energética, debido a su masa respecto a la masa corporal y la miniaturización de las neuronas. Toda esa compleja dinámica lleva a la mente a tomar ciertos atajos en el momento de tomar una decisión o realizar un "razonamiento". Esos atajos se les denomina *heurísticas*, las cuales conducen a *sesgos cognitivos*. En el siguiente capítulo enumeraremos algunos de los principales sesgos que existen según la naturaleza de la circunstancia en la que se encuentre la persona. Por ello, en este apartado quiero describir qué es una heurística y un sesgo mental, y así al momento de revisar los principales sesgossepamos qué son y por qué suceden.

La palabra heurística es ampliamente utilizada en diferentes ámbitos, tales como la psicología, informática, teoría de juegos, entre otras; de tal manera que brindar una definición precisa se suele volver una tarea muy ardua. En algunos casos se suele definir como una "regla del pulgar o regla de oro" *(rule of thumb)* expresión que hace referencia a un criterio de análisis ampliamente aceptado, pero que no es necesariamente preciso ni fiable en toda situación, es un análisis que establece una especie de fórmula u observación estándar, que resulta ser práctica y está basada en la experiencia repetida, sin embargo no se trata de un conocimiento fiable a nivel académico o científico, un ejemplo práctico de este tipo de criterios es el relacionado a cuánto debes de tomar de agua al día, hay promedios que se sugieren sin contar con un dato exacto, o cada cuánto debes hacerle el cambio de aceite a tu vehículo, te brindan un rango de kilometraje, sin una rigurosa precisión, pero con una estimación muy práctica. Este tipo de reglas para tomar decisiones están presentes día a día, las cuales suelen resultar efectivas, pero no se ha demostrado que sean las mejores respuestas a cualquier situación concebible donde sea aplicable (Laver and Sergenti, 2012).

La heurística se suele definir como un *"atajo"* que toma la mente humana para tomar decisiones, en orden a reducir el esfuerzo para elegir la mejor opción. El padre de la implementación del concepto de la heurística en los juicios y toma de decisiones, define la heurística como *métodos para llegar a soluciones satisfactorias con modestas cantidades de cálculo* (Simon, 1990), es decir, son caminos que sigue la mente humana para ponderar una decisión con el mínimo esfuerzo. La racionalidad humana es limitada ante la complejidad de la realidad. Los seres humanos utilizamos diversos mecanismos racionales para enfrentarnos a la realidad, las heurísticas son un mecanismo del que la mente hace uso para comprender e interactuar con el entorno (Ibidem). En la vida diaria las personas suelen enfrentarse a decisiones, juicios o resolución de problemas que presentan un rango amplio de posibilidades que deberían ser exploradas, la exploración de todas tomaría tiempo y energía, y es en ese momento que la selección de la mejor posibilidad es orientada por las heurísticas.

Cuando nos enfrentamos a una tarea o problema poco conocido, aplicamos esos "métodos débiles" como les llama Simon, los cuales la experiencia nos ha demostrado que suelen ser útiles en otros campos, pero que aun así debemos explorar la opción óptima. Con las heurísticas el proceso de exploración consiste en encontrar una solución satisfactoria lo más pronto posible y así detener la búsqueda, el atajo de la heurística resuelve el problema de hacer una elección, cuando debemos elegir entre una enorme cantidad de opciones o potencialmente infinitas, emergen cuando el número de alternativas a comparar o el problema a solucionar posee una estructura desconocida, que demanda que deben ser examinadas todas las alternativas para encontrar la más óptima. En estas situaciones nos rescatan las heurísticas, muy útiles en situaciones cotidianas, pero implican un riesgo cuando decisiones relevantes como la compra de una casa, elección de una carrera universitaria, emisión del voto o afiliación partidaria, se basan en un método débil que solo busca reducir el esfuerzo.

2.4.1 Las heurísticas no son necesariamente negativas.

Existe una concepción negativa sobre la naturaleza de las heurísticas cognitivas, al considerarse como procesos cuyos resultados siempre son imprecisos y poco fiables, se les considera como procedimientos que deberían generar resultados óptimos o correctos, pero que la mayoría de veces no garantiza los resultados más apropiados, pero sí lo "suficientemente buenos". Es necesario hacer énfasis que las heurísticas no son el reflejo de la imperfección de la mente y cerebro humanos, todo lo contrario, son el resultado de una morfología y dinámica perfecta del cerebro humano. Las heurísticas no son un resultado indeseable, sino la manera natural de proceder de la mente humana a partir del principio de eficiencia energética del cerebro humano y el aprendizaje acumulado en millones de años de evolución. No se trata de una renuncia de la cognición humana en nombre de la eficiencia en los recursos energéticos del cerebro humano, más bien es una estructura perfecta de operación para un sistema que tiene conciencia de la finitud de sus recursos energéticos. Desde esta perspectiva la heurística no sería un resultado indeseable o imperfecto de la base orgánica de la cognición humana, es más bien el engrane que permite a la mente humana operar en armonía con el cerebro humano. Definir qué son las heurísticas es una labor muy ardua, ya que se está abordando un concepto ambiguo, que las filosofía y ciencias del conocimiento le han dedicado poco tiempo para caracterizarlo de manera sistemática y profunda (Evans, 2009).

En algunas ocasiones las heurísticas son definidas en una perspectiva negativa, como si debiera el ser humano procurar liberarse de ellas, pero no es así, las heurísticas con un mecanismo altamente efectivo para interactuar con la realidad. Lo importante es que sepamos cómo operan y así podamos prevenir decisiones sesgadas en la vida. Sobre cómo funcionan las diferentes heurísticas y sesgos mentales, así como el mecanismo más efectivo para superarlos, se analizará más adelante. Una definición que nos ilustra la negatividad con la que se describen las heurísticas es la siguiente: *"Una heurística es una estrategia que ignora una parte de información, con el objetivo de tomar una decisión más rápido, de manera sencilla y precisa, más que los métodos más complejos"* (Gigerenzer and Gaissmaier, 2011, p. 454). Esta definición carece de precisión y hace creer que la única función de la heurística es la reducción de la información para analizar, como además no precisa a qué métodos más complejos se refiere, en ese sentido, más delante precisaremos cuál sería un método más complejo a seguir en la toma de decisiones.

Caracterizaciones como las anteriores no nos dejan claramente definido en qué y por qué ocurre esa "omisión de información", ya que como veremos más delante y como se puede deducir a partir de la dinámica cerebral anteriormente descrita, esta omisión no acontece de una manera simplista y obvia. Si una descripción que afirma que las heurísticas solo buscan ayudarnos para tomar decisiones rápidas y en ese proceso omiten información, es demasiado reduccionista ¿qué elementos serían necesarios resaltar para realizar una descripción más integral y robusta? En el caso presente no se persigue brindar una descripción superficial o mecanicista, si no se entiende de manera amplia qué son las heurísticas será imposible ser conscientes de sus beneficios, efectos y cómo gestionarlas adecuadamente.

Muchos autores en el ámbito de la psicología cognitiva cometen el error de describir las heurísticas como caminos que nos conducen a la equivocación, como maneras deficientes e inadecuadas en la toma de decisiones que casi siempre nos conduce a un error, a un sesgo mental que nos hace tomar la decisión en su mayoría de veces menos efectiva, conveniente o certera. Sin embargo, ese enfoque es reduccionista, al no contextualizar la funcionalidad de las heurísticas y explicar que el objetivo de estas no es asegurarnos siempre las más correcta de las soluciones. Buscar en las heurísticas la garantía de resultados correctos, sería demandar algo que no corresponde a su naturaleza estocástica (Fodor, 2008; Bechtel, 1999), no son algoritmos que de manera invariable siempre producirán efectos correctos o los más óptimos.

Las heurísticas son un mecanismo computacional que nos permite economizar energía en la resolución de problemas, desde esta perspectiva, son un camino que nos permite reducir el esfuerzo de cómputo requerido para obtener un resultado deseado. Un proceso mental que generó una decisión errónea o desastrosa, no tiene por qué ser tildado como heurístico, la garantía de resultados óptimos no debe ser el rasgo esencial a la hora de evaluar las heurísticas, sino que debe abordarse desde una perspectiva más integral y reconocer que si una decisión fue desastrosa, no es culpa del proceso heurístico, sino que la persona requiere mayores habilidades de pensamiento. Necesita aprender a pensar, algo que abordaremos en el último capítulo.

La caracterización de las heurísticas cognitivas desde una perspectiva meramente negativa, responde a una confusión entre procesos heurísticos y procesos que garantizan o producen resultados o respuestas correctas (GCO por sus siglas en inglés *Guaranteed Correct Outcome*) (Ibidem). Los procesos GCO son muy propios de la matemática o lógica matemática, los cuales responden a reglas que si se implementan de la manera establecida, siempre tendrás garantizado el resultado correcto. Sin embargo, la dinámica de la mente humana en interacción con la realidad, no opera de esa manera, no hay recetas ni reglas definidas para garantizar una decisión correcta, siempre hay un proceso que seguir, un proceso de *metapensamiento* de acuerdo a la situación en particular. Existen algoritmos para ganar una partida de ajedrez o el juego de Tic-Tac-Toe, algoritmos para determinar cuándo debes reemplazar una lámpara, etc. Pero, eso no funciona con la dinámica de la mente humana. Los procesos GCO si los aplicas de manera adecuada te garantizan la respuesta correcta. En cambio, las heurísticas no son procesos que garanticen siempre resultados correctos, sino más bien procesos que de manera eficiente nos permiten interactuar con la realidad para producir efectos o respuestas que algunas veces cumplen ciertos criterios, pero no garantizan respuestas correctas. En este caso es importante que la persona sepa, en un esfuerzo de *metapensamiento*, que siempre existe la susceptibilidad de pensar en base a ciertas heurísticas, en este caso, es imperativo determinar si la situación es muy compleja y trascendental, aprender a pensar de una manera sistémica.

Las heurísticas no son procesos GCO, pero sí nos pueden proveer de muchos beneficios debido a la dinámica de nuestra mente. Sin embargo, antes es necesario aclarar la caracterización negativa que siempre se realiza de las heurísticas, esto no significa que invite a pensar de esta manera, pero sí a tener claro que este no es el punto esencial de la definición de heurística, no nos brindan siempre resultados correctos, pero son cognitivamente eficientes. Recordemos que las heurísticas no son algoritmos perfectos, ya que siempre suelen interactuar en contextos cambiantes y complejos. Los procedimientos bien definidos que siempre nos aseguran resultados correctos, corresponden al mundo de la matemática, lógica, ajedrez, etc. donde se interactúa en el espacio de los problemas bien definidos, es en este ámbito es donde los algoritmos garantizan resultados certeros.

El principal problema de los problemas en la sociedad, es no saber definir el problema y actuar como si ya estuviese bien definido, ahí radica el fracaso de muchas acciones dentro de empresas, organizaciones y el gobierno mismo. Acá vale aclarar que existen problemas de naturaleza muy compleja o algunos que son incluso mucho más que complejos, son los denominados *wicked problems,* cuya solución no es única y definida, la definición de estos problemas depende de qué manera se enfoque su naturaleza; sin embargo, una de las características de los *wicked problems* es que no pueden definirse de una vez por todas (Horst y Webber, 1973). Situaciones como la pobreza, el narcotráfico, desempleo, delincuencia, etc. son *wicked problems,* preguntas como ¿Qué debo hacer con mi vida?, ¿Cuál es mi misión como persona humana? Son preguntas *wicked,* su grado de complejidad es muy denso dentro de la anatomía de lo complejo, incluso se habla de la *wickedness,* como un grado de complejidad propio para este tipo de situaciones. Ante situaciones como estas no hay recetas, no hay algoritmos, no hay procedimientos que garanticen resultados certeros, es necesario desarrollar un pensamiento sistémico (*System thinking*) para encontrar la solución más adecuada. En capítulos posteriores desarrollaremos los diferentes tipos de pensamiento que existen y en qué momento es más adecuado utilizarlo cada tipo.

Cuando nos enfrentamos ante un problema bien definido, entonces existirán procedimientos GCO, incluso cuando se requiera una investigación y evaluación exhaustiva del problema. Sin embargo, el mundo de los problemas bien definidos solamente existe en las matemáticas, la lógica y el ajedrez. Los seres humanos vivimos en un mundo *wicked* y estamos restringidos por limitantes cognitivas y fisiológicas. En ese sentido, las heurísticas son útiles cuando analizamos el contexto real del mundo y nos damos cuenta que no vivimos en un mundo de ajedrez o tic tac toe, la ubicuidad de los limitados recursos, la complejidad y el tiempo limitado siempre están presentes. Buscar procedimientos mentales *GCO* es incompatible con el mundo real, los ***problemas bien definidos*** son muy raros y casi ajenos a la vida cotidiana. En la vida lo más frecuente son los problemas mal definidos, problemas que anteriormente hemos llamado *wicked problems*, tales como el cambio climático, el hambre, la corrupción, desempleo, etc., su naturaleza imposibilita procedimientos GCO.

2.5 Menos esfuerzo cognitivo.

Para entender mejor la naturaleza del mecanismo mental de las heurísticas, es muy útil emplear un enfoque (*framework*) que ilustre cómo las heurísticas son atajos que buscan reducir esfuerzo en diferentes tareas. En la vida cotidiana siempre empleamos algoritmos, desde cuando vamos a cocinar un huevo hasta cuando planeamos una estrategia de negocios. El algoritmo es ese conjunto de pasos concatenados que debemos seguir en ciertas circunstancias para lograr un resultado esperado, su función es agilizar y optimizar la realización de un proceso. Siempre constituye una serie de pasos. La palabra heurística atrajo la atención en la psicología cuando en 1972 Simon y Newell, emplearon por primera vez la palabra en el sentido que describe un proceso simple que busca reemplazar algoritmos complejos en la toma de decisiones.

Para ilustrar cómo las heurísticas buscan reducir el esfuerzo mental, ilustraremos cómo funciona un algoritmo que es implementado para lograr decisiones optimas y juicios precisos, este se denomina "regla aditiva ponderada" (*weighted additive rule*) (Payne, Bettman y Johnson, 1993). De acuerdo a esta regla, las personas que toman una decisión consideran no una, sino todas las alternativas posibles. Los tomadores de decisión deben ponderar cada posibilidad de acuerdo a su objetivo o impresiones subjetivas sobre cómo el valor de una determinada alternativa contribuye a la consecución de su objetivo. En esta regla la persona debe asignar un peso a cada alternativa, hasta poder calcular cuál es la óptima. De acuerdo a esta regla para tomar una decisión optima, las personas deben invertir esfuerzo en cinco tareas elementales:

1. *Recopilar toda la información posible y relevante sobre las potenciales alternativas de solución. En esta primera fase identificas todas las pistas.*
2. *Seleccionar y guardar todas las señales de valor, los valores para las piezas de información deber ser recuperados desde la memoria o desde una fuente externa.*
3. *Debe evaluarse y determinarse la importancia de cada señal identificada.*
4. *Se debe integrar la información para todas las alternativas, debe hacerse una ponderación global para obtener un valor determinado para la alternativa a seleccionar. En el caso de que solo busques un juicio o reflexión, este es el paso final.*
5. *Se hace una comparación de todas las alternativas y se selecciona una.*

Para tomar una decisión óptima esos son los pasos mínimos a seguir de acuerdo al enfoque de la *"regla aditiva ponderada"*, es un algoritmo que requiere esfuerzo mental, imagínense hacer eso cuando piensen en qué comer, cuando van de compras al super mercado, compran ropa, un vehículo, una casa, etc.. Algunos cuando compran un carro o una casa, hacen comparación de alternativas, pero no comparan todas las alternativas posibles y no recaban toda la información relevante posible. Eso no se hace en el día a día y a veces erróneamente en decisiones trascendentales, la gente no tiene una capacidad de procesamiento y energía mental ilimitada.

Los humanos deben operar en los límites impuestos por el entorno y la dinámica del cerebro, algo conocido como *bounded rationality (racionalidad limitada)* (Simon, 1955). A medida que las limitaciones del entorno, fuentes de conocimiento y capacidad cognitiva crecen, las personas emplean métodos o estrategias para reducir el esfuerzo que implica computar toda la información requerida, ese método que se emplea son las heurísticas, por eso se definen como métodos que permiten a los tomadores de decisión procesar mentalmente la información de una manera que se reduce el esfuerzo y se simplifica el proceso para llegar a una decisión óptima.

De acuerdo al modelo de la *"regla aditiva ponderada"* que nos ilustra el proceso para tomar una decisión adecuadamente ponderada, existen cinco pasos necesarios que requiere un esfuerzo cognitivo que no siempre se realiza, para ello utilizamos las heurísticas mentales. De acuerdo a ese modelo, así como podemos clasificar en cinco los esfuerzos cognitivos, de la misma manera clasificaremos en cinco las dimensiones en las que operan las heurísticas para reducir el esfuerzo cognitivo (Sha y Oppenheimer, 2008). Toda heurística la podríamos clasificar en dos o más principios de los siguientes caminos para la reducción de esfuerzo y la optimización del consumo de energía cerebral:

1. *Examinar menos piezas de información.*
2. *Reducir la dificultad de recordar y almacenar piezas de información valiosas.*
3. *Simplificar los criterios de evaluación para cada señal.*
4. *Integrar menos información.*
5. *Examinar menos alternativas.*

Es preciso recordar todo el desarrollo previo a este tema, sobre la dinámica mental según la anatomía del cerebro y su principio de eficiencia energética. Las heurísticas no responden a una deficiencia moral o ética de las personas, sino a una dinámica heredada de la evolución. La única ventaja que tenemos es que nuestro raciocinio nos permite ser conscientes de ello y poder identificarlo, saber que en muchas decisiones seguramente entrarán en acción de manera inconsciente, sesgos mentales derivados de las heurísticas que se generan por la reducción de esfuerzo cognitivo para optimizar energía. Gracias a estos principios es factible abordar de una manera cohesiva y estructurada, en qué principio la heurística está operando.

A continuación, se describirán en qué consiste cada una de las principales y distintas formas de reducir esfuerzo cognitivo que se persigue con las heurísticas, esas distintas formas seguirán alguno de los siguientes caminos:

1. *Reducir el esfuerzo al seleccionar la información.*

Para reducir el esfuerzo mental y el consumo de energía cerebral, las heurísticas buscan reducir el número de piezas de información que deben ser consideradas para cada alternativa a elegir, las personas que van a tomar una decisión se enfocan en las pistas que consideran más importantes para predecir válidamente un juicio adecuadamente. Esta reducción de esfuerzo consiste en que solo se considera una opción a la vez en medio de todo el abanico de alternativas, incluso cuando la persona que debe tomar la decisión considere otras alternativas porque la primera opción no satisfizo completamente el requerimiento, el enfoque siempre es reducir el esfuerzo porque solo consideran una opción a la vez, lo cual busca mantener a la Memoria de Trabajo con el menor esfuerzo posible. En este sentido, la persona tomadora de decisión va eliminando una por una las opciones que no satisfacen los criterios, esto no se realiza porque realmente se esté haciendo un análisis exhaustivo de todas las opciones, simplemente se hace para reducir la cantidad de información a examinar, si encontrasen alguna opción que "satisface" el criterio de ponderación determinado, no se consideraría ninguna de las opciones faltantes. Se analiza cada alternativa como si fuesen totalmente independientes y no existiese alguna correlación entre ellas.

Para entender por qué una persona tomadora de decisión reduce el esfuerzo en la examinación de alternativas, es necesario entender qué entiende esa persona por alternativa o pieza de información, definir cuál es la información relevante para ella. Un ejemplo muy conocido que se puede enmarcar en esta modalidad de reducción de esfuerzo es la *heurística del pico y final (peak-end heuristic)*, esta describe cómo las personas hacen juicios de valoración y decisión haciendo un balance rápido entre una experiencia dolorosa y otra placentera. En este caso la persona realiza una evaluación solamente a partir del pico máximo de una experiencia dolorosa y el final de dicha experiencia. Por ejemplo, si una persona realiza un tratamiento médico y le pides que determine si fue agradable o desagradable, para realizar dicho juicio sólo elegirá dos elementos de información, el pico más alto de lo desagradable, es decir, recordará el momento más desagradable y el final del tratamiento, si el momento más desagradable fue muy intenso y el final fue agradable, la persona dirá que es muy aceptable, que no fue tan desagradable, el final agradable o menos desagradable, influye positivamente en el juicio. Las personas no evalúan muchos momentos, solamente calculan un promedio entre dos piezas de información el pico más alto y el final (Kahneman, Frederickson, Schreiber, & Redelmeier, 1993).

2. *Reducir el esfuerzo para recordar.*

Recordar es difícil para todos ante una decisión que nos demanda acceder a la información de referencia para tomar una decisión más acertada, recurrimos a la reducción de esa dificultad derivada del esfuerzo que requiere. Además, posterior a la toma de decisión, almacenamos poca información sobre ese proceso, es decir, las razones por las que elegimos determinada opción, suelen reducirse a unas pocas. El tomador de decisión solamente almacena la información que es resultado de una simple comparación, solamente se almacena la información de acuerdo al *mayor que, menos que o igual a.* La información se simplifica y así se vuelve más fácil almacenarla y recordarla, sobre todo esa información de referencia (*cue information*). Por ejemplo, si vas a comprar un vehículo y entre las opciones que estás ponderando, para ti es importante considerar la eficiencia del combustible, seguramente en el momento que compares un Mini Cooper con una Hummer, o un vehículo sedán con una camioneta, la comparación será positiva a favor del vehículo más pequeño, seguramente no tomarás en cuenta el desempeño de los kilómetros por galón, información de acceso gratuito en algún sitio web oficial del gobierno. Buscamos reducir la complejidad de la información mediante comparaciones sencillas, esto es mayor que, menos que o igual a.

Otra manera de reducir el esfuerzo que implica memorizar y recordar ocurre cuando la persona que debe tomar una decisión hace uso *exclusivo* de información que es más fácil de *recordar*, ya sea porque es fácil de procesar o es fácilmente puesta a disposición por otros medios ¿Qué heurísticas o sesgos mentales se incluyen dentro de esta modalidad? Esa taxonomía se realizará posteriormente, pero a manera de ejemplo podemos citar las heurísticas de la *representatividad, la disponibilidad, el anclaje y ajuste* (Tversky y Kahneman, 1973, 1974). En estas heurísticas como en muchos otros ejemplos que se plantearán en la taxonomía de sesgos, la persona toma una decisión basada en la facilidad para acceder a la información, por ejemplo, en la *heurística de la disponibilidad,* la persona tomadora de decisión hace uso de la "facilidad" con la que puede imaginarse un escenario de futuro, como base para sostener la mayor probabilidad de que ocurra o vuelva a ocurrir un evento determinado. La disponibilidad de las imágenes mentales y la facilidad de acceder a ellas, es tomada como el principal indicador que la probabilidad ocurra. Una heurística no busca asegurar un resultado certero, sino optimizar el consumo de energía e interactuar con el entorno que nos rodea, pero vale aclarar que basar nuestra toma de decisiones trascendentales en esta manera de reducción de esfuerzo mental, podría generar consecuencias desastrosas, no siempre lo más conveniente es lo más fácil de acceder.

Este camino de reducción de esfuerzo lleva a las personas formarse juicios de acuerdo a una información llamativa y fácil de acceder, las evaluaciones que realicen sobre la persona, lugar o evento, la basaran en esa información. Por ejemplo, la *heurística basada en el afecto (affect-based heuristic)* sostiene que las personas basan sus valoraciones o juicios acerca de un objeto (lugar, persona, evento, etc), en las emociones relacionadas con el objeto. Es decir, si al objeto lo relacionas con una emoción negativa, todas las valoraciones que realices sobre él serán negativas, en cambio, si lo relacionas con una emoción positiva, tus valoraciones siempre serán positivas. Otro sesgo dentro de esta categoría es la *heurística de la indignación,* un ejemplo de ello es cuando las personas consideran más indignante y merecedor de un castigo el asesinato de un niño que el asesinato de un adulto, aunque legalmente sean indistinguibles (Kahneman & Frederick, 2002), salvo los agravantes que se agreguen por la vulnerabilidad del niño.

3. Reducir el esfuerzo para evaluar la información.

En esta ruta las personas ignoran los criterios de validez de la información, se reducen las señales de validación y por lo tanto la ponderación que se realiza es menos rigurosa, de esta manera reducen el esfuerzo para evaluar la validez de los datos o información. Cuando las personas deciden reducir el esfuerzo por esta vía, asignan a cada posibilidad el mismo peso, tal como sucede en heurística como *the equal weighting heuristic* (la misma ponderación heurística) (Dawes, 1979), *majority of confirming dimensions heuristic* (mayoría de las dimensiones confirmantes) (Russo y Dosher, 1983); en estas heurísticas a cada pieza de información se le asigna la misma ponderación, se comparan alternativas de dos en dos, pero se pondera como superior cualquiera aleatoriamente hasta elegir una que satisfaga a las personas de manera subjetiva, sin una exigencia de principios de ponderación para cada pieza de información, los tomadores de decisión reducen el esfuerzo cognitivo.

4. *Reducir el esfuerzo integrando menos información.*

El camino anterior era la reducción de reglas para evaluar la información, en este caso lo que se reduce es la cantidad de información relacionada con cada una de las alternativas que forman parte de la ponderación, lo cual repercute en no formarse una perspectiva general de todas las alternativas (Payne et al., 1993). Una heurística que ejemplifica mucho esta ruta es la *heurística satisfactoria* (Simon, 1995), aunque se utilizan numerosas alternativas no se integra la información de cada una de ellas para formarse una visión general sobre la utilidad de las diferentes alternativas. Las personas eligen una alternativa porque es "suficientemente buena", pero su utilidad óptima no está suficientemente analizada. Cada posibilidad es evaluada de manera independiente, sin la necesidad de integrar información sobre las demás alternativas, todas las alternativas pueden ser eliminadas al escoger una, no importa si aún se requiere considerar muchas más posibilidades.

5. *Reducir el esfuerzo examinando menos alternativas.*

En esta ruta las heurísticas comparan menos alternativas en el proceso de toma de decisión para reducir el esfuerzo cognitivo en la toma de decisiones. Las heurísticas y sesgos de esta ruta limitan el número de alternativas que se comparan de manera simultánea. La reducción del esfuerzo se ejecuta eliminando de manera inmediata algunas alternativas antes de considerar una revisión de todas las posibles alternativas disponibles. Por ejemplo, imagina que alguien desea comprar una computadora, buscará un proveedor, seguramente conozca muchas empresas proveedoras, pero seguramente solamente considerará los primeros dos proveedores que vengan a su mente, en ese sentido, todos los demás proveedores serán rápidamente eliminados de las alternativas para elegir.

Capítulo III
Atajos y recovecos de la mente.

En este capítulo analizaremos algunos de los sesgos más relevantes que impactan de manera significativa nuestras decisiones. El listado de sesgos que puedes encontrar en internet asciende a más de doscientos, en el actual capítulo desarrollaré de una manera amplia, ejemplificada y práctica los que desde mi punto de vista no pueden pasar inadvertidos, hay muchos más, pero en esta ocasión nos enfocaremos en los que a continuación encontrarás:

3.1 Absentmindedness (distractibilidad).

Cómo funciona:

Te ha sucedido alguna vez que buscas las llaves de tu casa y no las encuentras, cuando llegaste no pusiste atención del lugar donde las dejaste, no fue el habitual donde siempre las dejas, pasas horas buscándolas, algunas veces las encuentras, otras veces no. Algunas veces quizá te das cuenta que las tenías en la bolsa de tu jacket o pantalón. Es más, a veces andas buscando algo que tienes en tu misma mano. O vas a tu habitación, pasas la puerta y te preguntas ¿A qué venía? O algo más extremo, sales de tu casa a comprar a la tienda y de pronto te das cuenta que vas para el gimnasio, no hacia la tienda. De pronto eso puede generar preocupaciones en algunas personas, piensan que algo está mal con su mente o memoria, bueno, eso no necesariamente significa una demencia crónica, es un fenómeno bastante común y tiene un nombre, se le llama en inglés *"absentmindedness"*, que traducido literalmente significaría "ausencia de mente", pero se suele traducir como *distraccionalidad.*

Absentmindedness es un sesgo mental relacionado con la memoria y la atención, de hecho, el autor Daniel Schacter en su libro "Los siete pecados de la Memoria" (2003), determina que este es uno de esos pecados, precisamente el pecado número dos. Schacter describe el caso de Tatiana Cooley-Marquardt, campeona nacional de la memoria en EUA en 1999 y 2000, en el 2005 quedó en segundo lugar. Una mujer que ha ostentado el primer lugar en USA y el octavo lugar en el mundo en los campeonatos de memoria, debe utilizar papelitos pegados en la pared para recordar ciertas cosas en su vida cotidiana, una vez ella sostuvo ante un periodista "soy distraída a más no poder, vivo gracias a los *postits*". El hecho que Cooley deba utilizar *postits* para no olvidar cuestiones de su vida cotidiana, nada tienen que ver con sus mnemotécnicas para ganar los concursos y la prodigiosa memoria que posee. Ya que recordar larga lista de números tienen que ver más con el pecado del transcurso, para quien esté interesado puede consultar el libro de schacter, el olvido relacionado con este sesgo está más vinculado con el segundo pecado.

Causas:

Las fallas de la memoria que reflejan la *absentmindedness* representan un *lapsus* de atención que se traduce en la incapacidad de recordar información que nunca se codificó adecuadamente o simplemente no está disponible en la memoria, cuando demandamos dicha información se pasa por alto (Schacter, 2003). Para entender estos tipos de fallos se vuelve necesario analizar el rol que juega la *atención humana* en los procesos de decisión y de codificación, así como determinar la manera en la que las pistas y recordatorios son importantes.

El fallo de la *absentmindedness* se debe a un proceso de codificación en el cual la atención está dividida, es decir, que mientras alguien codifica algún hecho ya sea cotidiano o no cotidiano, divide su atención en varias piezas de información. El hecho que alguien divida su atención no impide que registre una experiencia, pero dicho registro será como escribir algo en la arena a la orilla del mar; para explicar la causalidad de este fenómeno en este sesgo, es necesario distinguir entre dos maneras de recordar que distinguen los investigadores: recordar como *recuerdo y* recordar como *conocimiento*. El recuerdo tiene que ver con la evocación de detalles muy específicos de lo acontecido, mientras que el conocimiento es evocar la sensación del hecho que algo sucedió. Por ejemplo, si vas a un parque, el recuerdo tiene que ver con hacer memoria de los tipos de árboles, asientos, fuentes, etc. La memoria como conocimiento sería traer consigo el hecho que ahí es un lugar seguro o apacible. Si alguien te pregunta ¿Qué te parecieron las nuevas bancas ubicadas cerca de una determinada fuente? En ese momento apelas a la memoria como recuerdo. Pero, si te preguntaran ¿Qué te parecieron las zonas de descanso en el parque? En ese momento apelas a la memoria como conocimiento.

A partir de esta distinción se ha determinado que dividir la atención tiene repercusiones en el recuerdo, la atención dividida no permite que se añada detalles para los posteriores recuerdos, sí podemos registrar información que nos permita memorar la experiencia, pero no podremos recordar detalles (Schacter, 2003). De tal manera que los errores por *absentmindedness* en la cotidianidad se debe a una especie de "atención dividida" que es prácticamente un riesgo que todos corremos en nuestra vida diaria.

Consecuencias:

Un *lapsus* de atención puede tener un resultado gracioso, como cuando buscas las llaves de tu auto y las tienes en la mano. Pero, puede ser un poco más desastroso, como cuando pierdes la billetera en la calle y por más que intentes recordar es imposible dónde y cuándo la pusiste por última vez, o cuando vas conduciendo y no te recuerdes que el semáforo rojo es para detenerte. Esos pequeños lapsus de atención podrían costarte la vida o la integridad física a ti o alguna otra persona. Imagínate que al piloto del avión en el que viajas, justo cuando va aterrizar, viene pensando en el lugar que ha decidido encontrarse con unos colegas, pensando que ya hizo descender el tren de aterrizaje (las llantas del avión), decide empezar el aterrizaje sin las llantas, algo que ya ha sucedido en varias ocasiones (Carriere et al., 2008).

3.2   Sesgos de respuesta (*Response biases*).

3.2.1 ¿Qué son y qué los causa?

Como diseñador estratégico siempre he sugerido que las encuestas no son confiables en estudios para entender el comportamiento humano. Las encuestas se encuentran minadas por múltiples sesgos que modifican la respuesta, la cual carece de contexto para comprenderla a fondo o validarla. En el momento que una persona responde una encuesta juegan muchos elementos a favor o en contra, el momento emocional en el que se encuentra, si realmente entiende la pregunta, la vergüenza que lo relacionen con su respuesta, la prisa con la que responda, etc.. Para el diseño de productos, estrategias, procesos o experiencias impactantes e innovadoras, no recomiendo limitarse a la encuesta como único instrumento para recabar datos. Sin embargo, aunque triangules métodos o instrumentos de investigación, los sesgos siempre estarán presentes. Ahí donde se realice una pregunta y exista una respuesta, siempre habrá una alta posibilidad que exista un *sesgo de respuesta*. No importa si tú para evitar errores decides triangular encuestas, entrevistas a profundidad con observación participante, siempre habrá sesgos que harán inexactos y poco confiables los datos recabados ¿Cuáles son esos sesgos de respuesta? ¿Cómo operan? ¿Cómo evitarlos? Son preguntas que se responderán en esta sección.

¿Qué sientes cuando alguien te miente? Seguramente muy pocas personas se sientan agradadas. La mentira tiene implicaciones negativas en nuestras vidas, si tú preguntas a alguien la dirección de un lugar y por no quedar en vergüenza al decir que no sabe, te brinda una dirección equivocada o por la misma vergüenza no te explica, aunque la sepa, eso implicará para ti pérdida de tiempo y riesgos de perderte. Aunque intentemos reflexionar que la mentira puede ser necesaria para funcionar como país o cultura, ya que nuestras naciones están plagadas de paradojas culturales, en esencia la mentira no es positiva para el día a día, fractura nuestras relaciones sociales, interpersonales y nuestros proyectos. La sociedad entera se cimienta en la confianza, no en la mentira, aunque se pierda la confianza en los amigos, instituciones y gobierno, lo que mantiene en pie una estructura de interacción es la confianza en la verdad, aunque esta se encuentre frágil o profundamente herida. Intencional o no intencional, la mentira siempre es mentira y daña.

Los *response biases* (sesgos de respuesta) suelen operar en las encuestas, cuestionarios y entrevistas, pero también se presentan en las preguntas que le hagas a tus hijos, tu pareja, colegas, amigos, etc.. Ahí donde tú preguntes, ahí habrá sesgos de respuesta, se presentan cuando la persona que responde, intencional o no intencionalmente, cambia, censura o tergiversa su verdadera opinión, sentimientos, creencias o pensamientos en el momento de responder. Esta barrera puede tener múltiples causas, entre ellas se encuentran el tópico de la pregunta, la manera en la que se pregunta, las características del encuestador o entrevistador, la plataforma en la que se hace la pregunta, el orden de las preguntas, las palabras o frases utilizadas; o simplemente porque la persona que responde olvidó algo importante en ese momento, o quieren parecer amables, simpáticos, inteligentes, bien informados y no ignorantes, o buscan complacer a la persona que pregunta.

3.2.2 Diferentes tipos de sesgos de respuesta:

3.2.2.1 Sesgo de deseabilidad social (Social desirability bias).

En todas las sociedades las personas buscan ser aceptadas y sentir que forman parte de un grupo. Es natural la tendencia a mostrarnos favorables a los valores, creencias o pensamientos socialmente aceptados. Imagínate que tú harás una investigación sobre ETS (Enfermedades de Transmisión Sexual), seguramente muy pocas personas serán honestas si tienen relaciones sexuales con varias personas al mismo tiempo, ya que es un tema socialmente no aceptable. O si eres una Asociación Civil y quieres estudiar qué tanto donan las personas a la caridad, seguramente muchas personas digan que sí han donado, aunque nunca lo hayan hecho o lo hicieron una vez hace muchísimo tiempo. Toda investigación que esté relacionada con un tema, comportamiento, opinión o punto de vista socialmente aceptable o inaceptable, será altamente susceptible del sesgo de deseabilidad social.

De todos los sesgos de respuesta el de deseabilidad social es el más estudiado. El hecho que las personas respondan de manera sesgada por la aceptación social, puede responder a diferentes factores (Graeff, 2005):

- El formato o plataforma con la que se recolecten los datos.
- La intensidad con la que la persona que responde desee mostrarse favorable o simpática.
- El grado en el que las preguntas hagan referencia a un tema socialmente muy cargado de valor.
- El grado de exposición que tenga la respuesta de la persona, si será pública, privada o anónima.

- El conocimiento de la persona investigada sobre qué se hará con sus respuestas.
- Qué tanto los encuestados o entrevistados detecten las respuestas que complacerían al encuestador, entrevistador o a sus patrocinadores.

Los sesgos de respuesta son una afectación sistemática, es decir, enturbian la respuesta de cada una de las personas, no solamente la de una muestra reducida dentro de la población, por ello no existen hasta el día de ahora un mecanismo estadístico para medir los sesgos de respuesta, como se mide y reduce el margen de error dentro de una encuesta. Esto aplica no solo para el sesgo de deseabilidad social, sino para todos los sesgos de respuesta. Sí se han desarrollado algunos esquemas para medir y reducir el sesgo de deseabilidad social. Muy pocos investigadores han desarrollado escalas para la medición de un sesgo, una de las pocas es la escala de Marlowe y Crowne, que en 1960 desarrollaron una escala de 33 factores para medir qué tanto una persona es susceptible al sesgo de deseabilidad social (Crowne y Marlowe, 1960). Estas escalas son muy útiles, el único detalle que no todos los estudios son susceptibles de agregar dicha escala, ya que una encuesta se haría extremadamente larga si le agregas los 33 ítems, por ello se han desarrollado versiones más resumidas de esa misma escala.

La alta presencia de este sesgo se verá afectada por la manera como se genera el contacto, no es lo mismo una encuesta anónima que una entrevista cara a cara, o una encuesta que debas escribir tu nombre. La cultura o país de origen es un factor que afecta significativamente, se ha descubierto que en los países menos desarrollados, las pruebas de personalidad suelen ser respondidos basados en estereotipos (Graeff, 2005). Además, el nivel educativo y la edad también inciden, a menor edad mayor sesgo de deseabilidad social, igualmente el sesgo disminuye a mayores estudios, según una investigación realizada en Australia, algo que seguramente no se ajuste a la realidad de otros países con una calidad educativa menor y más precarizada (Costello y Roodenburg, 2015).

3.2.2.2 *Sesgo de aquiescencia / siempre decir sí (acquiescence bias).*

La tendencia a siempre estar de acuerdo con preguntas, cuestionarios o encuestas, sin importar el tópico o enfoque de las preguntas. Las personas tienden a estar de acuerdo que algo es verdadero sobre todo cuando no están seguras o no entienden adecuadamente. Entre las razones por las cuales las personas suelen estar siempre de acuerdo influye cómo las personas piensan que el investigador espera que le respondan, si las personas tienen una pista sobre qué espera el investigador, ellos responderán de esa manera, por ello es necesario reducir la tendencia a mostrar pistas que hagan pensar o suponer a las personas que quien pregunta espera determinada respuesta. Otro factor que influye es la edad y el nivel educativo, a menor nivel educativo mayor *acquiescence bias*, viceversa. Esta correlación aún no ha sido demostrada en países de Latinoamérica, donde me atrevería a afirmar que el nivel educativo superior no sería suficiente, debido a la deficiencia del sistema educativo en casi toda Latinoamérica, así como los estereotipos tradicionales muy arraigados en culturas muy conservadoras.

La palabra aquiescencia significa consentimiento, su etimología está en el latín *acquiescentia*, participio del verbo *acquiescere*, el cual se compone de dos palabras *ad* que significa "hacia" y del verbo *quiescere*, infinitivo del verbo intransitivo latín *quiesco*, que significa descansar, reposar, permanecer tranquilo o en paz, no inquietarse y guardar silencio. Hacer referencia a la etimología de las palabras, más que un ejercicio que se disfruta, es una manera de comprender con mayor profundidad por qué esa palabra designa determinada actitud. En este sentido, el sesgo de aquiescencia es un deseo posiblemente en algunos casos de no querer complicarse la vida, decir sí sin estar seguro o simplemente porque quieres estar tranquilo y consideras que si dices no eso puede generar un altercado con la otra persona. Como dice n popularmente en México "le das el avión" o como dicen en otras regiones de América "no le paras bola" completamente. El ser humano no está preparado para un "no", siempre desea un sí, el no es visto como una amenaza, y regularmente las personas reaccionan de manera violenta ante un no. Por eso, muchas personas responden que sí para estar tranquilos o mantener la paz.

El sesgo de aquiescencia está relacionado con el sesgo de deseabilidad social, ya que las causas de este pueden generar aquiescencia, pero no necesariamente se está de acuerdo en algo por deseabilidad social, pueden existir otras causas como la falta de motivación de responder atentamente, los antecedentes de la persona (edad, nivel educativo, vivencias), el concepto que tienen de sí mismo, etc. ¿Cómo prevenir un sesgo de aquiescencia? Definitivamente hasta el momento no hay una escala para medirlo y prevenirlo, pero se podría plantear algunos principios para evitar este sesgo en las personas que responden:

✔ En primer lugar, hay que reducir cualquier factor que genere ansiedad o incomodidad en el entrevistado, para ello es necesario ser muy transparente y comunicar que no existe ningún efecto que lo comprometa o afecte. Como cuando tú entrevistas a un distribuidor de tu marca, seguramente diga que es la mejor marca y experiencia del mundo, porque teme que si se queja de algo le quites el derecho de distribución, pero si le dejas claro que no buscas su aprobación o calificación, sino que quieres mejorar y que para ello es necesario que con total libertad exprese lo que siente y piensa, seguramente disminuyas significativamente la ansiedad y obtengas datos más exactos y confiables.

✔ Reformula las preguntas para brindarle a la persona más contexto, esto permitirá hacer una interpretación menos sesgada de la pregunta y ofrecer una respuesta más amplia. En este caso entra el ya conocido ejemplo de no formular preguntas que impulsen a las personas a responder afirmativamente. No es lo mismo preguntar ¿Crees que la relación entre mexicanos y estadounidenses es muy mala? La cual se podría reformular ¿Cómo crees que es la relación entre los mexicanos y estadounidenses?

✔ Sé realmente empático a la hora de formular una pregunta. Evita acorralar a la persona en una postura cuando realmente existen muchas al respecto. No busques confirmación de tus suposiciones o supuestos, tus preguntas deben ser neutrales en el sentido de abrirse a la posibilidad de muchas respuestas, esto no es ambigüedad, es apertura a que la persona se sienta libre de expresar su punto de vista, el cual puede variar con respecto a otras perspectivas.

3.2.2.3 Sesgo de patrocinio (Sponsorship bias).

El conocimiento de la institución que está al frente de un estudio altera la respuesta de las personas, eso influye en la manera que ellos se imaginarían que le gustaría al patrocinador que respondan. Por ejemplo, las personas podrían reducir la cantidad de carne roja que comen, si la investigación la realiza una organización nacional que promueve la salud del corazón; pero si la investigación es impulsada por una reconocida marca de carnes o un estudio de mercado sobre el consumo de carne, las persona sobre estimaran la cantidad de carne que realmente comen.

3.2.2.4 Sesgo de la hostilidad (Hostility Bias).

Te ha pasado alguna vez que aceptaste responder una encuesta y te empieza a molestar que tiene muchas preguntas, o que en una entrevista se ha prolongado más de lo acordado, te dijeron que las preguntas solo tomarían unos cinco minutos, pero ya llevas más de diez minutos. Si las personas se empiezan a sentir forzadas a responder o el procedimiento para recolectar datos los empieza a molestar, ellos en represalia empezarán a fabricar cualquier respuesta.

3.2.2.3 Sesgo por el orden de las preguntas (Question order bias).

El orden de las preguntas en una encuesta, entrevista o conversación pueden alterar la autenticidad de las respuestas a las subsecuentes preguntas. Por ejemplo, si en un estudio sobre la disciplina en los niños y el castigo corporal, se empieza con preguntas relacionadas a la delincuencia juvenil y las obligaciones legales de los cuidadores, influenciarán las preguntas posteriores, algunos sentirán vergüenza o miedo, de responder con transparencia si antes de preguntarle si alguna vez ha hecho uso del castigo físico con sus hijos, le preguntas si conoce el reglamento que penaliza el uso del castigo físico en los hijos. Las preguntas iniciales pueden anclar a la persona a una determinada postura que afectará toda la encuesta, entrevista o conversación. Puntos muy extremos ya sean negativos o positivos en los primeros temas, afectarán el desarrollo complementario.

3.2.2.4 Sesgo del extremo (Extremity bias).

Cuando se trata de responder en qué escalas te encuentras respecto a un tema sensible socialmente, las personas eligen no estar en los extremos, no quieren sentirse en el extremo respecto a otros. Por ejemplo, si preguntas a varias personas cuánto es el salario que ganan mensualmente y tu escala es:

- ✔ Menos USD$2,000
- ✔ USD$2,000 a USD$4,000
- ✔ USD$4,001 a USD$6,000

Si alguien gana USD$1,900 mensualmente elegirá entre USD$2,000 a USD$4,000, de esa manera no estará en el fondo de la pirámide de ingresos que planteas, al fin y al cabo la diferencia es solo USD$100 dirá en su mente, pero para el encuestador implica que alguien que gana menos de dos mil dólares, ahora podría ser alguien que gana cuatro mil. O por ejemplo, si preguntas cuánto tiempo gastan en redes sociales o cuánto tiempo dedican a asuntos personales en horas laborales, la gente no querrá elegir la categoría superior, y seguramente la inferior para no parecer tan mentiroso, elegirá la categoría de en medio. La solución a este sesgo es agregar categorías en tus extremos, aunque tú consideres que nadie las elegirá te ayudarán a evitar este tipo de sesgo, por ejemplo, la categoría anterior de salarios la podríamos estructurar así:

- ✔ Menos USD$400
- ✔ USD$401 a $1,000
- ✔ USD$1,001 a USD$1,500
- ✔ USD$1,501 a USD$2,000
- ✔ USD$2,001 a USD$4,000
- ✔ USD$4,001 a USD$6,000

3.2.2.5 Sesgo del entrevistador (interviewer bias).

El lenguaje no verbal es un componente esencial en todos los animales, desde los mamíferos, pasando por los reptiles y los invertebrados. En el caso del ser humano es el primer tipo de lenguaje que desarrolla. Antes de hablar lloramos, fruncimos la cara, pataleamos, etc. Los bebés mamíferos lloran para llamar la atención de su madre y, con el tiempo, ella logra identificar los distintos tipos de llanto que tiene su cría, aunque se encuentre lejos o en medio de mucho ruido (Corrales, 2011). Según el psicólogo e investigador Albert Mehrabian, en sus experimentos sobre actitudes y sentimientos, encontró que en ciertas situaciones en que la comunicación verbal es ambigua, solo el 7% de la información se atribuye a las palabras, mientras que el 38% se atribuye a la voz (entonación, proyección, resonancia, tono, etc.) y el 55% al lenguaje corporal (gestos, posturas, movimiento de los ojos, respiración, etc.) (Mehrabian, 1972).

El adecuado manejo del lenguaje corporal es algo que requiere tiempo y mucha práctica. En el caso de una entrevista como instrumento de investigación cualitativa que busca establecer una conexión directa y empática con las personas, el manejo del lenguaje corporal tanto de la persona entrevistada como del entrevistador es un serio reto. Que el entrevistador sea consciente tanto de su propio lenguaje corporal como el del entrevistado, es algo esencial para prevenir la fatiga, sorpresa, disgusto, etc., que podría influir en las respuestas de la persona entrevistada. En el campo de los *response biases* (sesgos de respuesta), no solo el lenguaje corporal, sino también las características propias del entrevistador pueden afectar las respuestas a las preguntas. Esta influencia puede estar basada en estereotipos, pero es importante tenerla identificada para evitar el sesgo del entrevistado. Una entrevistadora muy atractiva físicamente hablando, podría sesgar la respuesta de los hombres relacionadas a temas como los ingresos económicos, control del peso, disfunción sexual o frecuencia del ejercicio.

Todas las reacciones del entrevistador inciden en el entrevistado, impulsando o inhibiendo ciertas respuestas; si el entrevistador sonríe, frunce el ceño o levanta las cejas ante una respuesta, las personas interpretarán que el entrevistador desea o no esperaba escuchar determinado tipo de respuestas, de manera que empezarán a evitar las respuestas que han identificado que el entrevistador no esperaba y empezarán a brindarle las respuestas que desea escuchar. Si ante una respuesta el entrevistador replica *"mmmm...muy interesante"*, *"¡oh!"*, *"¡guau!"*, el entrevistado interpretará que es algo inesperado o que estás afuera de lo común. Hasta este punto alguien dirá ¿Entonces qué debo hacer? Esa es la pregunta que siempre surge ante cualquier sesgo, posteriormente se brindarán varias sugerencias para gestionar los *response biases* en general, pero este en específico, sugiero mantener una actitud que denote receptividad constante y apertura, algo que ayuda es (aunque estés grabando) tomar pequeños apuntes permanentemente, mantener una actitud neutral, procurar mantener los hombros abiertos y que los pies o manos no estén cruzados, eso denotará que estás receptivo a cualquier idea. Si cruzas las piernas, procura que apunten a la dirección neutral o hacia la persona, más no hacia la puerta o la salida, la dirección de las piernas indica hacia donde tú te quieres mover (Nunnally y Farkas, 2017).

3.2.2.6 Efecto telescopio (Telescoping effect).

Este efecto consiste en que la persona que recuerda lo hace en base a percepciones muy imprecisas a causa del paso del tiempo, cuando las personas consideran que eventos recientes sucedieron hace mucho tiempo, más del que realmente ha transcurrido, se le llama *telescopio hacia atrás (backward telescoping);* en cambio, cuando la persona que recuerda le asigna al suceso menos tiempo del acontecido, estamos ante un efecto telescópico hacia delante *(forward telescoping).* Suele suceder cuando piensas en los años 80, piensas que ya pasaron 20 años, cuando en realidad han pasado 41 años desde esa década; o cuando piensas en los dos mil, consideras que fue hace mucho más tiempo, sucede con estas fechas precisas y acontece con mucha frecuencia en acontecimientos personales.

Hace 13 meses aproximadamente fue declarada por la OMS (Organización Mundial de la Salud) la pandemia del Covid-19; sin embargo, debido al encierro muchas personas sienten que llevas muchísimo tiempo en cuarentena o bajo medidas de confinamiento; este error en los juicios relacionados en el tiempo se genera porque tendemos a evaluar los eventos del pasado basados en la manera cómo sentimos ese paso del tiempo, más que por un cálculo preciso.

Este sesgo puede afectarnos tanto a nivel personal como a nivel empresarial, puede afectar todo el resultado de una investigación, especialmente en las encuestas, para tomar decisiones en negocios, política o ciencia; debido a estas imprecisiones las empresas o gobiernos, pueden estar deliberando en base a percepciones o datos imprecisos. Investigaciones sobre los años 90s descubrieron que los encuestados eran muy imprecisos en el promedio sobre hace cuánto tiempo habían comprado una computadora (Morwitz, 1997).

Detrás de este sesgo se encuentra el efecto del llamado *principio de accesibilidad,* la percepción del paso del tiempo relacionado a un evento depende de cómo esté de accesible la información relacionada a dicho evento, mientras más familiar y fácil de acceder esté la información, más reciente se percibirá el evento. Pensemos en un evento que casi todas las personas mayores de 30 años lo recordamos de manera vívida, el atentado terrorista contra las torres gemelas del *World Trade Center* en *New York,* ocurrido el 9 de septiembre de 2001 (9/11), seguramente todos recordamos qué estábamos haciendo cuando vimos esa noticia en los televisores (no habían redes sociales digitales), seguramente recordamos lo que sentimos y las imágenes de los aviones colapsando contras las torres, una escena totalmente horrible e impactante. Por otro lado, después de un fin de semana muy intenso el día lunes sentirás que sientes que el viernes fue hace toda una vida, dándole mucho más tiempo a un evento muy reciente, debido a la dificultad de acceder a una memoria a corto plazo bien congestionada, debido a que pasaron muchas cosas el fin de semana y es difícil acceder a lo acontecido el viernes. Si a raíz de un cálculo se tomara una decisión importante, lo mejor es obtener un promedio del tiempo transcurrido basado en números, más que en percepciones que puedan verse afectadas por el efecto telescopio.

3.2.2.7 Sesgo de la apatía (Apathy bias).

Cuando a alguien no le importan las preguntas y responde sin interés, de manera rápida y aleatoria, simplemente con el objetivo de terminar lo más pronto posible, esta actitud surge ante encuestas o entrevistas que suelen ser muy largas.

3.2.2.8 Sesgo de respuesta no informada (Uninformed response bias).

Las personas suelen responder preguntas, aunque no tengan conocimiento del tema porque se sienten obligados a responder, no quieren parecer desinformados o ignorantes. Un error frecuente en las encuestas o formulación de preguntas es no incluir como opción de respuesta el no sé o no tengo una opinión al respecto, esto ayudaría a reducir este sesgo.

3.2.3 ¿Cómo reducir los sesgos de respuesta?

Las causas para los diferentes sesgos de respuesta anteriormente descritos son diversas, pero existen técnicas que los investigadores y personas en general pueden implementar para minimizarlos y así reducir los efectos negativos sobre la exactitud y confiabilidad de las respuestas. Entre las diferentes técnicas para reducir este tipo de sesgos podemos encontrar:

1. Asegúrale el anonimato a las personas que responderán y la privacidad en el manejo de los datos.

2. En la medida de lo posible utilizar procedimientos de recolección de datos que sean anónimos, que no requieran de un entrevistador o encuestador.

3. Evitar revelar el propósito o patrocinador de la investigación.

4. Procura que las preguntas sean cortas, precisas, interesantes y fáciles de responder. Trata de inspirar compromiso en las personas que responden, trata de hacerlos sentir cómodos.

5. Sé cuidadoso en el orden de las preguntas y las categorías en las que se clasifican. Una sugerencia que funciona es iniciar con preguntas generales,

y a medida que avanzas utilizar preguntas más específicas sobre personas, eventos, creencias, etc..

6. Si se va estudiar la experiencia en relación con algún evento, procurar que no transcurra tanto tiempo entre la fecha que ocurre y la encuesta o entrevista.

7. Evite sugerencias e implicaciones en la pregunta, por ejemplo, si preguntas ¿Qué tan complacido está con la eficiencia con la que el presidente aborda los problemas financieros del Estado? Estarás indicando que la eficiencia forma parte del trabajo del presidente, lo ideal sería preguntar ¿Cómo consideras que el presidente aborda los problemas económicos?

8. No usar palabras que puedan contener una alta carga emotiva. Por ejemplo, si quieres preguntar sobre la *crisis* económica, las respuestas serán distintas si preguntas sobre los *problemas* económicos, e incluso será distinto si preguntas sobre la *situación* económica.

9. No proveas justificaciones o razones para que las personas respondan de una determinada manera, deja que las personas respondan de acuerdo a su propio análisis o razones. Por ejemplo ¿Usted apoya el incremento de impuestos para recaudar más dinero para invertir en la educación y así los niños de nuestro país estén mejor preparados? En esta pregunta le estás dando razones para que responda que sí está a favor del incremento de impuestos.

10. Si reconoces que ante alguna pregunta puede influir un sesgo determinado, utiliza una pequeña declaración que vaya contra el sesgo, por ejemplo, si se determina que los estudiantes suelen sobreestimar la cantidad de horas que dedican al estudio, pueden antes de la pregunta decir *"algunos estudiantes dedican poco tiempo a estudiar y otros pasan una gran cantidad de tiempo estudiando"* ¿Cuántas horas dedicas a estudiar en promedio en una semana? Le dejas en evidente que todas las respuestas son aceptables, incluso si le dedica pocas horas a estudiar.

3.3 Sesgos de la evolución cultural.

El ser humano ha evolucionado debido a toda una serie de factores ambientales e inherentes a su genética, estos dos han interactuado a lo largo de millones de años y han dado como fruto quienes ahora somos. Existe una teoría que sostiene que el comportamiento humano es un producto de la evolución de factores genéticos y culturales, se le denomina la *Teoría de la Herencia Dual* (THD), también denominada *coevolución gen-cultura o evolución biocultural*. Ambos procesos requieres mucho tiempo, la evolución genética requiere de millones de años, lo que ahora somos a nivel genético y de fenotipo le ha tomado millones de años a la evolución, por ello es risible cuando en meses algunos pseudocientíficos con bombo quieren presumir que van a equiparar a este magnífico y perfecto proceso.

La evolución cultural también requiere largos periodos de tiempo, claramente menores que el genético, este proceso se cimienta en mecanismos de aprendizaje social que suele estar profundamente sesgados. La misma selección natural está sesgada por dos motivos, primero porque como seres humanos nos hemos anclado al tipo de interacción basada en la depredación para justificar nuestra conducta, cuando en realidad en los ecosistemas existen más interacciones, el enfoque darwiniano enfocado en la competencia-depredación es reduccionista y simplista, al enfocarse solo en las interacciones negativas. Existen otros tipos de interacción como la cooperación y el mutualismo. Estas se producen localmente, pero no globalmente, es decir, a escala de los ecosistemas, el ámbito en que el sinergismo y mutualismo de las redes hacen de la naturaleza un lugar beneficioso para la vida (Bermejo, s.f.). La decisión sobre qué patrón de comportamiento replicar suele elegirse a partir de ciertos sesgos que a continuación se van a describir: *sesgo del éxito y prestigio, conformidad y rareza.*

Como se ha descrito anteriormente nuestro organismo siempre busca la eficiencia energética, especialmente nuestro cerebro, por ello en el aprendizaje social y cultural, los individuos buscan que la información sea precisa y a un bajo costo en términos de esfuerzo, buscamos aprender con rapidez, con poco esfuerzo y una alta confiabilidad de lo que aprendemos es lo más conveniente. Cuando esto a nivel personal es demasiado costoso, en términos de tiempo y esfuerzo, buscamos la manera de explotar el comportamiento y la información almacenada en nuestro o algún otro grupo social. Acá es donde la selección natural favorece ciertos sesgos, inclinándose por mecanismos de aprendizaje basado en estrategias, creencias, prácticas o heurísticas que reducen el costo.

3.3.2 *Sesgo del éxito y prestigio.*

Si en una sociedad donde las habilidades, estrategias o preferencias varían mucho, las personas adquirirán en su aprendizaje cultural aquellas que le aseguren más su éxito, imitando a los individuos más exitosos, enfocan sus capacidades de aprendizaje social en los sujetos que ellos consideran más exitosos. Este tipo de supuestos culturales de copiar solo a los exitosos, impulsa un juego evolutivo que de una manera casi indistinguible favorece a la selección natural actuando sobre la genética. En este modelo de aprendizaje se promueven los modelos culturales que se consideran más "exitosos".

La perpetuación del sesgo del éxito a lo largo de decenios ha permitido la formación de jerarquías prestigiosas de individuos. Una vez que la mayoría de la gente piensa que determinado tipo de individuos son los más habilidosos y hay que imitarlos para sobresalir, en ese momento se convierten en una clase calidad superior a la cual muchas personas querrán parecerse y escuchar, estarán dispuestos a pagar el costo necesario para escuchar y aprender de esa clase de prestigio, ese pago puede adquirir diferentes formas: dinero, regalos, patrocinio, afiliación, etc.. No debe confundirse el prestigio con la dominación, son dos cosas totalmente diferentes, para una descripción más detallada de la etiología y naturaleza del prestigio, recomiendo leer el artículo *"La evolución del prestigio"* (Henrich y Gil-White, 2001).

3.3.3   *Sesgo de la conformidad.*

En español existe una frase popular que dice "al pueblo que fueres, haz lo que vieres", es decir, cuando visitas un lugar desconocido o con el que no estás totalmente familiarizado, trata de copiar el comportamiento de la mayoría para evitar tener problemas. Este dicho popular ejemplifica muy bien el sesgo de la conformidad en la transmisión cultural, el cual consiste en copiar el comportamiento, creencia, pensamientos o estrategias de la mayoría. Este sesgo toma mucho más auge cuando los individuos no tienen información suficiente sobre qué es lo más exitoso, en ese caso buscan un comportamiento promedio y lo copian. Imagínate que vives en una tribu de cazadores, observas que hay un grupo mayoritario que caza con cerbatanas y otro grupo minoritario caza con arcos y flechas, ambos grupos obtienen una tasa de efectividad muy similar, si tú no sabes que ambos métodos son efectivos, si no tienes esa información a la mano, terminarás adoptando el método de la mayoría. Que una cultura transcurra con una alta predominancia de la transmisión conformista tiene sus consecuencias positivas y negativas, la positiva es que se logra un alto nivel de cooperación y equilibrio, la negativa es que se estanca la evolución cultural y la innovación (Molleman et al., 2013).

3.3.3 *Sesgo de la rareza.*

Tanto el sesgo de la rareza como el de conformidad son sesgos basados en la frecuencia de un comportamiento, la conformidad es una frecuencia positiva que copia a la mayoría, el sesgo de rareza es una frecuencia negativa que se basa en no copiar a la mayoría, las personas adoptan variantes culturales menos comunes, así es como surgen grupos especiales como el punk, emo, rockeros, glam, etc.; buscan reproducir patrones de comportamiento que no sean masivos. Este es un sesgo muy propio del comportamiento humano, se ha observado muy poco en los animales, en los cuales se observa que los animales más jóvenes aprenden y repiten el comportamiento de los machos con quienes interactúan más, otras especies aprenden más de los machos más agresivos y viejos o los que más hembras tienen (Youngblood y Lahti, 2021).

3.4   Sesgos de atribución.

¿De quién es la culpa de lo que ocurrió o lo que me ocurre? ¿Mía, de los demás o del entorno? Esta sección abordará los sesgos que se derivan de la *teoría de la atribución*, esa tendencia humana de adscribirle causalidad al comportamiento propio, ajeno o a las circunstancias, de manera particular cuando los motivos son realmente más internos y personales que circunstanciales ¿Por qué tienes sobrepeso? Culpa del horario de trabajo ¿Por qué siempre estás irritado? Culpa del tráfico. Pero si le damos vuelta y preguntamos ¿Por qué los demás tienen sobrepeso? Culpa de lo que ellos comen, no se cuidan ¿Por qué los demás están irritados? Porque son impulsivos, no saben controlar sus emociones. Con este ejemplo estamos ante un sesgo de atribución. Cuando el aspecto a evaluar en los demás es negativo, ellos son los culpables; en cambio cuando el aspecto a evaluar en mí es negativo, el culpable es el entorno o los demás; por otro lado, cuando el aspecto a evaluar es positivo en los demás, es gracias al entorno, cuando el aspecto es positivo en mí, soy yo la causa. Eso suele suceder con los estudiantes, cuando obtienen una mala calificación en el examen, es culpa del profesor que no explicó bien; si algún compañero obtuvo excelente calificación, fue gracias a la suerte o el profesor tiene favoritismos.

¿Eres consciente de cuántas atribuciones realizas a lo largo de todo un día? Todos los días realizamos atribuciones, algunas veces conscientes y otras no, las cuales afectan la manera cómo nos relacionamos con las demás personas y el ambiente. Vivimos en una época donde casi nadie quiere hacerse responsable de sus acciones y consecuencias, casi siempre se elude y se busca una excusa o un culpable externo; claro que tampoco se trata de adoptar un síndrome de culpabilidad, el cual ya sería dañino para la salud física y mental, simplemente se trata de reconocer qué consecuencias se generaron debido a tus acciones, ya sea cometidas de manera directa o indirecta, en lugar de buscar culpables.

De acuerdo al psicólogo social Harold H. Kelley (1967) existen tres principios según los cuales se puede desarrollar la atribución:

Principio de covariación

Para que algo o alguien sean considerado como causa de algún comportamiento, deben estar presentes cuando el comportamiento sucede y no presentes cuando el comportamiento no sucede.

Principio de descuento

El papel de una posible causa en la producción de algún comportamiento debe tener menor peso si hay otro factor que tenga el potencial de causa.

Principio de incremento.

Si alguien desarrolla una acción ante evidentes limitantes como costos o riesgos, eso indica que sus motivaciones para hacerlo son más fuertes que los aquellos factores que pudieran inhibirlo, por ejemplo, correr una maratón en un día lluvioso, ir a clases, aunque tenga que caminar una hora.

Las atribuciones que realizamos en el día a día reflejan cómo pensamos sobre las causas de nuestro comportamiento y el de las demás personas, estas atribuciones altamente susceptibles de error, es una manera de simplificar nuestro análisis ante la información compleja del entorno, si no conocemos esos senderos, caminaremos por ellos creyendo que es un camino certero para llegar a la verdad de las cosas, cuando en realidad es una ilusión, una sombra, un reflejo segmentado del todo. Veamos algunos de los sesgos que se generan debido a las atribuciones que realizamos:

3.4.1 Error de atribución fundamental.

Cuando una persona se contagia de alguna Enfermedad de Transmisión Sexual (ETS), se suele decir que es culpa de la persona contagiada, por descuidada, poco cautelosa y por su libertinaje sexual. Si un estudiante abandona la escuela es culpa de él, seguramente es poco responsable, le falta motivación, es muy mimado, consentido, nunca entenderá la importancia de estudiar, es culpa de él. Si un conductor sufre un accidente en una carretera, seguramente fue porque se distrajo, no tiene cuidado, manejaba a excesiva velocidad, no es precavido y respetuoso de las leyes de tránsito, lo más seguro es que sea su culpa. Si una mujer es violentada por su pareja, tanto psicológica, económica y físicamente, las personas observadoras dirán: algo tendrá ella que ver con las causas, no es posible que no tenga aunque sea algo de culpa, lo más seguro es que el victimario no sea el total culpable, muchas veces las mujeres son las que ocasionan que las violenten. Estos son ejemplos del sesgo *error de atribución fundamental* (Felson y Palmore, 2018).

El *error de atribución fundamental* consiste en una ponderación fallida que realizan las personas sobre el impacto de la situación o contexto en un comportamiento determinado, suele atribuir la causa de algún comportamiento o evento, a factores internos como la personalidad, el carácter, traumas, etc. de una persona, ignorando o minimizando el impacto de las variables externas. Este sesgo nos ayuda a comprender por qué las personas atribuyen la culpabilidad de algo a una persona por acontecimientos o comportamientos en los cuales no siempre tiene el control.

¿Por qué ocurre el *error de atribución fundamental*? este sesgo en especial se genera porque las personas tienden a atribuir causalidad a cualquier cosa que atraiga su atención, y dado que las acciones de una persona atraen más la atención que cualquier otro factor sutil o poco evidente, esto favorece que de inmediato la causalidad se le atribuya a la persona o factores interno de ella (Heider, 1958). Este es uno de los sesgos que cimientan la cultura de la indiferencia y el individualismo, ya que al considerar que la principal causa de la desgracia de los demás residen internamente en su propio comportamiento, emerge la indiferencia ante las situaciones que tienen que afrontar las mujeres víctimas de violencia, personas sin casa, niños en trabajo infantil, enfermos de VIH, etc..

3.4.2 Sesgo del actor-observador.

No hago ejercicio porque la carga laboral es muy pesada, no me queda tiempo disponible, siempre llego cansado a la casa. Las demás personas no hacen ejercicio porque se inclinan por un estilo de vida sedentario, carente de fuerza de voluntad y motivación. Cuando el rasgo o resultado que se atribuye es negativo, si se refieren a mí, la culpa es del entorno, de las circunstancias o incluso de los demás, si refiere a otras personas, la culpa es de ellos, es interna. A esto se le llama *sesgo del actor-observador*, la causa de las cosas se percibe dependiendo de la perspectiva: si eres actor u observador. Si eres actor tiendes a explicar como causa de tu comportamiento negativo a los factores circunstanciales, mientras que si eres observador explicas el comportamiento de las demás personas como resultado de factores internos, como la actitud y la personalidad, la atención del observador se enfoca en el comportamiento del actor, mientras que la atención del actor se centra en aspectos del contexto en el cual ocurre su comportamiento (Jones y Nisbett, 1971).

Los psicólogos sociales han descubierto que las personas sucumben menos en este sesgo cuando se trata de actores (personas) que ellos conocen muy bien, como amigos o familiares ¿por qué sucede esto? Si recuerdas el apartado sobre qué es y cómo opera una heurística, su principal objetivos es reducir el esfuerzo y consumo de energía cerebral, en ese intento muchas veces busca reducir las piezas de información en el análisis; por ello es que las personas caen menos en este sesgo cuando se trata de familiares y amigos, no solo es un tema afectivo y de proteger a tu manada, sino que se posee más información, se conoce mejor los pensamientos, motivaciones y necesidades de esas personas, y es más posible que se considere la influencia de factores externos en el comportamiento, no solo los internos (Linker, 2014).

3.4.3 Sesgo de autoservicio.

Si las cosas salen bien es gracias a *factores internos*, como mi esfuerzo y capacidad, si las cosas salen mal es debido a *factores externos*; por ejemplo, si un estudiante obtiene buenas calificaciones al final del semestre, él dirá "estos resultados se deben a que soy inteligente, siempre me esfuerzo y soy responsable", pero ¿qué diría si los resultados del semestre fuesen negativos o no tan favorables? La psicología social ha descubierto que en estos casos las personas suelen atribuir su error a factores externos, en ese caso el estudiante dirá "el profesor siempre ponía trampas en las calificaciones", "el profesor nunca me dio *feedback*", "las clases a distancias son complicadas, no me concentro", pero nunca apelará a un factor interno de causalidad, culpa a los demás y su entorno, nunca asume su responsabilidad personal. Los psicólogos sostienen que una de las posibles causas de este sesgo es la dificultad de construir una autoestima sana y un autoconcepto sólido, una manera de preservar la autoestima es no reconocer sus errores y atribuir la culpa a factores externos (Shepperd et al., 2008).

3.5 Heurística del afecto (*affect heuristic*).

Durante muchos años los investigadores del comportamiento humano analizaron cómo el ser humano formula sus juicios y toma decisiones con un enfoque principalmente cognitivo, dejando de lado o considerando muy someramente la dimensión afectiva (Slovic, 1995; Payne et al., 1993; Shafir, 1993; Busemeyer, 1995). El enfoque racionalista como explicación de cómo y por qué tomamos las decisiones empezó a cambiar con el trabajo de economista y sociólogo Herbert Alexander Simon, quien empezó a plantear que nuestra racionalidad es limitada y que para interactuar de manera adecuada con la realidad el ser humano adopta ciertos caminos, uno de ellos se llama heurísticas cognitivas.

Affect es *el despliegue observable de una emoción*, se refiere a una emoción específica que es evidente, pero en el sentido de esta heurística no es un sentir común y corriente, *affect* es un estado de emoción o sentimiento evaluativo (Clore y Artony, 2008), es la consideración que se hace si algo es bueno o malo, conveniente o inconveniente, las personas consideran que sus emociones y sentimientos son fidedignas fuentes de información que perciben como relevante (se mantiene la palabra en inglés para conservar su significado propio, el cual es distinto a la traducción en español). Recordemos que uno de los caminos que siguen las heurísticas para reducir el esfuerzo, es reducir las piezas de información a analizar, algo que en este caso las personas consideran que confiando en sus emociones y sentimientos como parámetros de evaluación, les ayudará a ser más eficientes que en lugar de estar haciendo una ponderación cognitiva de la información. El hecho que confiemos de una manera excesiva o queramos sobrevalorar nuestras capacidades racionales, responde a toda una teoría de la elección racional desarrollada desde tiempos de Adam Smith, padre del liberalismo económico. Sin embargo, los más recientes trabajos de Kannemann y Thaler nos han demostrado que no somos racionales en la toma de decisiones, al contrario, no solo somos irracionales, sino que somos predeciblemente irracionales. Las emociones no solo están presentes en nuestras decisiones, sino que las dominan, configuran y dan sentido. Es importante resaltar antes de describir con más detalle en qué consiste la *heurística del afecto*, que sin las emociones viviríamos en un mundo lleno de caos, indiferencia, muerte y destrucción, veamos por qué, trataré de ilustrarlo con un estudio realizado por Antonio Damasio (1994), este neurólogo realizó un estudio sobre las personas que presentan daños en las cortezas frontales ventromediales del cerebro, el cual no afecta sus facultades lógicas, pero se ve afectada su capacidad de sentir emociones que anticipen las posibles consecuencias de sus acciones, es decir, estamos ante potenciales sociópatas, personas sin el más mínimo grado de sensibilidad ante el sufrimiento de los demás o las consecuencias que generaran sus acciones, las personas que no tienen ningún grado de *afección* viven en una condición de sociopatía que les impide entablar relaciones personales y tomar decisiones, se vuelven personas socialmente disfuncionales, aunque tengan intactas sus capacidades intelectuales para el razonamiento y el análisis. Es necesario ser muy cuidadoso porque el hecho que una persona sea un intelectual o persona muy cuerda y profunda en su análisis, no significa que sea lo más conveniente para la sociedad, por ello el ciudadano debe tener mucho cuidado con sus gobernantes, donde suelen pulular muchas personas con cuadros de sociopatía, individuos incapaces de discernir entre el bien y el mal, a quienes no les interesan los sentimientos y derechos de las demás personas.

En la realidad no existe ninguna decisión o juicio exclusivamente racional o afectivo, la razón, sentimientos y emociones están intrínsicamente interrelacionados, debemos superar esas perspectiva de siempre querer poner algo o alguien a la cabeza, la visión jerarquizada que tenemos del mundo no puede aplicarse en el análisis de la toma de decisiones, porque no hay jerarquías, ni anarquía ni subordinación, hablaría mejor de una *onarquía* (on= igual; arquía=orden) entre lo racional/cognitivo y afectivo, eso exceptuando las preeminencias culturales, sociales o políticas que de manera sesgada quieran establecer una subordinación entre ambas dimensiones. Nada es ajeno a la afectividad porque todo lo que elegimos es algo que de alguna manera consideramos atractivo, recurrentemente nadamos en una piscina de afectividades que contiene todas nuestras asociaciones positivas o negativas, heredadas o construidas a lo largo de nuestra vida y nuestra cultura. Existen afecciones que pueden ser manipuladas mediante exposiciones controladas a estímulos, hay estudios en los que se ha demostrado que *la mera y sola exposición es capaz de generar una actitud positiva o preferencia hacia un objeto* (Zajonc, 1968). En los estudios del psicólogo social Robert Zajonc se expuso a las personas a sonidos, caras, frases o tipografías sin sentido, a cada persona se le exponía con una frecuencia variada, al finalizar las sesiones los participantes juzgaron a los diferentes estímulos como atractivos y familiares cuanto más frecuente fue la exposición a dicho estímulo.

Planteemos algunos ejemplos sobre la heurística del afecto *(affect heuristic)* en la toma de algunas decisiones, desde las más básicas y cotidianas hasta las más trascendentales. Andrea y Carlos son hermanos, un fin de semana sus padres deciden llevarlos a un pequeño parque de diversiones, cuando Carlos ve los columpios se emociona, ya que es el lugar donde más tiempo pasa en el vecindario, corre inmediatamente a jugar en los columpios, para él será divertido, identifica un alto beneficio y un bajo riesgo; por otro lado, su hermana el año pasado se fracturó una mano jugando en unos columpios con sus primas, cuando los ve en su mente resurge esa experiencia dolorosa de haberse fracturado, es un recuerdo negativo, percibe un alto riesgo y un bajo beneficio, por ello decide no ir a jugar, los considera una mala elección. Su estado de afectividad evaluativa la hace huir de ese lugar. Ahora pongamos ejemplos como el consumo de tabaco, alcohol, comida chatarra o la dieta vegetariana. Algunas personas debido a la exposición a escenas de actores que fuman y beben en el cine o plataformas de video, algunos sentirán que esa actividad es atractiva, pero si alguien tuvo un familiar cercano como un padre o una hermana, que fallecieron debido a estos hábitos, percibirá un alto riesgo, sobre todo cuando ese suceso fue muy reciente. Nuestro *sentir* sobre qué es bueno o malo, positivo o negativo, en relación a una persona, objeto o actividad, impacta en las decisiones que se toman, *si tu estado emocional es positivo tiendes a percibir más riesgos que beneficios, si tu estado emocional es positivo percibes más beneficios que riesgos.* Lo cognitivo-racional y lo afectivo son inseparables, son dos hilos entretejidos que nunca se separan, algunas veces se tensa más uno que otro, pero es imposible separarlos, lo adecuado y más conveniente es equilibrar la tensión entre ambos, de tal manera que el tejido sea armónico.

3.6 Efecto de ambigüedad.

Decía el filósofo alemán Martin Heidegger que la principal causa de angustia en el ser humano es la constante necesidad de decidir ante la incertidumbre, ya que lo único seguro que tiene el hombre es la muerte. El filósofo Zygmunt Bauman sostenía que las personas prefieren la seguridad que la libertad, los humanos están dispuestos a entregar su libertad si alguien les ofrece seguridad ante la incertidumbre, le pueden entregar su libertad a los bancos, al gobierno, su pareja, su familia, etc., siempre y cuando le confieran su ansiada y tranquilizante seguridad.

A los seres humanos nos gusta lo nuevo, pero no lo desconocido. Que algo sea nuevo no implica que sea desconocido. Existe una tendencia en las personas que se llama en inglés *consumer innovativeness*, un concepto que en español es difícil de traducir literalmente, sería algo como *innovacidad del consumidor*, que es la propensión a adoptar nuevos productos (Hirschman, 1980; Hauser et al., 2006), pero esta búsqueda de la novedad no es ciega ni se hace a tientas, las personas buscan información que les permita reducir la incertidumbre e identificar más beneficios que riesgos en esa novedad. Las personas no solamente "no buscan" lo desconocido, sino que le tienen aversión a cualquier cosa desconocida. Este sesgo del efecto de la ambigüedad, consiste precisamente en evitar o incluso rechazar cualquier opción que no sea conocida y de la cual no tengamos suficiente información a disposición, de tal manera que aunque la información que obtengamos no sea la más fidedigna, si nos ayuda a sacar esa opción del fango de lo desconocido, seguro contemplaremos elegirla. Imagínate que quieres comprar una cámara con reconocimiento facial, nunca has comprado una, empiezas a explorar posibles proveedores, encuentras a tres vendedores en la web, entre ellos uno nada más tienen una reseña sobre su producto, muy escueta y poco reveladora, otro no tiene reseñas, pero el tercer proveedor tiene un amplio número de reseñas, que incluyen incluso fotos y videos de los compradores, seguramente consideraras mejor la opción que tiene más reseñas; será el que venda más, porque es "menos desconocido", se reduce la incertidumbre, el temor y la ambigüedad, aunque posiblemente si revisas las fichas técnicas de los productos de los tres proveedores, las diferencias sean tan nimias, que da igual comprarle a cualquiera, pero no obstante, la opción del que tiene más reseñas es el menos ambiguo para nuestra percepción.

Se podría afirmar que es comprensible el hecho de no elegir algo de lo cual no tenemos suficiente información, el detalle que este sesgo se activa no porque no exista la información necesaria, sino porque para evitar el esfuerzo de esa búsqueda o investigación, se elige creyendo que la mejor opción es la que tiene mayor información, algo que afecta la toma de una mejor decisión, de alguna manera este sesgo es parecido a la *aversión de los riesgos,* la diferencia consiste que en el efecto de ambigüedad la persona conoce un potencial resultado solo por el conocimiento de una de las opciones disponibles, a la cual considera que es la mejor por desconocer detalles de las otras; la aversión al riesgo ocurre cuando conocemos todas las probabilidades, y aun así decidimos dirigirnos hacia la opción que representa menos beneficios y rendimiento, pero es la que implica menos riesgos, tiene la mayor probabilidad de éxito, mas no el mayor rendimiento.

Si quieres que las personas no rechacen algo haz que para ellos sea o parezca conocido, el no tener información suficiente y necesaria sobre algo hace que la personas pierdan el control, sientan inseguridad y perciban un mayor riesgo. El problema surge cuando las personas se sienten bien informadas sobre algo y creen conocerlo, pero resulta que no es un conocimiento adecuado, es muy superficial y manipulado, además, el hecho que algo sea familiar no implica que sea conocido, pero se suele confundir familiar con conocido, es lo que sucede con los candidatos políticos o algunas parejas, no conocen realmente a las personas, solamente han estado expuestas a su imagen durante algún tiempo, ya no les parece extraña, pero tampoco en realidad es conocida ¿Qué es conocer a alguien?

Vivimos en la época de la superficialidad, la instantaneidad y brevedad, las personas sienten pereza leer un párrafo de seis líneas, no se diga un libro o un artículo; pero, esto no debe confundir que la gente mostrará preferencia o confianza si no tiene la suficiente información, todo lo contrario, la gente suele interactuar más con las cosas o personas de la cuales tiene más información. Un estudio descubrió que los usuarios en la red interactúan tres veces más con los URL o enlaces web largos, que los enlaces muy cortos; los enlaces más largos incluyen más información que los cortos, veamos un ejemplo: *https://itunes.com/apps/getstocks* vs *https://goo.gl/PjwSmX,* la mayoría de las personas interactuaron más con el primer enlace, el cual te indica hacia dónde te dirige, en este caso hacia la tienda de *itunes,* donde podrás obtener una app; en cambio el segundo enlace es ambiguo, no está claro y no tiene información hacia dónde te redirige, las personas evitan estos *call to action* (llamados a la acción) demasiado ambiguos.

El primero en hacer alusión a este sesgo fue Daniel Ellsberg en el año 1961 en un artículo titulado *"Risk, Ambiguity, and the Savage Axioms"* ("Riesgo, ambigüedad y axiomas salvajes"), en el cual explicó el efecto de ambigüedad con el siguiente experimento: imagínate que tienes una caja con 90 bolas, de las cuales *30 ya se sabe que son color rojo,* y las otras 60 son de color negro y amarillo en una proporción desconocida (no se sabe cuántas son negras o amarillas). Se les pide a los participantes que opten por una de las siguientes opciones:

A- Si eliges una bola roja ganas $100, pero si eliges una negra o amarilla ganas $0.
B- Si eliges una bola amarilla ganas $100, pero si eliges una roja o negra ganas $0.

Antes de leer cuál fue la más elegida piensa ¿cuál de las dos opciones tú preferirías, la opción A o la B?

Inicialmente tenemos solo tres colores: amarillo, rojo y negro. La probabilidad de elegir cada una de ellos de 1/3, porque tanto las amarillas y negras tienen la misma posibilidad de distribución entre 0 a 60. El experimento arrojó que la opción más preferida fue la A en lugar de la B, la única diferencia entre ambas es que la opción A incluye información sobre un potencial y favorable resultado, por eso prefirieron la opción A, porque es vista como más acertado. En la opción A están las bolas de color rojo en una proporción conocida, 30 de las 90. Los participantes eligieron más una opción que matemáticamente tenía las mismas posibilidades que los otros dos colores.

Tomar decisiones es difícil y tomar buenas decisiones es más difícil, y tomar buenas decisiones bajo un alto grado de incertidumbre es aún más difícil. Las personas no solo evitan la incertidumbre, sino que huyen de ella, si tu discurso es ambiguo nadie te responderá o seguirá, si tu producto no es suficientemente claro la gente lo evitará, si tus diseños no tienen suficiente información, nadie conectará con ellos. Para salir de la ambigüedad la gente hace uso del efecto de ambigüedad, aun así, las probabilidades de éxito y rendimiento sean iguales en todas las opciones.

3.7 El Anclaje ¿Te has liberado de tus anclas para navegar libremente?

Los sesgos son fenómenos mentales omnipresentes, no importa si estás en el ámbito militar, médico, educativo, religioso, empresarial, gubernamental, etc.; siempre los sesgos se hacen presentes y generan en ocasiones consecuencias desastrosas, cuanto más complejo sea el contexto más drástico son los efectos derivados de decisiones extremadamente sesgadas. No es lo mismo que vayas a comprar tu cereal basado en un anclaje, a que el presidente de la república tome decisiones basadas en un anclaje. El anclaje ocurre cuando cualquier estimación, juicio o decisión la consideras siempre a partir del valor inicial. Veamos algunos ejemplos.

Imagínate que realizarás una campaña de recaudación de fondos para tu proyecto social y organizas las siguientes tablas de donación:

Opción 1	Opción 2
$10	$50
$5	$25
$1	$10

En la opción uno estás anclando al donante al monto de $1, su ponderación de donación será a partir de $1, así que donarte $5 será una hazaña; en cambio en la opción dos, estás anclando al donante al monto de $10, el monto superior de la opción uno, el cual muy pocos elegirían porque es visto como el más y demasiado alto, en cambio en la opción dos $10 es el costo más bajo. Este ejemplo de anclaje en montos también se puede observar en áreas de marketing y comercialización con los planes de suscripción y comparativa de precios entre el mismo producto en diferentes presentaciones.

Lata de champiñones	
100 gr $1.00	250 gr $3.00
200 gr $2.50	350 gr $4.00
300 gr $3.50	500 gr $6.00

Entre el año 2003 al 2007 Estados Unidos de América tenía un total de 138 mil soldados en Irak, el número nunca superó los 150 mil soldados, muchos análisis sugerían incrementar los números de soldados porque la situación no era sostenible con ese número, no obstante, los encargados de tomar decisiones siempre estuvieron anclados al primer número, era impensable rebasar los 200 mil soldados, solo hasta cuando estuvo a puntos de estallar una guerra civil entre sunitas y chiitas, se decidieron a incrementar los números.

El anclaje es la tendencia de aferrarse a la primera impresión, idea o cálculo ajustando a esto cualquier posterior acción. Cuando las personas intentan realizar estimaciones o predicciones, siempre toman como referencia la información inicial o punto de inicio, se ajustan siempre a esa referencia, este ajuste que se realiza la gran mayoría de ocasiones no suele ser acertado, por eso a este sesgo se le llama también *anclaje y ajuste*. Para ilustrar este ajuste Tversky and Kahneman realizaron un experimento con sus estudiantes, en el cual debían de tratar de calcular el resultado de una multiplicación en un lapso de tiempo muy corto, se dividieron dos grupos para ejecutar en cinco segundos las siguientes operaciones:

8 x 7 x 6 x 5 x 4 x 3 x 2 x 1

El otro grupo trabajó sobre la misma secuencia, pero ordenados de menor a mayor:

1 x 2 x 3 x 4 x 5 x 6 x 7 x 8

En la respuesta a todos se les olvidó el principio matemático muy básico "el orden de los factores no altera el producto", el promedio que estimaron para la primera opción fue 2,250, mientras que la media en la segunda opción fue de 512; pero, en realidad la respuesta correcta es 40,320 en ambas opciones, la distribución de los números de mayor a menor hizo que los estudiantes pensaran en un promedio más alto, mientras la distribución de menor a mayor los ancló a considerar un número más bajo. Los primeros valores siempre nos anclan y a partir de ellos realizamos ajustes, en cierta ocasión le pregunté a una persona cuyo primer salario había sido USD$500 dólares ¿Cuál sería el salario que te gustaría ganar? Me dijo $1,000. Luego le pregunté a una persona cuyo primer salario había sido USD$2,000 y me contestó que USD$5,000 mensuales. La pregunta era ajena al rango de salarios según el mercado, era una pregunta de cuánto a ti te gustaría ganar, con esto no se quiere justificar las apuestas a veces sobrevaloradas, sino que nuestras experiencias iniciales siempre nos anclan a una idea, un rango, un promedio, una manera determinada de ver las cosas.

Todos somos susceptibles a anclarnos, pero desde el momento que conocemos esta tendencia podemos hacer un análisis y siempre que defendamos una postura, idea, proyecto, etc., preguntarnos si existe algún anclaje que nos esté influyendo para aferrarnos a esa posición. Recuerda que la analogía de este sesgo es un ancla, piensa por un momento cómo funcionan las anclas de un barco, son tan pesadas y fuertes que deben tener la capacidad de detener el movimiento de un barco de miles de toneladas de peso, desanclar un barco se requiere mucha fuerza, antiguamente lo hacían entre muchos hombres al mismo tiempo, un barco cañonero del siglo XVIII con 100 cañones requería de siete anclas, las más pesadas rondaban las cuatro toneladas (un elefante adulto pesa seis toneladas), ningún barco grande funciona con un ancla, como mínimo tiene tres, dos para proa y una en popa. En los barcos modernos petroleros una sola ancla pueden llegar a pesar veinte toneladas (el peso de más de tres elefantes adultos). La función de un ancla es que el barco no se mueva fijando un punto de agarre terrestre. Con el ancla tendida el barco no puede navegar, no puede explorar, se queda estático. Lo mismo sucede con las personas cuando se anclan, se quedan rígidas, no se abren a nuevos puntos de vista o ideas, son inflexibles y muy obstinados. Hay estudios que han demostrado que las personas que se anclan, incluso ni la información más relevante y comprobada las saca de su anclaje, no importa que la información sea correcta y la de su anclaje sea incorrecta, seguirá en su anclaje. Lo que sí ayuda a desanclar a una persona es cuando se abre a las experiencias, se ha demostrado que las personas que se abren a nuevas experiencias y puntos de vista son menos susceptibles a los anclajes, pero ser una persona abierta a nuevas experiencias no se logra solamente mostrando información correcta, sino que es necesario llevar un estilo de vida, una actitud de búsqueda que permita a las personas escuchar y conocer más, la persona que se abre busca explorar nuevas culturas, nuevas área de conocimiento, otros idiomas, etc.; de alguna manera busca salir de su zona de confort (Caputo, 2014).

Recuerdo que cuando era un adolescente siempre recibí un concejo muy sabio "nunca tomes decisiones importantes cuando estés muy triste ni cuando estés muy alegre", hay estudios que han descubierto que las personas con un estado de ánimo muy afectado por la tristeza suelen ser muy susceptibles al anclaje, más que las personas que se encuentran en un estado de ánimo neutral, comúnmente es más típico asociar la tristeza con una mayor profundidad de pensamiento y mayor exactitud; sin embargo, los análisis han demostrado lo contrario, las personas muy deprimidas o tristes, suele tener mayores sesgos cognitivos, entre ellos el de anclaje (Bodenhausen et al., 2000); la tendencia que alguien delibere de manera extendida sobre algo no siempre implica mayor precisión, en términos de anclaje pensar de manera muy entendida en el valor de referencia inicial conduce a un potencial y mayor anclaje. Si bien es cierto hay que deliberar sobre ideas o estimaciones, es importante siempre hacerlo contrastando puntos de vistas diferentes y alternos, una dialéctica transdisciplinar que nos permita realizar una síntesis no anclada. Por otro lado, un estado de ánimo muy efusivo o alegre, conduce al mismo resultado por el camino contrario, te anclas a algo no por exceso de deliberación, sino por un cálculo demasiado breve y poco profundo, muy afectado por la sobredosis de emoción positiva. Por eso, nunca tomes decisiones cuando estés muy triste, ni cuando estés muy alegre, cuando se requiera decidir algo trascendental, procura tener un estado de ánimo neutral. Una manera de lograr esa neutralidad siempre es conversar con pocas personas, que sean personas que nos conozcan y que no siempre nos aprueban, siempre es bueno darse un poco de tiempo para que las emociones extremas bajen sus revoluciones, antes de proceder a una decisión que pueda tener consecuencias posteriormente indeseadas. Siempre es bueno considerar opciones alternativas. Puede funcionar la técnica de los "Seis sombreros para pensar" de Edward de Bono (2015).

Cada uno de los sesgos acá descritos tienen implicaciones que pueden ser catastróficas, podrían destruir una vida humana o países enteros. Para ilustrar las implicaciones del sesgo del anclaje, pongamos un ejemplo en el ámbito judicial de un país, el año 2001 se realizó un estudio en el que se determinó que todos los jueces son susceptibles del sesgo del anclaje al momento de emitir una sentencia (Englich y Mussweiler, 2001). La mayoría de los encargados de impartir justicia deben decidir en situaciones de incertidumbre y complejidad de información, condiciones en las cuales el pensamiento humano siempre tiende por las heurísticas para tratar de simplificar la complejidad. Uno de los sesgos como fruto del deseo de simplificar la complejidad es el anclaje, este sesgo en el mundo judicial no se hace presente solo en personas sin experiencia, sino que incluso en las personas más expertas el anclaje es un sesgo muy potente (Joyce y Biddle, 1981; Mussweiler et al., 2000; Northcraft y Neale, 1987; Wright y Anderson, 1989). El estudio sobre el anclaje en el mundo judicial llamó mucho la atención debido a la disparidad de sentencias para una serie de delitos que son iguales, el hecho se explica que los jueces utilizan diferentes anclajes de juicio para decidir y por eso sus sentencias son igualmente muy diferentes para delitos que son iguales. Siempre en un juicio existen las partes actoras que son los demandantes, estos independientemente de quien sean, tienen una fuerte influencia en la sentencia final del juez, incluso cuando la parte actora sea alguien inexperto o "irrelevante", siempre incide en la sentencia final, funciona como un ancla muy poderosa que es independiente de la experiencia que pueda tener el juez. Esta es solo una demostración sobre cómo un sesgo puede influir y distorsionar la impartición de "justicia", imagínate cómo podrían influir los demás sesgos que describiremos acá. No existe ninguna persona que no sea susceptible a los sesgos, nuestra racionalidad limitada nos lleva por estos caminos al momento de pensar y tomar decisiones, ser conscientes de ello y aceptarlo sería un paso muy importante para evitar toma decisiones que no se corresponden con un enfoque integral y holístico de la realidad.

Recuerda que cuanto más profundo sea el mar es imposible anclar un barco, es decir, cuanto más profundo sea tu conocimiento impulsado por el deseo de explorar sin miedo a equivocarte, será imposible que algún anclaje te detenga.

3.8 Apofenia: conspiraciones y otras ilusiones.

La apofenia es un fenómeno psicológico que fue descubierto y nombrado así por el psicólogo alemán Klaus Conrad en el año 1958 en un estudio denominado "Los inicios de la esquizofrenia". La apofenia consiste en una percepción espontánea de conexiones y significados en fenómenos o datos aleatorios, es decir, que no tienen vinculación o relación alguna. La palabra apofenia procede de dos vocablos griegos, primero *ἀπό, apó* que significa *separado o alejado*; y segundo *φαίνειν, phaínein* que *significa aparecer, brillar o mostrarse;* de tal manera que se acuñó el término *ἀπόφαίνειν* porque en esta situación la persona busca encontrar una conexión o relación entre dos hechos, fenómenos o datos inconexos, que no tiene ningún vínculo lógico. Las personas perciben significado, vínculo e intencionalidad en la aleatoriedad cuando en realidad no la hay.

t

     ¿Qué une a las personas que creían en teorías conspirativas sobre el asesinato de los ex presidentes Lincoln y Kennedy, los que negaron (o aún niegan) la existencia del Covid-19 y las personas que consideran que las vacunas anti Covid-19 forman parte de un plan oculto? Sobre la supuesta conspiración en el asesinato de Abraham Lincoln se ha hecho películas e incluso se han escrito libros que han sido *best sellers*. El asesino de Lincoln fue John Wilkes Booth, era un actor que pertenecía a una familia de actores muy famosa en aquella época, era un partidario de la Confederación y ultra racista, tenía un odio trastornado contra Lincoln y todas sus políticas. El 14 de abril de 1865 en el teatro Ford, Lincoln asistió a ver la obra llamada *Our American Cousin* (Nuestra prima americana), mientras se sentaba en el palco Booth le asestó un disparo en la cabeza. Inmediatamente después de la muerte empezaron las teorías conspirativas, los periódicos de la época ayudaron a esta labor, vertieron ríos de tinta sobre conjeturas y desinformación ante la sed de conocer las causas de parte de las personas. La conspiración sobre la muerte de Lincoln fue todo un jugoso negocio mediático.

     En 1885 apareció un sacerdote excomulgado de la Iglesia Católica que se había vuelto miembro proselitista de la Iglesia Presbiteriana, su nombre es Charles Chiniquy, publicó unas memorias donde sostenía haber sido un amigo confidente de Lincoln, Chiniquy sostenía que Lincoln era abiertamente anti católico tanto como era contrario a la esclavitud, es más, toda la guerra civil fue un complot impulsado por las fuerzas leales al Papa. En realidad, todo eso era una fantasía, nunca fue un amigo confidente de Lincoln, sólo había interactuado una vez con él en un juicio. En 1937 surgió otra teoría de conspiración que sostenía que a Lincoln lo asesinó el *"Deep State"* (el Estado Profundo), asegurando que el asesinato fue organizado por el Secretario de Estado Edwin Stanton, esta teoría fue expuesta en el libro *Why was Lincoln Murdered?* (¿Por qué fue asesinado Abraham Lincoln?) escrito por Otto Eisenschiml.

     Cuando ocurrió el asesinato del presidente Kennedy en 1965 se crearon toda una serie de teorías de conspiración, e incluso se establecieron puntos de relación entre este asesinato y el de Lincoln ocurrido 100 años antes. Entre esos puntos se estableció que ambos habían sido elegidos con una diferencia de 100 años, eran defensores de los derechos de los negros, ambos fueron sucesores por un vice presidente de nombre Johnsons, Kennedy fue asesinado mientras viajaba en una Ford Lincoln y Lincoln fue asesinado en un teatro llamado Ford. Incluso, se trató de conectar el hecho que ambos tienen apellidos que suman siete letras. Toda una serie de cosas que lejos de constituir una conspiración, constituyen una buena ocurrencia o fantasía.

El hecho que las personas crean en teorías conspirativas como la anteriormente descrita, se debe a un determinado tipo de *apofenia*, precisamente al subtipo denominado *"ilusión de agrupamiento"*, el cual ocurre cuando los humanos tienden a identificar patrones o tendencias en grandes cantidades de datos cuando en realidad son datos aleatorios sin ninguna vinculación causal. La apofenia manifestada como *ilusión de agrupamiento* ha alcanzado niveles apoteósicos en estos tiempos de pandemia, nunca antes habíamos visto un auge tan fuerte de la apofenia, desde gobernantes a líderes religiosos e innumerables ciudadanos a lo largo del mundo, tanto en países desarrollados como países muy pobres, han pululado muchas teorías de conspiración sobre la Covid-19 y las vacunas para inmunizar a las personas contra dicho virus. Entre las conspiraciones sobre la Covid-19 están la que considera que el virus se puede esparcir mediante el campo electromagnético de la 5G, que es un arma biológica creada por China, que el ejército de EUA lo importó a China, incluso algunos sostienen que en realidad no existe el virus. Además, ahora con la vacunación surgen nuevas teorías, como la que afirma que la vacuna está hecha de tejidos fetales, que Bill Gates quiere implantar micro chips con las vacunas, que la taza de recuperación es muy baja y no sirve de nada.

La causa fisiológica de la apofenia no es conocida con exactitud, tendríamos que analizar el proceso humano para la identificación de patrones para definir dónde podría estar esta falla. Sin embargo, *en las épocas que mayor miedo existe es cuando las personas más creen en teorías de conspiración*, creer en estas teorías les brinda una especie de control sobre su interior y el entorno, no es extraño que en un momento de mucho temor como el que genera una pandemia desconocida, florezcan muchas teorías de conspiración.

La apofenia, esa tendencia de ver patrones con significado en la aleatoriedad, tiene cuatro subcategorías o variantes:

3.8.1 Pareidolia.

La noche del primero de abril del año 2020 en diferentes partes del planeta Tierra avistaron la Luna rodeada de nubes con un contraste que conformaba una *aparente* mirada llena de ira, muchas personas dijeron que era el rostro de Lucifer, tal como lo muestra la obra pictórica El Ángel Caído de Alexandre Cabanel. Esa figura no era el rostro de nadie ni era una señal del final de los tiempos, era simplemente la luna en contraste con algunas nubes; pero el ser humano siempre tiende a encontrar patrones y crear conexiones donde no existen, nuestro cerebro busca darle sentido al mundo que nos rodea, busca darle un significado a las cosas desconocidas que observa y en esa búsqueda suele proyectar sus marcos de referencia, sus recuerdos, emociones, traumas, ideas, etc.; esa tendencia a encontrar un patrón para conformar una *cara u otras figuras familiares* se le llama *pareidolia*.

¿Por qué la gente ve a Jesús en una tostada o un elefante en las nubes?

No existe una causa exclusiva de este fenómeno psicológico que nos lleva a identificar figuras en áreas físicas aleatorias, nuestro cerebro está diseñado para percibir el mundo de una manera ordenada, completa, sin partes faltantes, cuando nuestra percepción detecta que algo hace falta no lo deja así, busca complementarlo con los recursos que disponga en su memoria. Nuestro sistema de identificación de patrones es *altísimamente perfecto* en cuanto a implicaciones de practicidad y efectividad, ya lo explicaremos en cada una de las tres potenciales razones por las cuales identificamos figuras con un significado muy específico ahí donde en realidad no existen.

Razones evolutivas

Imagínate la vida del ser humano (en sus diferentes especies y fases evolutivas) que durante más de tres millones de años fue un carroñero, cazador y recolector; en su vida no disponía del manejo de armas o del fuego (al inicio) para protegerse de los depredadores, en cuanto escuchabas un ruido en medio de los arbustos de la selva o la sabana, el cerebro inmediatamente lo procesaba como un potencial peligro, sonido de arbusto significaba potencial ataque de un depredador, no eran los niños jugando a las escondidas; o si ibas caminando y veías una sombra, debías identificarla inmediatamente sobre qué animal u objeto se trataba; o si escuchabas un ruido a lo lejos, debías de descifrar ese ruido para tu supervivencia, alistarte a correr o prepararte para atacar. El sistema de identificación de patrones del ser humano es un sistema que posee una característica que hasta el día de ahora ningún sistema de inteligencia artificial o *machine learning* puede igualarlo ni por cerca, nuestro sistema es extremadamente *flexible,* podemos identificar patrones en un rango diverso de situaciones en las cuales hasta la computadora más poderosa del mundo con el mejor sistema de identificación de patrones fracasaría (Kazdin, 2000). No importa si es de noche, de día, bajo la lluvia, en medio de un incendio, nadando en el mar, corriendo en un bosque, conduciendo un vehículo, conversando, haciendo el amor, jugando fútbol, comiendo, etc.; el rango de escenarios en los cuales puede operar nuestro sistema de identificación de patrones es diverso y complejo, una eficacia que es imposible de ser lograda por algún robot o sistema de reconocimiento facial o de patrones. Tú posees un sistema que costaría miles de millones de dólares y muchísimo tiempo desarrollarlo, por lo cual no es práctico ni siquiera intentar desarrollarlo para objetivos concretos y de mediano plazo.

Percibir patrones puede parecer una tarea tan sencilla, no somos concientes de ella, la realizamos todos los días, pero es una tarea muy compleja que llega a ocupar hasta una mitad completa del neocórtex cerebral, el organismo no le dedicaría tanta energía a una actividad secundaria, recordemos lo que se ha planteado a lo largo de este libro, el cerebro y la mente siempre operan desde el principio de *eficiencia energética,* por lo tanto, si el reconocimiento de patrones ocupa el 50% de neocórtex cerebral es porque la vida ha dependido de esta habilidad a lo largo de más de cinco millones de años de evolución, gracias a este sofisticado sistema de detección de patrones podemos aprender del pasado, adquirimos experiencia y habilidad, somos capaces de *predecir* lo que sucederá en determinadas circunstancias, algunas de las cuales son cruciales para la supervivencia. Si tú observas la cara de la Virgen María en el huevo que cocinaste en el desayuno, viste una cruz en las nubes, viste una cara en una palmera, la forma de un elefante en una roca, etc., no te preocupes, eso denota que eres uno de los seres humanos con mayores probabilidades de sobrevivir, *la habilidad de ver figuras donde no las hay es una capacidad que favorece la selección natural,* las personas que no identifican ninguna figura en ningún lugar, corren mayores riesgos para su sobrevivencia, si retrocediéramos tres millones de años, esas serían las primeras personas que hubiesen sido desgarradas por algún depredador. Así que la próxima vez que te quieras burlar de las personas que ven caras en paredes o árboles, mejor pregúntate si tú tienes esa capacidad activada, de lo contrario en la línea de selección natural eres un animal débil con menores probabilidades de vivir y transmitir tus genes a la siguiente generación.

Razones neuronales

Estas razones no se contraponen con las anteriores, más bien se complementan y son la explicación del sustrato neuronal que permite que el sistema de identificación de patrones opere efectivamente. Lo que nos permite reconocer no solo caras en las piedras, sino reconocer todo el mundo que nos rodea, es un área que se encuentra en la base del cerebro que se denomina *giro fusiforme,* se trata de un área estrecha y alargada que traspasa desde el lóbulo temporal hasta el lóbulo occipital, así como los dos hemisferios del cerebro craneal, se encuentra en la zona basal del hemisferio cerebral.   El giro fusiforme se encarga de procesar información visual compleja como la identificación de rostros, textos, lugares y figuras (ver figura 4); se encuentra vinculado con el *giro angular,* encargado de identificar los colores, algo que hace sentido ya que para la percepción de la tridimensionalidad de los objetos es indispensable la detección de los colores en sus diferentes tonalidades. Además, el giro fusiforme está relacionado con la determinación semántica de las palabras, es el que nos ayuda a identificar qué significan las palabras, así como las figuras mismas.

Figura 4

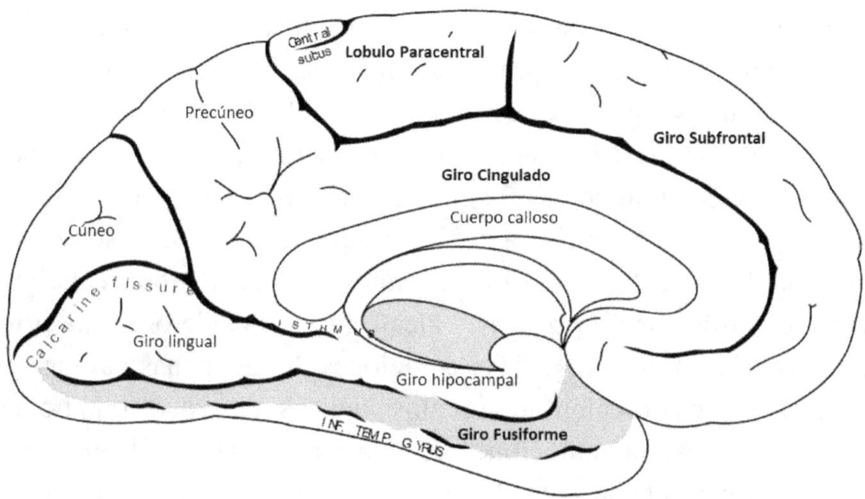

El giro fusiforme se encarga de procesar información visual compleja como la identificación de rostros, textos, lugares y figuras.

Neurológicamente la base de nuestra interacción con el mundo es la habilidad de conectar la información almacenada en la memoria, el estímulo presente que percibimos y la estimación de la posibilidad que algo ocurra; la integración de esos tres elementos no solo es la base para identificar patrones, sino para darle sentido a todo aquello con lo que interactuamos, es la base de nuestra vida, ha sido y es la base de nuestra subsistencia. Personalmente tengo la hipótesis que si en el transcurso de los próximos tres millones de años, seguramente esta parte del cerebro se verá modificada en cuanto al tipo y cantidad de información que procesará, si en las próximas eras desplegamos el mismo estilo de vida que llevamos actualmente, compartiendo más con computadoras que con personas, procesando más *bites* que estímulos del mundo real, la configuración de nuestro cerebro se transformará para poder procesar con mayor agilidad más información en situaciones complejas. Ya no necesitamos sobrevivir al ataque de un animal depredador y salvaje, ahora necesitamos sobrevivir al desempleo, al cambio climático, al terrorismo, la delincuencia, el narcotráfico, la explotación laboral, etc.; los problemas a los cuales debemos sobrevivir no son los mismos en los cuales evolucionó el cerebro hace tres millones de años, por ello será sorprendente pensar cómo evolucionará el cerebro en los próximos cinco millones de años, qué habilidades la evolución considerará no trascendentales para la sobrevivencia y se suprimirán paulatinamente, y qué habilidades que aún no tenemos o están poco desarrolladas sí se deben potenciar. Evidentemente un cambio en el ADN requiere millones de años y cambios muy drásticos a lo largo de dicho tiempo, posiblemente sería necesario que algún cataclismo natural o artificial reduzca la humanidad representativamente (arriba de un 50%) para que se active un proceso de evolución significativo a nivel de ADN.

Razones emocionales

La pareidolia no consiste solamente es identificar *caras* en líneas o formas que no tienen como finalidad representar lo que identificamos, también es la identificación de otras figuras ya sean animales, objetos o lugares; sin embargo, lo que identificamos mayormente son *caras,* vemos caras en el cielo, en un árbol, en una roca, en las nubes, en el humo, en el agua, en maletas, equipos electrónicos, utensilios de la casa, etc.; ¿Por qué la mayoría de figuras que identificamos son *caras?* ¿Por qué no son piernas, brazos, dedos del pie, un intestino, un hombro, cabello, etc. lo que mayormente identificamos en patrones aleatorios? Considero que la principal razón es nuestra necesidad de identificar las emociones de los demás para asegurar nuestra supervivencia y la construcción de vínculos sociales, en ese sentido no hay otra parte del cuerpo que exprese las emociones de una manera tan evidente como la cara de una persona, que para nosotros los humanos deja de ser una cara y se convierte en un *rostro*, es decir, en una manifestación del estado de ánimo interior y de la personalidad. El lenguaje corporal manifiesta nuestras emociones, pero ninguna parte del cuerpo iguala o supera a la cara como la interfaz por antonomasia de las emociones más internas de la persona. Por ello, aprender a identificar rostros es una habilidad esencial no solo para sobrevivir, sino para convivir y crear vínculos sociales y afectivos. Nada denota mejor los sentimientos y emociones que una mirada, la disposición de los labios y el ceño. Es por ello que la tendencia principal no es a identificar pies o piernas, sino que identificamos *caras* en lugares con patrones aleatorios, por todos lugares tendemos a ver a caras y a veces rostros, en la escoba, en el cielo, en el planeta Marte, en la Luna y en cualquier otro lugar. A través de la cara no sólo identificamos las emociones y sentimientos, sino incluso podemos deducir la edad, la etnia y la posibilidad de copular, se ha determinado que la simetría del rostro es considerada como un indicador óptimo para la reproducción de nuestros genes; además, no olvidemos que somos la única especie que cuando copulamos nos vemos cara a cara, somos animales bípedos que la parte más atractiva, aunque se diga lo contrario, siempre será el rostro, no porque sea *bonito* según patrones de belleza, sino porque el rostro irradia sensualidad, excitación y lujuria, no hay otra parte del cuerpo que mejor lo irradie que el rostro mismo, en cambio para los animales que andan en cuatro patas la zona más estimulante a primera vista es el trasero.

Te imaginas que un día despertaras y no identificaras tu propio rostro en el espejo, salieras a caminar, te encontrarás con tu vecino a quien conoces de años y tampoco lo reconocieras, llegas a tu trabajo y no reconoces a ninguno de tus compañeros, ves sus caras, pero no las *reconoces*. Ese escenario kafkiano no es un cuento surrealista o de ciencia ficción, muchas personas en el mundo ya viven en situaciones parecidas, a esa incapacidad de reconocer un rostro, a veces incluso el tuyo, se le denomina *prosopagnosia o ceguera de rostros.*

3.8.2 Falacia del apostador.

Millones de personas van a dejar sus ahorros o pensiones a los casinos o casas de apuestas ¿Por qué las personas hacen apuestas si saben que existe un altísimo riesgo de perder? el fenómeno a nivel psicológico es más complejo, en la base está el hecho de considerar que si algunas personas han ganado, entonces yo también podré ganar, peor aún, si ya gané algunas veces, es probable que vuelva a ganar; pero, es una creencia impulsada por la *apofenia,* esa creencia de que un *evento aleatorio* (una apuesta o cualquier otra cosa) incrementa su posibilidad de que ocurra si ya en el pasado ha ocurrido *varias veces* o porque ha identificado un *patrón* (en realidad muchas veces no lo hay). Retomemos el ejemplo del Casino. La esperanza del apostador no es alimentada solo por el hecho que *ya alguna vez ha ganado,* sino que esas *algunas veces* resulta que suceden cada cierto tiempo, por ejemplo, han ocurrido a final de mes, es esa su fecha de racha ganadora, a final de mes, así resulta que el apostador se aguarda para final de mes, y así ha pasado un año en el que de doce meses solo ha ganado tres veces y ha perdido nueve. La correlación "final de mes" y ganar la apuesta no tienen nada que ver, es algo aleatorio, no hay relación de causalidad entre los dos eventos, pero el apostador seguirá en ese círculo vicioso hasta entrar en quiebra. El apostador ve patrones donde no los hay, nuevamente una variante de *apofenia.*

Ya hemos hablado sobre la capacidad sorprendente del ser humano para encontrar patrones, una facultad flexible indispensable para nuestra especie y vida cotidiana, aprendemos a establecer relaciones causales, vemos que el cielo está oscuro y sabemos que probablemente llueva y alistamos el paraguas. Sabemos que si estamos en la gasolinera no podemos fumar, porque fuego y gasolina al combinarse generan un incendio. Esta capacidad de razonamiento causal propia del ser humano es muy importante para considerar la probabilidad de algo en el futuro, resulta de gran utilidad cuando establecemos relación de causalidad entre variables en las cuales sí existe dicha relación, el problema surge cuando establecemos esa relación entre cosas que no necesariamente hay causalidad, esto puede ser incluso trágico. Pensemos en alguien que siempre ha manejado bien su dinero, ha realizado muchas inversiones y siempre han sido exitosas, tiene un historial de éxito y lo toma como un indicador de la alta probabilidad de éxito para futuras inversiones. Esta en realidad es una correlación más no una causalidad. Historial de éxito no es igual a éxito futuro, el futuro no imita al pasado de manera automática, en este caso el inversor si sobreestima la posibilidad de éxito y no escruta a fondo los activos donde invertirá para determinar los indicadores de éxito o fracaso, su inversión no está asegurada, porque su historial de éxito siempre se ha debido a esa minuciosidad para revisar los activos, si no incluye esa variable causal para su futura inversión, el éxito no es altamente probable. En el nivel colectivo también ocurren estas correlaciones a veces aleatorias y algunas veces conectadas sin causalidad, por ejemplo, en EUA el nivel de migración irregular crece significativamente y en ese momento se desploma el empleo por una crisis económica, deciden cerrar las fronteras y cancelar cualquier política pública para proteger los derechos de los migrantes, como si la migración causara el desempleo, a nivel popular se cree que sí, pero no es así, hay correlación, más no causalidad.

En este caso específico de *apofenia* ocurre una sobreestimación de muestras muy pequeñas, se suelen tomar números pequeños para representar a un universo más grande, se realiza una inducción muy reduccionista y se analiza la realidad sin tomar en cuenta que esta es un sistema en el que interactúan muchas variables, solamente una visión sistémica de la realidad nos permitirá no hacer apuestas o conclusiones erróneas, por ello más adelante describiremos los distintos modos de pensamiento para superar los efectos negativos de los sesgos, entre ellos está el *pensamiento sistémico*.

3.8.3 Ilusión de agrupamiento.

En la ignominiosa Segunda Guerra Mundial el siete de septiembre de 1940 inició el *Blitz* alemán, nombre con el que se conoce al bombardeo nazi entre 1940 y 1941 sobre el Reino Unido, ese día nunca lo olvidarán los londinenses, en 24 horas se ejecutaron 300 bombarderos de la *Luftwaffe*, 648 cazas descargaron de manera indiscriminada a plena luz del día, miles de bombas incendiarias que convirtieron varias zonas de Londres en inmensas hogueras que destrozaron edificios históricos y barrios enteros. En un periodo de 267 días Londres fue atacada en 71 ocasiones. A pesar de ese feroz, indiscriminado y constante ataque, algunos barrios de Londres se vieron menos dañados que otros, entre la temerosa ciudadanía se comenzó a considerar que las zonas más bombardeadas eran las más peligrosas para vivir en Londres en esa época, que los alemanes tenía especial enfoque en esas áreas más dañadas. Un análisis estadístico posterior determinó que nunca existió una relación causal entre los lugares más dañados y el ataque aéreo, los bombardeos fueron totalmente aleatorios, entonces ¿Por qué la gente asumió que había objetivos específicos designados por los alemanes, cuando en realidad no había ningún objetivo específico dentro de la ciudad?

El psicólogo estadounidense que realizó el análisis estadístico de los bombardeos fue Thomas Gilovich (1991), quien determinó que dicha percepción se podía explicar por el sesgo de la ilusión de agrupamiento (*clustering illusion*), el cual consiste en identificar *grupos de datos* en piezas de información o hallazgos similares indicando que existe entre ellos una correlación. Cuando los datos son en gran cantidad pueden generarse ciertos agrupamientos, pero eso no indica que exista un patrón en todo el conjunto de datos. Esos *aparentes* patrones pueden conducir a una interpretación errónea de toda la muestra de datos. La razón por la que ocurre esto ya se ha señalado anteriormente, el cerebro humano busca darle sentido al mundo que lo rodea, para ello el cerebro busca patrones y tendencias porque esto es más fácil y rápido de procesar que una masa amorfa de datos, el riesgo de esta noble función es que se considere que una muy pequeña muestra sea la representación de todo un universo, incluso se puede caer en el error de creer que si en un subgrupo de datos dentro de la misma muestra se ve un *aparente patrón no aleatorio*, se considere que todo el resto de la muestra se comportará así.

Este sesgo cognitivo puede tener implicaciones en los ámbitos de la economía, política, estadística y la vida social. Imagínate que te vas a mudar una ciudad en la cual existen diversas zonas, lo primero que se suele observar son los índices de criminalidad de los diferentes barrios para decidir dónde ir a vivir, encuentras que dos de los 12 barrios de la alcaldía o municipio, tiene altos índices de criminalidad, eso te podría llevar a pensar que el crimen está *focalizado* en esas regiones específicamente, pero en la realidad el número de asaltos y robos se distribuyen de manera aleatoria en toda la ciudad o región, sin que en verdad resulten diferencias estadísticas significativamente notorias en los robos denunciados junto a los no denunciados entre cada barrio. En ese caso la decisión sobre dónde ir a vivir estaría sesgada por la ilusión de agrupamiento, esto termina repercutiendo incluso en la manera como ser percibe y etiqueta a las personas que viven en esas zonas. Siempre es recomendable ver los datos de todo el panorama antes de inducir conclusiones erróneas. Que se reporten más asaltos en una zona no necesariamente indica que esa colonia completa sea más peligrosa para vivir o que toda la alcaldía de esa colonia sea peligrosa, recordemos que los delincuentes en ciudades como Ciudad de México, por ejemplo, no siguen un plan de trabajo, ocurre de manera aleatoria. Analiza todo el panorama para determinar si realmente hay diferencias significativas en las estadísticas de cada barrio o alcaldía. Mantente escéptico desde la perspectiva cartesiana, es decir, con un enfoque metódico, investiga para ver la realidad en su integralidad y luego toma tus conclusiones. Aunque la información sea negativa o positiva, siempre es bueno ser escéptico metódicamente, hay que dudar en búsqueda de la verdad, porque de lo contrario *de nada servirá dudar solo por dudar.*

3.9 Mente cerrada y adormecida: persistencia de las creencias y la expulsión del no.

¿Alguien busca que cuando plantea algo le digan que *No*? ¿Aceptas con tranquilidad cuando te dicen *No*? ¿Eres tú capaz de decir *No*? Vivimos en la época de la *ilusión del Sí*, tanto en el mercado como en el gobierno se nos ha hecho creer que para nuestro bienestar siempre hay un *Sí*. La programación neurolingüística nos ha hecho énfasis que todo debe ser dicho y redactado en sentido positivo, hacer énfasis exclusivo en el *pensamiento positivo*, no considerar ninguna posibilidad o anularla al mínimo la posibilidad de lo *negativo*, como si lo *positivo* realmente surja por el mero pensamiento; cuando en realidad siempre debería considerarse la posibilidad del *No*, y si lo que buscas es el *Sí*, analizar las potenciales causas del No y reducirlas al mínimo, potenciando al máximo la posibilidad del *Sí*. Pero, la realidad es otra, desde la Segunda Guerra mundial se esparció por el mundo una pandemia de la *Noitis*, esa alergia inflamatoria de nuestro narcicismo ante el *No*, es inaceptable que nos digan que *No*, nos declaramos firmes opositores y luchadores contra el *No*, para nosotros siempre queremos un *Sí*, para lo que sentimos, deseamos, buscamos, siempre debe haber un Sí, es traumático que surja un no, nos hemos creído tanto eso que el universo confabula a nuestro favor que un *No* es tomado como una falta de respeto hacia nuestra privilegiado condición en el universo. Por supuesto que no estoy promoviendo una perspectiva negativista o pesimista de la vida, pero en la vida no todo es Sí, ni todo es No, se entrecruzan constantemente como dos hilos que tejen la costura de nuestra rota existencia, rotura que solo queremos coser con el Sí, con la constancia, con lo perdurable, con la permanencia, sin aceptar el cambio, sin aceptar que muchas cosas dejan de existir en nuestra temporalidad tridimensional, buscamos que permanezcan las cosas que no pueden *permanecer* y buscamos que cambien o dejen de ser las cosas que deberían *permanecer*. Como diría Soren Kierkegaard, vivimos anclados a un nivel de existencia meramente sensitivo sin la mínima posibilidad de decir No. Nadie quiere decir *No*, porque el *No* encierra un límite y en todos los ámbitos de la vida vivimos como si no existiesen los límites, la economía cree que no hay límites de crecimiento ante un mundo con recursos finitos, esa perspectiva de la vida sin límites nos está llevando al borde del colapso climático y social; no aceptar el *No* nos ha llevado en las últimas dos décadas a una endemia de feminicidios en México, el hombre no acepta un *No* de la mujer y quiere imponerse su Sí, es inaceptable ante una propuesta de sexo revestida de auténtica afectividad, la mujer le diga *No*, eso es inaceptable para los hombres y la mujer tendrá que decir Sí como sea, decir No le podría costar la propia vida, el hombre persigue e impone con violencia el Sí a la mujer. Este fenómeno es ubicuo, se puede trasladar a cualquier otro ámbito, ya sea laboral, político, académico, etc.. Estamos viviendo en el *imperio del Sí*. Todo mundo quiere siempre un Sí, no estamos preparados para el *No*, nuestro humano primitivo que habita en lo más profundo de nuestro ADN, sigue creyendo que el No es una amenaza para su precaria existencia, y efectivamente, el *No* sigue siendo una amenaza, pero no para la supervivencia del humano, el *No* ahora es una amenaza para los paradigmas sociales, económicos, financieros y políticos que se han instaurado en nuestra sociedad mundial. Ahora más que nunca se requiere con urgencia lo que dijo Albert Camus en 1951 en su libro "Hombre rebelde", al inicio del capítulo uno, nos dice el franco-argelino:

"¿Qué es un hombre rebelde? Un hombre que dice que no. Pero si se niega, no renuncia: es además un hombre que dice que sí desde su primer movimiento. Un esclavo, que ha recibido órdenes durante toda su vida, juzga de pronto inaceptable una nueva orden. ¿Cuál es el contenido de ese "no"? Significa, por ejemplo, "las cosas han durado demasiado" "hasta ahora, sí; en adelante, no", "vais demasiado lejos", y también "hay un límite que no pasaréis". En suma, ese "no" afirma la existencia de una frontera. Vuelve a encontrarse la misma idea de límite en ese sentimiento del rebelde de que el otro "exagera", de que no extiende su derecho más allá de una frontera a partir de. la cual otro derecho le hace frente y lo limita." (Hombre Rebelde, Albert Camus, 1951, pág. 17).

3.9.1 La noídad de la existencia humana.

En sociedades donde las desigualdades son muy grandes, o por el contrario, la igualdad es absoluta, es difícil que las personas digan *No*, es decir, tanto en la sociedades extremadamente neoliberales como en las dictaduras, se busca minimizar que las personas digan *No,* se busca anular cualquier posibilidad de que las personas despierten su conciencia. El actual sistema económico y político neoliberal se instaura como una barrera infranqueable para que las personas no opten por el *No,* como un acto de rebelión e indignación que nace de considerar que algo nos pertenece y que algo mejor es posible en este mundo; ese *No,* no es un *No* vacío, al contrario es un *No* que nace de un esclavo que rompe con las ilusorias cadenas de la falsa libertad, reconoce que debe indignarse porque hay algo que le pertenece y le es negado, pero sabe que ese algo no le pertenece solo a ella o a él, sino que es un vínculo común que tiene con las demás personas, y es aquí donde el *No* del ser humano indignado no nace desde el egoísmo o el narcicismo, la persona egoísta o narcisista es incapaz de optar por un *No cargado de valor,* si al caso dice no, es un no al *valor* que llena el *No* de la persona rebelde; plantearse ante la sociedad que nos oprime, excluye y distrae con un *No cargado de valor,* significa que despertamos a la comunidad que nos une con los demás, porque la indignación del *No* en su esencia no es egoísta, porque como se pregunta Camus *¿Por qué rebelarse si no hay en uno* *nada permanente que conservar?* El *No* nace de la solidaridad con los demás, el reconocernos que eso que oprime a una víctima no me es ajeno, sino que afecta mi existencia y mi entorno, *la solidaridad se torna ontológica,* porque sus implicaciones ya no tienen que ver con un elemento religioso o altruista, sino la conciencia que toda la vida misma se ve afectada y se puede construir desde esta solidaridad. Así se configura el *No* de las mujeres en el feminismo, cada mujer se siente identificada ya sea porque ha sido víctima directamente o porque ha sido testigo del *espectáculo de la opresión* en el cual una mujer es víctima.

La *noidad* de la existencia es reconocer que desde que nacimos *algo nos fue dado y al mismo tiempo negado,* esa es la sensación que siempre tenemos en la vida hasta antes de morir, tenemos esa sensación interna que *merecemos* algo, pero no siempre tenemos ese algo, la naturaleza nunca se opone a ese algo que nos da, pero que se nos niega, nuestra vida se despliega en esa ambigüedad que llega un punto en el que nos adormece y la normalizamos, hemos aprendido a ser muy pacientes, hemos aprendido a callar, a soportar y a asumir muchas veces como legítimos algo que no es realmente lo que deseamos y buscamos. Al nacer nos es dada la oportunidad de explorar un nuevo mundo de posibilidades en armonía con los demás humanos y todo nuestro entorno, pero incluso antes del mismo acto de nacer esa oportunidad nos es arrebatada por un mundo narcisista que pregona la libertad sin igualdad, el mundo de la ilusión del *Sí vacío* y la ausencia del *No cargado de valor.* He iniciado este apartado del sesgo de la confirmación con este análisis de carácter filosófico, porque considero que las expresiones y causas del sesgo de confirmación no solo encierra causas neuronales propiamente, sino que estamos hablando de una cuestión que afecta y se ve afectada por una actitud ante el mundo, ese aferramiento a nuestras creencias, paradigmas, pensamientos, hipótesis, etc. casi como si se tratase de un dogma, nos mostramos incapacitados para decir y recibir un *No*, a ese cúmulo heredado o aprendido, buscamos siempre un *Sí*, no contemplamos la necesidad de un *No*, no nos cuestionamos, no aceptamos que quien nos critica o cuestiona podría tener razón, hemos desterrado de nuestras vidas el *No que cuestiona.* Los paradigmas y creencias tambalearían si las personas se atrevieran al *No,* porque rebelarse tiene un efecto retroactivo sostiene Camus:

> *El esclavo sufría todas las exacciones anteriores al movimiento de rebelión. Y hasta con frecuencia había recibido sin reaccionar órdenes más indignantes que la que provoca su negativa. Era con ellas paciente; las rechazaba, quizá, en sí mismo, pero puesto que callaba, era más cuidadoso de su interés inmediato que consciente todavía de su derecho. Con la pérdida de la paciencia con la impaciencia, comienza, por el contrario, un movimiento que puede extenderse a todo lo que era aceptado*

anteriormente. Ese impulso es casi siempre retroactivo. El esclavo, en el instante en que rechaza la orden humillante de su superior, rechaza al mismo tiempo el estado de esclavo. ***El movimiento de rebelión lo lleva más allá de donde estaba en la simple*** negación (El Hombre Rebelde, Albert Camus, 1951, Pág. 18).

Solo en la negación que se rebela despierta la conciencia, solo en la negación que se rebela la persona recobra su identidad inherente, porque en el momento que asume la *noídad* de su existencia el tiempo se conjuga en presente, pasado y futuro; porque cuando te niegas a seguir la vida como se te ha impuesto sutilmente o abruptamente, eso tiene implicaciones en la historia porque se retrocede hasta donde había empezado esa imposición y se corta de raíz, desde ahí se inicia una revolución en el presente que transformará el futuro en un escenario donde ese algo que se nos quitó al nacer sea devuelto.

3.9.2 La dictadura del Sí y el destierro del No.

Existen muchas definiciones para el sesgo de confirmación ¿Cómo lo definirías tú a partir de lo que hemos hablado hasta este momento? En lo personal yo lo definiría como la dictadura del Sí y el exilio del No, o como *la inercia del pensamiento humano* que no puede cambiar de ruta y sigue la corriente en la que se ha visto arrastrado durante décadas, algunos incluso desde que nacieron. Si existe un fenómeno cognitivo al que hay que prestarle especial atención ese es el *sesgo de confirmación,* considero que si ahondamos con amplitud y profundidad en este sesgo lograremos entender muchos comportamientos no sólo del presente, sino de la historia de los últimos siglos. Este sesgo para quien nunca haya escuchado será nuevo, pero ya se ha escrito sobre él ampliamente desde hace más de 400 años, se ha escrito tanto sobre él que me atrevería a decir que si de verdad comprendiéramos por qué sucede y cómo evitarlo, lograríamos superar muchas disputas, altercados y malos entendidos entre grupos, países y personas.

Existe una diferencia infranqueable entre las personas que evalúan de manera imparcial la evidencia ante una situación con aquellos que deliberadamente buscan una evidencia para justificar una conclusión que ya ha sido fraguada. En el primer caso las personas evalúan una cuestión desde todos los ángulos posibles y concluyen lo que la diversa evidencia dicta, en cambio en el segundo caso, las personas buscan información y evidencia de manera selectiva, dándole peso únicamente a toda aquella información que le de soporte a su postura y descalificando o ignorando lo máximo posible, cualquier información que exponga lo contrario a la postura o conclusión ya tomada. Es como que estén dos personas discutiendo sobre el veganismo, una persona sostiene férreamente que comer carne es necesario por todos los nutrientes que aporta, la segunda persona sostiene que se puede reducir el consumo de carne sin correr un riesgo para la salud, deciden que ambos discutirán el tema con mayor profundidad después de una semana, mientras cada uno investiga por su lado. La persona que es amante de las carnes, mariscos y leche, buscará todos los estudios posibles que expliquen por qué consumir productos derivados de los animales es importante, necesario e imprescindible, acumulará toda la información posible que le de soporte a esa conclusión, de tal manera que en el debate pueda pulverizar a la persona que cuestione dicha conclusión, en su investigación cualquier pieza de información que diga lo contrario no la tomará en cuenta ni en lo más mínimo, la ignorará completamente, es más, no dedicará ni un minuto a leer algo que cuestione su postura. Ahora, te pregunto ¿Alguna vez te ha pasado que discutes sobre algo y solo buscas la información que le da soporte a tu postura? o ¿Has debatido con alguien que hace lo mismo? Alguien podría decirme "qué sentido tiene buscar información que cuestione mi postura". Ese es el espíritu científico en busca de la verdad, toda hipótesis debe ser sometida al cuestionamiento, si supera el cuestionamiento entonces podrá constituir una teoría sólida, esta labor no solo la hacen los críticos de la hipótesis, sino también sus postulantes o defensores. Google es una plataforma que podemos catalogar como la mayor culpable a nivel mundial del sesgo de confirmación, en Google nadie cuestiona absolutamente nada, las búsquedas ahora son sugeridas, ni has terminado de escribir cuando ya te está sugiriendo qué preguntar o qué buscar, basado en las búsquedas que más se han repetido. Si buscas en la web que comer sandía te mata, efectivamente, encontrarás información que las sandías son asesinas; si buscas información que sostenga que comer sandía es saludable, encontrarás información que sostendrá que es una de las mejores y más exóticas prácticas para beneficio de la salud. Si no lees ambas posturas y te quedas solo con una, tu conclusión será fruto del sesgo de confirmación.

La tendencia a solamente buscar información que le de soporte a tus hipótesis, ideas o creencias, es lo que los psicólogos llaman *sesgo de confirmación*, la evidencia se busca y utiliza de manera selectiva para dar soporte a tus ideas, cualquier otra evidencia que diga lo contrario será ignorada, en ocasiones de manera consciente y en otras de manera inconsciente, esto es muy importante tenerlo claro desde este momento, el sesgo puede ser motivado o sin motivación, es decir, tú sin buscarlo puedes estar cayendo en el fango de este sesgo. Suele ser más común que las personas traten de manera sesgada cualquier evidencia, desde su motivación y deseo de defender sus creencias que desean conservar o fortalecer.

Este no es un fenómeno nuevo, es tan antiguo como la humanidad misma, ahora más agudizado con las nuevas plataformas digitales; pero, desde hace muchos años el padre del empirismo inglés, Francis Bacon, determinó como incluso la misma filosofía no se escapa del sesgo de confirmación:

> *"La comprensión humana cuando una vez ha adoptado una opinión (ya sea como la opinión recibida o como ser agradable a sí mismo) atrae todas las cosas para apoyar y estar de acuerdo con ella. Y aunque hay un mayor número y peso de instancias que se encuentran fundadas en otro lado, sin embargo, o las descuida y desprecia, o por alguna distinción las deja a un lado y las rechaza; a fin de que por esta gran y perniciosa predeterminación la autoridad de sus anteriores conclusiones permanezca inviolable ... Y tal es el camino de todas las supersticiones, ya sea en astrología, sueños, presagios, juicios divinos, o similares; en donde los hombres, teniendo un deleite en tales vanidades, marcan los eventos donde se cumplen, pero donde fallan, aunque esto sucedió muchas veces, descuidar y los pasan por alto" (Novum Organum, Bacon, 1939, Pág. 36).*

Nadie ni nada se escapa del *sesgo de confirmación*, sus tentáculos son capaces de alcanzarlo todo, ahora en la era del acceso y exceso de información, lejos de cuestionarnos y poner en duda nuestra creencias e ideas, buscamos constantemente justificarlas, perpetuarlas, casi inmortalizarlas. Vivimos en una época en la que las personas navegan en un mar de información en el que han perdido el rumbo, ya no se busca una tierra sólida donde arribar, solo se busca la seguridad de navegar sin hundirse no importa hacia dónde se vaya, vivimos en una época en la que muchos saberes están a la disposición de un número más amplio de personas, se respeta con más amplitud el derecho a la libertad de expresión y de pensamiento; pero a pesar de ellos las personas no buscan la *verdad*, sino lo único que buscan son certezas o en el caso menos peor, *confunden la verdad con la certeza, son dos nociones estrechamente vinculadas,* pero no son equiparables indistintamente. La certeza *"es el estado de la mente que se adhiere firmemente sin ningún temor a una verdad"* *(Llano, 1991, pág. 51)* En esta definición es importante que resaltemos la frase "sin ningún temor", ya que la certeza es un estado subjetivo o en intersubjetivo en el caso sea compartida por varias personas, quiero aclarar desde ya que cuando digo que algo sea *subjetivo* no es con sentido peyorativo, la subjetividad en la últimas décadas ha sido retomada con mucha seriedad, como un camino para entender cómo las personas conocemos a nivel neuronal, si alguien dice que ve un color donde tal color no está *realmente*, la ciencia se encarga no de desmentir esa visión, siempre y cuando sin dolo ni premeditación en realidad el sujeto no nos intente engañar, sino que la persona efectivamente ve el color, en ese caso la psicología y la neurociencia se encargarán de determinar por qué el sujeto en su subjetividad ve un color que no existe en la realidad. Muy bien, retomando el punto de la certeza que es algo propiamente subjetivo en el sentido que su pensamiento sostiene con firmeza y seguridad que eso que sostiene es verdadero contra cualquier otra cosa opuesta, en los umbrales de grandes avances tecnológicos como la computación cuántica que nos permitirá procesar cantidades inimaginables de información, los grupos, países y personas no buscan la verdad, sino la certeza de sus hipótesis. Quiero acotar nuevamente que entendamos por verdad la adecuación de nuestra mente a la realidad ajena a nuestras creencias, interpretaciones o sesgos, el sustento de la verdad es el ser de las cosas y no el parecer o la percepción subjetiva. En la búsqueda de la *verdad* el ser humano es necesario que reconozca que el camino no es solo por la vía de la afirmación o confirmación, sino que el encuentro de la verdad pasa por el sendero de la *negación que cuestiona,* de lo contrario las tabúes de la Edad Media de que la sangre de la menstruación es impura y hace a la mujer inferior o que un hombre no podía copular con una mujer en el periodo de menstruación porque podrían nacer niños con lepra, seguirían rigiendo nuestra sexualidad y valoración del cuerpo. El camino de la verdad pasa por el encuentro con el *No,* un *No* que no busca obstaculizar el encuentro con la verdad, sino que busca que la verdad que logremos se fundamente en el ser y no en una certeza puramente subjetiva o intersubjetiva, en otras palabras, que la certeza tenga como fundamento la verdad para que sea una *auténtica certeza.* Quiero aclarar que no estoy proponiendo una postura *dialéctica* ante la realidad, ya que considero que existen nuevos métodos o maneras de ver el mundo, que pueden responder mejor ante la complejidad del mundo posmoderno, no me considero alguien opuesto a la dialéctica, pero no lo sugiero como el camino más conveniente para entender nuestro mundo y encontrar la verdad, opto y sugiero una perspectiva de las ciencias de la causalidad y los sistemas, más que una dialéctica. Por ahora el método de Hegel no será un modelo a seguir, eso lo abordaremos en el capítulo sobre *modos de pensar.*

Ya hemos planteado tres conceptos interconectados que serán claves en los próximos apartados: *inercia de pensamiento, verdad y certeza.* A estos me gustaría agregar los conceptos de *duda y evidencia,* los cuales serán analizados en el aparto sobre cómo reducir el sesgo de confirmación. A continuación, me gustaría que exploremos algunos estudios que nos demuestran la existencia del sesgo de confirmación en el pensamiento humano.

3.9.3 Estudios experimentales sobre el sesgo de confirmación.

Existe una vasta y amplia evidencia experimental que nos demuestra cómo es de extenso y fuerte este sesgo, en el cual las personas una vez asumen una postura sobre un determinado tema, su propósito primordial es defender y justificar esta posición. Incluso cuando las personas han sido imparciales antes de tomar una postura, una vez asumida podría volverse sesgada si no se abren a considerar la posibilidad que sea falsa o haya aspectos que deberían corregirse.

Cuando la hipótesis determina la búsqueda e interpretación de la información.

La hipótesis es la explicación de algo *tentativo,* algo que podría ser, es una suposición de que algo puede ser o no puede ser y a partir de ello determinar una teoría. Por ejemplo, una hipótesis podría ser *"las revoluciones sociales las empiezan la clase media, posteriormente se unen los más pobres",* no puedo empezar una investigación solo con esa hipótesis, tendría que plantear una hipótesis nula que considere que *"las revoluciones sociales las empiezan los más pobres, posteriormente se une la clase media",* es decir, parto de la suposición basada en algunos indicios que he observado en la historia, que en los países donde no existe una clase media fortalecida, es difícil que se realicen revoluciones sociales, por ello el neoliberalismo busca esmeradamente que la clase media se reduzca al mínimo o si es posible que desaparezca. Una investigación imparcial debe plantearse dos hipótesis, una es la *hipótesis alterna,* eso que busco demostrar que así es, pero también debo considerar lo contrario, la *hipótesis nula,* que plantea la posibilidad de lo contrario que busco demostrar. Imagínate que una persona tiene la desagradable hipótesis que su pareja le es infiel con una persona del lugar de trabajo, algunos indicios le hacen sospechar eso, pero no tiene evidencias para tener la certeza, empieza una ardua investigación para comprobar esa hipótesis, sin considerar la otra tentativa, que realmente su pareja no le es infiel con nadie. Si la persona solo considera exclusivamente la posibilidad "mi pareja es infiel", estable esa postura y quiere *comprobar* solo esa tentativa, cualquier búsqueda e interpretación de información será para comprobar algo que ya casi está siendo aceptado como verdad, todo será visto desde este lente.

Las personas tendemos a buscar información que consideramos como favorable para nuestras hipótesis o creencias, interpretamos cualquier dato en vistas a favorecer nuestras hipótesis o creencias existentes; de manera inversa, tendemos a ignorar, evadir o minimizar datos que podrían cuestionar o ser opuestos a nuestras hipótesis o creencias, y que serían soporte para considerar una alternativa (Koriat, Lichtenstein y Fischhoff, 1980). En otras palabras, bastaría conocer las hipótesis y creencias de una persona sobre determinado tema, para conocer *a priori* cómo reaccionará o interpretara las experiencias, datos o estímulos con los que se enfrente, por ejemplo, la red social de *Facebook* crea perfiles de usuarios basados en sus reacciones, *likes* y publicaciones, de esa manera *Cambridge Analytica* supo qué es lo que las personas quieren escuchar o leer, si conocemos en qué creen las personas, podremos diseñar una campaña que presente un candidato afín a sus creencia e hipótesis.

Más que buscar información que apoye una hipótesis, las personas lo que buscan es defender una hipótesis desde una postura en específico, inician la búsqueda asumiendo que la hipótesis, supuesto o creencia es *verdadera,* se le da peso a los datos que favorezcan esa presunción, pero no se le dará peso a los datos que permitan hacer un diagnóstico más integral, viendo el fenómeno desde diferentes ángulos, no solamente desde el que permita determinar que la hipótesis es verdadera. Nuestra atención es selectiva debido a cómo opera nuestra Memoria de Trabajo, incluso existe la teoría que esta sea una de las causas del sesgo de confirmación, más adelante lo abordaremos, pero en este caso no es un hecho espontáneo y natural de atención selectiva, sino que se trata de una *restricción* de la atención hacia una hipótesis favorable, favorable para los intereses del grupo, país o individuo.

Te invito en este momento a pensar en eventos sociales, económicos o políticos en los que ciertos países restringen su atención hacia hipótesis favorables y desde esta posición diseñan leyes, políticas públicas, guerras, sanciones, etc.; cuando solo se tiene una explicación posible sobre un evento o fenómeno, se excluye cualquier posibilidad de interpretación que apoye una causa alternativa, esto incluso si quien sostiene la posibilidad exclusiva es consciente que otras personas o grupos poseen alternativas posibles, siempre se mantiene firme en la hipótesis o creencia inicial, incluso puede ocurrir que la persona utilice la información de la alternativa contraria para sostener su propia hipótesis o creencia. Intentaré poner un ejemplo sobre esta situación, un grupo de políticos sostienen que el problema más grave de un país es la corrupción de sus antecesores (esto le servirá para mantener ese enemigo público tan necesario para quienes desean perpetuarse en el poder), otro sector sostiene que el problema más grave del país es la falta de acceso a educación de calidad que fomente el espíritu crítico en la ciudadanía, el primer grupo no cederá, aunque sea consciente que la falta de educación es quizá la causa del problema que ellos sostienen, pero en su lugar tomaran toda la información sobre la problemática de la mala educación para sostener que eso mismo es un claro ejemplo que el peor problema es la corrupción de sus antecesores. O si retomamos la hipótesis de que mi pareja me es infiel con otra persona, alguien le dirá a quien crea eso que no, que el problema real en tu pareja es que les falta más comunicación y expresarse su afectividad, la persona dirá, no, es que porque me es infiel precisamente ya ni nos comunicamos con intimidad y frecuencia. No hay lugar para otra hipótesis, no hay alternativa, todos los datos serán empleados para justificar lo que inicialmente asumió como cierto exclusivamente.

Cuando alguien considera que su hipótesis o creencia siempre es la que tiene el 100% de probabilidad, se cierra de manera absoluta al debate, diálogo o discusión, es una total pérdida de tiempo considerar que alguien posee el 100% de probabilidad se abrirá a cualquier otra probabilidad. Por ello, la restricción de la atención a una sola hipótesis implica desde el Teorema de Bayes una consideración errónea de los porcentajes de probabilidad, según el cual en la determinación de la probabilidad de una hipótesis o creencia la certeza nunca es absoluta, ya que la evidencia se puede estar actualizando constantemente, para quienes no conozcan en qué consiste el Teorema de Bayes, se trata de un planteamiento probabilístico para determinar la probabilidad de un evento analizando los porcentajes de probabilidad de todas las variables involucradas, considero que sería de gran utilidad revisaran conceptos sobre este teorema, es el que actualmente está a la base de muchos ejercicios en medicina, negocios, *machine learning* y análisis sistémicos. La historia de este Teorema es muy fascinante, fue una creación del matemático Thomas Bayes que dejó el teorema medio de sus papeles porque lo consideró sin mucha importancia, hasta que después de 10 años de fallecido su esposa solicitó a un amigo que revisará los papeles de Bayes, tal vez encontraba algo digno de publicar, entre ellos se encontraba nada más y nada menos que el Teorema de Bayes, el que se encuentra actualmente a la base de los desarrollos de Inteligencia Artificial.

Preferencia por las evidencias para sostener creencias existentes.

Sostener creencias es un derecho de cada ser humano, no se le puede ni debe *imponer* a nadie una creencia, incluso cuando esta se encuentre fundamentada en un análisis integral superando cualquier sesgo. La libertad de pensamiento debe ser respetada, pero esta libertad no es absoluta, como seres interdependientes y debido a que vivimos en una realidad que es un sistema, si una creencia afecta a otra persona incluso de manera indirecta, la persona afectada tiene el derecho de exigir que esa creencia sea revisada. La libertad no puede concebirse como un absoluto, tampoco el único y principal límite de la libertad es la dignidad y los derechos humanos, el principal e ineludible límite que no depende de ninguna concepción filosófica, religiosa, política, legal o social, es el hecho independiente de que la realidad es un sistema en el cual todo está interconectado y la independencia no existe, no existe nada aislado, nada ni nadie podría subsistir en aislamiento, en ese sentido cualquier creencia o decisión no puede apelar a la *libertad* como fundamento para su realización en cualquier momento y circunstancia, el fundamento de una creencia o decisión sería la ponderación de sus repercusiones totales en la realidad, en las cuales siempre se verán afectadas otras personas de manera indirecta o directa. Como cuando alguien dice "yo soy libre de comer carne todos los días, nadie me puede impedir eso", sin considerar que el elevado consumo de carne implica una industria que emite altísimas cantidades de metano a la atmósfera, cuyo impacto negativo en el mundo debe ser subvencionado con los impuestos que se cargan a productos que otras personas consumen dejando así de invertir ese dinero en otras áreas importantes; o cuando alguien dice "nadie puede obligarme a tener un peso corporal, es mi cuerpo y puedo estar como yo quiera", o la otra personas que dice "yo puedo embriagarme todos los días, siempre y cuando no le haga daño a nadie", sin entrar en un análisis y debate ético sobre qué es la libertad, entendiendo libertad como la pregona el neoliberalismo, como *la facultad de elegir sin ninguna coacción*, en los ejemplos anteriores aunque eres libre y directamente no afectas a alguien, desde una perspectiva de sistemas sí afectas a muchas personas, el que come lo que se le antoja en excesos porque es libre, terminará solicitando al gobierno un tratamiento para su obesidad mórbida y enfermedades derivadas, el alcohólico igualmente, los programas médicos para atenderlos requerirán dinero que podría ser destinado a la prevención y tratamiento de otras enfermedades que no han derivado de *actos libres*. La libertad como la plantea el neoliberalismo no existe ni tiene fundamento, es la causa de nuestros males y vasta analizarla someramente para descubrir su insostenibilidad. En todo caso tendríamos que hablar de *libertad sistémica* para avalar ciertas decisiones o creencias que buscan escudarse en el concepto de libertad, esta *libertad sistémica* podríamos llamarla también *libertad iroquesa* partiendo de la inspiración y orientación que nos brinda la Confederación Iroquesa que siempre ante una decisión tomaban en cuenta las consecuencias que tendría en las próximas cinco generaciones, es decir, si tomaban una decisión consideraban los efectos a 180 años en el futuro, realizaban una proyección a largo plazo, podríamos decir que acá estaban ya sentadas las bases de la definición del concepto actual de Desarrollo Sostenible: *"Aquel desarrollo que satisface las necesidades del presente sin comprometer la capacidad de satisfacción de las necesidades de las futuras generaciones."*(Informe Brundtland, 1987). Partiendo de esta breve acotación, procedamos con el análisis de la búsqueda constante de preservar creencias preexistentes sin contemplar la menor posibilidad de cuestionamiento.

La tendencia a darle mayor importancia y atención a la información que sustenta mis creencias u opiniones, no significa que las personas ignoren totalmente aquellos datos que los cuestionen, sino que se muestran más receptivos solo con la información que les da soporte a sus creencias y la información que los cuestiona o que se opone a sus creencias la desacreditan o le brindan una explicación superficial. Incluso cuando de *recordar* información se trata, tal parece que la memoria les funciona mejor a las personas cuando se trata de recordar razones que le den soporte a sus creencias, especialmente cuando el asunto es un tema controversial. La causa posiblemente por la cual las personas recuerden más razones para favorecer su postura, sea porque su pensamiento se enfoca en pensar más en razones para justificar su postura, creencia u opinión exclusivamente; anulando cualquier mínima consideración de razones que cuestionen su creencia (Baron, 1991, 1995; Perkins, Allen y Hafner, 1983; Perkins, Farady y Bushey, 1991).

Implica consecuencias desastrosas para la humanidad cuando no solo se busca preservar una creencia, sino cuando dicha creencia es *irracional o falsa*, la persistencia de este tipo de creencias ha sido la principal causa de desgracias en la humanidad. Este tipo de creencias cambian con mucha lentitud, incluso, se pueden tornar más fuertes cuando las personas se dan cuenta que deben cambiar esas creencias. Un ejemplo de este tipo de creencia es la esclavitud, el racismo, el machismo, el clasismo, etc.. Solo pensemos en los eventos históricos en los cuales se intentó abolir la esclavitud, su persistencia se tornó tan fuerte que en la época de Espartaco llevó a la guerra a un imperio y en la época de Lincoln llevó a la guerra a todo un país. Así como en las escuelas hay estudiantes con pensamiento deficiente, también en la sociedad hay ciudadanos con pensamiento deficiente, esa deficiencia deriva del hecho que se mantienen cerrados a cualquier evidencia que pueda contradecir sus creencias.

En el mundo de la psicopatología algunas patologías son definidas esencialmente como persistencia de las creencias, tal es el caso de las personalidades con delirios de persecución o de enfermedad; estas personas interpretan como una enfermedad incurable sus estornudos y tos, aun cuando el mejor médico del mundo le muestre evidencia que realmente sus síntomas son solo el efecto de una alergia.

No toda persistencia de una creencia es irracional, estas en ocasiones suelen perdurar y resistir al cambio porque la evidencia contraria no es aún lo suficientemente fuerte, suele suceder de manera especial en ciertas investigaciones científicas, como el caso de Michael Faraday que persistió en sostener su creencia de que las corrientes eléctricas podían ser inducidas con imanes a pesar de varios fracasos para producir tales corrientes experimentalmente, pero al final de una serie de experimentos tuvo éxito. Algunas otras creencias dentro de la ciencia pueden parecernos ahora irracionales, pero hay que tener cuidado de no caer en el anacronismo al momento de analizarlas, como el hecho que el centro del universo era la Tierra, hasta que Copérnico nos explicó dos cosas, primero que la Tierra no era el centro del universo y segundo que la Tierra gira alrededor del Sol. Una vez la evidencia se vuelve lo suficientemente fuerte, se difunde y socialmente se acepta, las creencias racionales pierden sustento.

En síntesis, la persistencia de creencias irracionales implica una sobrevaloración de la visión desde *mi lado,* algo que en inglés es llamado *my side bias* (sesgo de mi lado), el hecho de solo considerar mi perspectiva, ignorando, desacreditando o mostrándose poco perceptivo a la perspectiva contraria, lo cual conlleva a una búsqueda parcializada de la evidencia, solo se busca aquella información que le de soporte a mi creencia, cualquier información válida que no cumpla ese fin no será tomada en cuenta. Existen discursos y planteamientos teóricos que adolecen de este sesgo, nos encontramos con ellos en los partidos políticos, presidentes, diputados, activistas sociales, economistas, etc..

Dime qué buscas y te diré qué observas.

Las personas miran el mundo según sus expectativas, estas predeterminan la manera en la que juzgarás la realidad, de hecho, la gente no suele ver las cosas como *realmente* son, sino que interpretan e identifican los patrones que están *buscando*. Las expectativas sociales, económicas, políticas, etc. determinan cómo percibes todo tu entorno, lo que tú veas, analices y recuerdes se corresponderá a lo que tú estás buscando (*expectativas*). *¿Entonces lo mejor sería no tener expectativas para evitar esta modalidad de sesgo de confirmación?* Depende de la situación, no podemos ir por la vida sin *esperar* algo, la esperanza que algo sucederá es la que nos impulsa en última instancia a planificar e intentar diseñar un futuro, las expectativas pueden ser *a priori* o *a posteriori,* una expectativa a priori es aquella que no se fundamenta en la realidad o en un proceso de verificación mínimo, la expectativa *a posteriori* es aquella que parte de un conocimiento de la realidad antes de generarse; por ejemplo, un alumno tomará una clase en su siguiente semestre, una persona que ya tomó esa clase con el profesor A, le comentó al final del semestre que dicho profesor resultó ser muy displicente, poco sociable y que la clase resultó ser muy aburrida. Si el alumno se queda con esta noción del profesor y construye a partir de ella una *expectativa*, resultará que desde el inicio cualquier acción del profesor se analizará desde ese lente, interpretando seguramente algunas acciones en el marco que le comentó la otra persona, cuando en realidad se trata de un buen profesor, muy comprometido y exigente. El alumno se basó en una expectativa a priori sobrevalorada.

Verás el mundo según qué estás buscando, si tú crees que la persona que va sentada junto a ti en el autobús es un delincuente, todo lo que haga esa persona será interpretado en ese marco de referencia. Como el caso real de una pareja en la cual la ex novia del chico, en un arrebato de rabia y resentimiento por no haber continuado meses atrás con ella una relación sentimental, contactó a la actual novia de su ex pareja y le dijo que tuviera cuidado con ese chico que tenía como novio, que es un farsante que decía enamorarse, pero que en realidad nunca es así; además, oculta que le gustan los hombres, él no lo acepta, pero es así, la justificación de la ex para aseverar esto era que el chico años atrás había estudiado para sacerdote y ella decía que a él ahí se "lo hicieron" *gay.* La actual novia ingenuamente le cree a la ex de su novio, pero no le dice nada a su novio, no le pregunta, no le cuestiona, no le expresa nada; y como si en realidad no se conocieran, ella empieza a cultivar interiormente esa sospecha de que su novio es un *gay,* pero él no lo acepta o no lo quiere dar a conocer ni a ella misma. En una ocasión, estando en un restaurante el novio se levanta de la mesa para ir al baño, se tarda porque necesita evacuar, al momento de salir del baño y regresar a la mesa, la novia le increpa por qué se ha tardado tanto y casualmente entró al baño en el mismo momento que otro hombre, quien al salir del baño después de él, se iba riendo y observando hacia donde ellos. Que seguramente algo estaban haciendo. En ese momento la novia le expresa que ya se ha percatado que él se le queda viendo a los hombres, que seguramente es cierto lo que le había dicho la ex. Y bueno, ahí empieza toda una discusión al respecto. El novio no era ni un casanova desamorado ni un *gay* encubierto o reprimido, ninguna de las dos. Pero, su actual novia después de lo que le había dicho otra persona y que ingenuamente asumió como verdad, empezó a observar a su novio confirmando en cada acción de él su *expectativa,* años después ese novio terminó felizmente casado con una hermosa esposa, con una hija y escribiendo este libro. El objetivo de este caso no es para criticar a ninguna persona involucrada en esa historia, sino para ejemplificar que aquello que tú *esperas* será lo que tú encuentres, la expectativa *a priori* era "tengo un novio gay que no lo acepta", y todo lo que él haga, ya sea que se va con un amigo por unas cervezas o si cruza la mirada con un hombre, esos actos serán vistos como confirmación de que sí es *gay.* Debo aclarar que ser *gay* por supuesto que no es algo que en lo personal me genere conflicto alguno, pero cuando interactúas con personas poco formadas, con mente cerrada, moralistas y puritanas, este tema realmente se vuelve controversial para ellas. Cuando le damos un sobrepeso a nuestras *expectativas* se convierten en "profecías autocumplidas" (*self-fulfilling prophecies)* como las denomina Merton (1948), quien sostiene que *las profecías autocumplidas son en principio una falsa definición de una situación que evoca un nuevo comportamiento, el cual hace que la concepción originalmente falsa se vuelva verdadera.* En el caso anterior cada comportamiento hacía que la falsa concepción que su novio era un *gay encubierto,* se volviera verdadera. O como el caso de los estudiantes que deben enfrentarse a un examen y empiezan a sentir ansiedad porque está *convencido que fracasará,* empieza mentalmente a dedicar más energía pensando en su preocupación que al hecho de estudiar, esto le afecta y termina entregando un examen muy malo. Su expectativa se convirtió en una *profecía de autocumplimiento;* esto no implica que basta solo el hecho de no tener miedo, es decir, que si no tuviese miedo a fracasar saldría con excelente nota en su examen, no es así inmediatamente, obviamente requiere que estudie arduamente, lo cual le será posible si no cuenta con el sobrepeso de la preocupación mental del fracaso.

Actualmente existe mucha decepción porque las personas no ven cumplidas sus expectativas, como si la realidad externa fuese un conserje que responderá siempre a sus demandas, el sistema capitalista neoliberal nos inculca tantas *expectativas* sobre la vida, la familia, las relaciones amorosas, el trabajo, el éxito, el sexo, la felicidad, etc. que las personas ven el mundo de acuerdo a esas expectativas, expectativas que en la gran mayoría de casos suelen padecer de sobrepeso, las expectativas inculcadas por el consumismo son obesas, porque las hemos sobrealimentado, les damo un excesivo peso en nuestras vidas y nos terminan generando más decepción que satisfacción cuando entramos en contacto con la realidad, te das cuenta que el amor de pareja, el sexo, la vida laboral, etc. no son como te los pintó el cine, las series de *streaming*, el *social media* o las telenovelas. Te decepcionas, te frustras, te pones ansioso, te sientes un fracasado porque aún no logras una casa como la que anuncian las inmobiliarias, no tienes el vehículo que presume el artista, no tienes una pareja hermosa ni puedes irte de viaje, pero nunca te preguntas *por qué* realmente no lo logras o si es eso lo estás buscando lograr de la manera adecuada o de la manera que te inculcaron. Como decía la frase de la serie *Dark*: "La decepción deriva de falsas expectativas, ten esperanzas, pero no expectativas. Quizás así consigas un milagro y no una decepción."

Efecto de primacía

El orden en el que son recibidos los datos influye en la percepción e interpretación de las personas, cuando se debe integrar información en diferentes fases a lo largo de un periodo de tiempo, suele dársele más peso a la información recibida en las primeras fases que en las últimas (Sherman, Zehner, Johnson y Hirt, 1983). Este fenómeno responde al *principio del orden,* cuando el orden en el que se recibe la evidencia o la información no tiene un peso informativo *per se,* el orden entre dos o más piezas de información no debería tener incidencia en la persistencia de una creencia o la obtención de una conclusión, pero en la vida real no suele ser así.

Otra manifestación del sesgo de confirmación ocurre cuando la primera evidencia o información determina nuestras opiniones, sesgando cualquier información, interpretación o investigación subsecuente, a esto es lo que los psicólogos cognitivos han denominado *efecto de primacía (primacy effect)*. El primer estímulo no solo puede influir, sino determinar cualquier información posterior.

En un experimento se les expuso dos grupos una lista de adjetivos para describir a una persona, a un grupo se le expuso la siguiente lista: "inteligente, industrioso, impulsivo, crítico, terco, envidioso"; a otro grupo se le presentó esta: "envidioso, terco, crítico, impulsivo, industrioso, inteligente". El grupo de la primera lista tuvo una impresión más favorable de la persona que los de la segunda lista, cuando en realidad en ambos casos se trataba del mismo listado, solamente se invirtió el orden de los conceptos, la primera lista empieza con el término "inteligente" que influyó en toda la percepción favorable de la persona, la segunda lista empieza con el término "envidioso" que generó un efecto negativo.

Figura 5

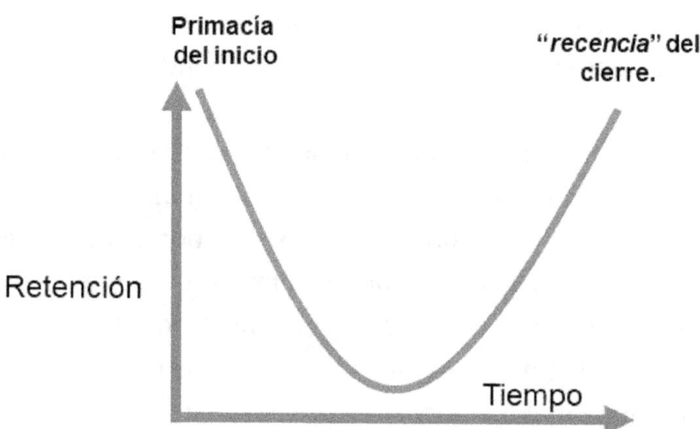

Figura 5. Elaboración propia. Recreación de la influencia del efecto de primacía y efecto de recencia, en su influencia en la capacidad de retención a lo largo del tiempo.

La memoria y la atención son dos actrices que entran en acción en este momento, siempre jugando un papel principal, jamás un papel secundario, quizá alguien esté considerando que el efecto de primacía se deba a una cuestión de la memoria o la atención, no siempre se puede recordar todo y nuestra atención siempre tiende a ser focalizada, si estás pensando esto, sí tienes razón, todo depende del momento y manera en la que se intente recordar y prestar atención. La información que se recibe al inicio influye y puede determinar la información subsecuente en un proceso, pero qué sucede con la última información, que por sentido común sería de alguna manera la más fácil de recordar, al respecto existe algo que es una especie de lanza con punta en sus dos extremos, se llama *efecto de posición serial (serial position effect)* según el cual las personas tienden a recordar mejor *el final y el principio de una serie de datos*, y a recordar muy mal los datos intermedios, esto ya sea en una serie o en una secuencia libre de datos. A la influencia de la primera información se le denomina *efecto de primacía*, por otro lado, al hecho de recordar mejor los últimos datos y que estos influyan en la toma de decisión se le denomina en inglés *recency effect*, en español no existe una palabra para *recency*, no obstante, en la psicología cognitiva se ha adoptado la palabra *recencia* para designar esa *cualidad de reciente*, este sería el *efecto de recencia*.

En un experimento realizado con dos grupos de estudiantes se les solicitó que recordaran una serie de palabras en inglés, se conformaron dos grupos, uno con el requerimiento de recordar las palabras según el orden en el que les eran presentadas, fue el grupo del *serial recall;* al otro simplemente se le solicitó que recordara y recitara cuantas palabras le fuese posible, fue el grupo del *free recall.* En ambos casos se utilizaron listas de cuatro, seis y quince palabras de extensión, en cada grupo se les expuso un total de 12 listas, cuatro de cada extensión de palabras antes mencionada. Los resultados mostraron que la capacidad de recordar fue mejor en los *free recall (recuerdo libre)* que en los *serial recall (recuerdo serial)*, el *efecto de recencia* es mayor cuando los datos a recordar no deben responder a una secuencia serial y la cantidad de datos es pequeña, en cambio, cuando los datos a recordar responden a una secuencia en serie (deben ser recordados respetando el orden de aparición) aumenta el *efecto de primacía* y disminuye el *efecto de recencia,* este último nunca supera al *efecto de primacía* en los recuerdos en serie sin importar la extensión de los datos a recordar, siempre se recuerda mejor los primeros datos (ver figura 6). Este experimento nos demuestra que independientemente del tipo de secuencia en la que se demande el recuerdo (libre o serial), siempre los primeros y últimos datos son los que más se recuerdan (Jahnke, 1965).

Figura 6

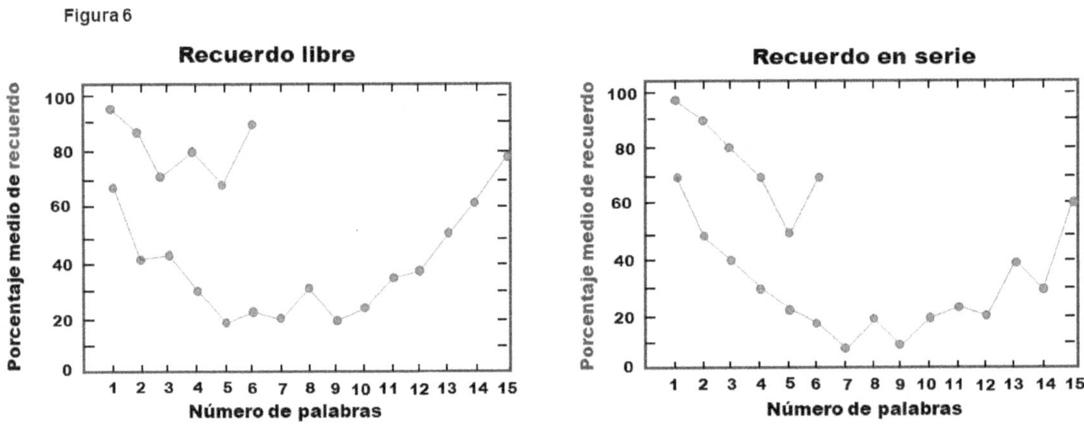

Figura 6. Elaboración propia. Jahnke, J. C., *Primacy and recency effects in serial-position curves of immediate recall.* Journal of Experimental Psychology, 1965.

Pensemos en las implicaciones que pueden generar estos efectos en nuestras vidas, ¿Cómo evaluarán las personas los seis años que dura un periodo presidencial? ¿Será que una vez finalizado el periodo sólo se recuerdan del primer año y el último, y a partir de ahí realizan una ponderación promedio? Cuanto tú evalúas diferentes opciones para comprar algún producto o servicio ¿Recuerdas todas las opciones que ponderas o sólo consideras las primeras y últimas? Una pareja finaliza una relación que sostuvieron durante cuatro años ¿Cómo ponderan su relación seis meses después de haber finalizado? ¿Qué recuerdan más? en tiempos electorales debes decidir entre dos candidaturas, primero un amigo que habla maravillas de la candidatura X, semanas después otro amigo te habla de la candidatura Y, en primer lugar, habías considerado de manera positiva la X, si no has realizado la investigación correspondiente (como casi siempre sucede con la ciudadanía) la ponderación positiva inicial de la X terminará afectando tu ponderación en detrimento de la Y. Quizá los políticos no tengan claro este fenómeno cognitivo, pero lo intuyen y por eso siempre en los meses previos a las elecciones se desata una cacería de votantes y por arte de magia todos empiezan a ejecutar proyectos.

Como hemos visto en un proceso de recepción de datos en serie se suelen presentar dos momentos preponderantes en los cuales la *atención enfocada* y la Memoria de Trabajo entran en acción, se ha detectado mediante la proyección de imagen de resonancia magnética funcional (fMRI) que en la fase del *efecto de primacía* se desarrolla una firma neural que contrasta con la ausencia de esta firma en el *efecto de recencia*, se ha determinado que esta diferencia se debe a que en el efecto de primacía está activada el *enfoque de la atención* por tratarse de un dato totalmente nuevo, en cambio, en el efecto de recencia al tratarse del último dato de una serie conocida solo está activada la Memoria de Trabajo (Morrison, 2014).

3.9.4 Sesgo de Confirmación en contextos reales.

El sesgo de confirmación está presente en todos los campos de la vida, es un fenómeno ubicuo, todo lo que anteriormente describimos puede acontecer en la política, la medicina, las religiones, la investigación científica, etc.. A continuación, a manera de ejemplo explicaré algunas situaciones en las que se presenta la búsqueda y consideración de información que confirma mis creencias en detrimento de la que las cuestiona.

Persistencia de las creencias a una escala nunca antes vista: la gran araña de la red mundial que nos devora como insectos.

En el mundo de la web las personas consumen diferentes tipos de contenido, diferentes plataformas se han especializado en proveer contenidos específicos, ya sea música, vídeos, textos, páginas web, etc.; en ese embrollo de distribuidores de contenido emergen plataformas como Youtube, Spotify, Amazon, Netflix, Medium, Google, etc.. Nunca antes habíamos vivido en una época en la cual pudiésemos acceder con facilidad a cualquier hora y en cualquier lugar a diferentes tipos de contenidos, ciertamente aún hay una brecha digital que afecta a ciertos países en África, Medio Oriente y Asia del Sur, pero en general la mayoría de los humanos pueden acceder a vídeos, imágenes y textos a cualquier hora y casi en cualquier lugar; la pregunta es ¿Qué tipo de contenido estamos consumiendo? ¿Cómo seleccionan las personas la película que quieren ver o el libro que quieren leer? ¿Cómo seleccionan a qué *influencer* seguir en redes sociales? ¿Estás consumiendo el contenido que realmente quieres? El mundo digital en general es una zona abisal donde no hay luz, si navegas sin una luz que te oriente te perderás en el mar casi infinito de información. Es paradójico que viviendo en la época del conocimiento accesible para todas las personas a tan solo un *click*, no podamos ver y analizar con profundidad porque *el exceso de información* dispersa en el mundo digital más que como una luz, funcionan como un velo o una luz cegadora, no solo por los datos basuras que circulan, carentes de profundidad y honestidad, sino aunque los datos sean validados, honestos y críticos, humanamente se vuelve casi imposible de establecer un filtro o una arquitectura de la información para acceder a ellos de manera óptima y crítica. Ante esta luz cegadora del *exceso de datos* los sistemas digitales establecen una arquitectura de la información basada en las *"recomendaciones involuntarias"* de los usuarios que consumen contenido digital. Así organiza Google las páginas web que te aparecen en tus búsquedas, ciertamente evalúan factores como la calidad del contenido y el pago de publicidad del propietario de la páginas, detrás de esto hay una labor de SEO (*Search Engine Optimization*) SEM (*Search Engine Marketing*), en el sistema SEO dependerá de la calidad en la que organices tu contenido sin realizar un pago, en el sistema SEM tu página aparecerá si pagas y dependerá de cuántas páginas estén compitiendo por aparecer según las palabras claves que has seleccionado.

Independientemente de estos sistemas, Google tomará en cuenta la cantidad de usuarios que hayan visitado una página, si tenemos dos páginas que hablan del mismo tema u ofrecen el mismo producto-servicio, una de esas tiene un tráfico de 100 mil usuarios al mes y la otra un tráfico de dos mil, aparecerá antes la de 100 mil que la de dos mil usuarios, sobre todo si esos 100 mil permanecen más tiempo en la página que los dos mil de la otra página.

La visualización de los vídeos de Youtube se basa en un sistema de recomendaciones basado en las vistas de los usuarios, mientras más usuarios vean tu video, más se recomendará a otros usuarios. Por supuesto que las recomendaciones están basadas en tus gustos y preferencias, Google registra cada palabra, producto, imagen o tema que buscas, las famosas *cookies* son como huellas que dejas en los caminos que recorres en la web y Google es un cazador experto, no hay presa que se le escape.

Las películas de Netflix también se basan en un algoritmo que analiza el contenido que consumes y muchos otros patrones que registra (dónde das click, el volumen, si omites la intro, la hora que más ves películas, a qué volumen escuchas, etc.), igualmente crea un sistema de votaciones para evaluar las películas y crear tendencias según el número de usuarios que las ven. De manera similar funcionan Spotify, Amazon, Prime Video, Facebook, Twitter, etc.; todas estas plataformas digitales con las especificidades propias del algoritmo que cada una diseñe, emplean en general tres tecnologías: *Big Data + Machine Learning + Human Computer Interaction.*

La industria de los sistemas de recomendación configurados por algoritmos que diseña cada plataforma, posee una inmensa cantidad de datos que no te imaginas, son estos sistemas de recomendaciones los que configuran las calles que recorres en el mundo digital. Cuando visitamos una tienda física y recorremos sus pasillos, los productos están organizados de acuerdo a las necesidades que marketing ha identificado y sugiere a quienes ordenan los anaqueles qué productos y cómo ordenarlos. Los productos no se organizan en los anaqueles solamente a partir de las necesidades de las personas, sino que se utilizan técnicas de manipulación mercadológica, técnicas que ni el más astuto consumidor se da cuenta. Por ejemplo, te has preguntado ¿Por qué en el pasillo de bebidas carbonatadas en la entrada siempre está la bebida que más se vende de esa categoría? No es porque pague más al supermercado, sino porque está demostrado que cuando ubicas en la entrada del pasillo de anaqueles al producto líder de esa categoría, incrementan las ventas de toda la categoría, ya que el *top of mind* atrae a los consumidores para acercarse y recorrer el pasillo. Y así muchas manipulaciones más que se utilizan para dominar nuestras decisiones, para ello te recomiendo que leas sobre comportamiento económico (*Behavioral Economic*), un libro que recomiendo es *Predictably Irrational* de Dan Ariely.

Así como se organizan los productos en los anaqueles, de la misma manera se organizan los productos y el contenido en el mundo digital, a diferencia que ahora las posibilidades se expanden a un nivel nunca antes visto por la inmensa cantidad de datos que disponen las grandes corporaciones y tecnología para gestionarlos, permiten crear a los usuarios la ilusión que todo es *personalizado,* cuando lo único que se ha hecho es el establecimiento de perfiles basados en miles de millones de datos recolectados de miles de millones de personas que consumen ese producto o contenido "personalizado". Esto es lo que yo llamaría la *personalización masificada,* una paradoja e ilusión en el consumo que se genera gracias a las implementaciones de tecnologías de la ciencia de datos. Nos hacen sentir que importamos como personas, pero no es así, simplemente importas como consumidor, vales si consumes, si no consumes no vales, ya no vales en cuanto tienes, porque de nada sirve al sistema si tienes, pero no eres consumidor; si tú lograras un nivel de conciencia elevado y llevaras una vida austera, no valdrías para el sistema, serías lo mismo que un paria del proletariado incapaz de generar consumo, serás un desperdicio de la sociedad, tal como lo describe Bauman en su libro *Vidas desperdiciadas: la modernidad y sus parias* (Bauman, 2005). En el mundo digital no hay contenido *personalizado,* solamente hay productos *customizados,* se parecen, pero no son lo mismo, un producto o contenido personalizado se genera dialogando contigo de manera bidireccional, un producto *customizado* se genera sin dialogar contigo, solamente a partir de datos obtenido por una comunicación unidireccional. No es factible para el sistema productor capitalista masivo crear productos o contenidos *personalizados*, por ello esa oferta *personalizada* es mucho más escaza y cara. No hay muchas tiendas de bicicletas donde tú vas y te sientas a dialogar con el diseñador, sobre cómo quieres tu bicicleta, el color, la medida, el material y otras especificaciones. Hay muy pocas tiendas de ese tipo, el precio de la bicicleta será mayor que si vas a una tienda y compras una bicicleta *customizada* que utilizan millones de personas alrededor del mundo.

La información que consumimos en la web no es información *personalizada*, esa solo es una palabra para ilusionarte y hacerte creer que les importas, solamente estás consumiendo el contenido que el sistema de recomendaciones te sugiere, basado en la preferencia de la *mayoría*, das *click* solo con el criterio de la *preferencia mayoritaria*, haciendo que se perpetúe la creencia, idea, opinión o hipótesis que la mayoría ha consumido, estás formando parte de la maquinaria más inmensa que haya existido para crear *sesgo de confirmación* a nivel planetario.

Recorremos los caminos que otros quieren o que el sistema de recomendaciones quiere que recorramos, no recorres el camino que tú quieres porque eso implicaría informarse, analizar, sintetizar y preguntarse; hacer todo es proceso ya no encaja con el *mundo instantáneo* en el que vivimos, ya no hay tiempo para saborear las cosas, porque las decisiones se aceleran con la ilusión de la personalización y la eficiencia. En este sentido la vida es como el café, no puede ser instantánea porque pierde el sabor, es más, deja de ser vida. El café instantáneo no es café, es una imitación de lo que verdaderamente es una taza de café real que con su aroma abraza toda tu casa cuando lo preparas por la mañana, así mismo, una vida instantánea pierde aroma, pierde sabor, pierde su esencia. La vida no puede ni debe ser rápida, pero la vida que vivimos configurada por las nuevas tecnologías, es muy rápida en extremo, no nos da tiempo de experimentar con sosegado dinamismo la riqueza de la vida, es como si hicieras un viaje por un hermoso bosque, por el camino que recorrerás hay lagos, cascadas, miradores, animales y plantas exóticas, el trayecto es de 50 kilómetros, pero el viaje lo haces a una velocidad de 100 k/h, es decir, en 30 minutos ¿Es un viaje que realmente se disfruta? Así mismo estamos haciendo ese recorrido que se llama *vida*. No soportas que el video se tarde 30 segundos en cargar, no soportas que una clase dure dos horas, no soportas hablar 30 minutos con tus amigas sin ver el teléfono celular, no soportas 10 minutos sin ver las notificaciones de tus redes sociales, no soportas leer una hora ininterrumpida, no soportas ir a caminar al parque, guardar silencio, la calma es vista como algo inútil, todo lo que no sea rápido y fácil, es inútil. No hay tiempo para preguntar, ni para investigar. La competencia es feroz, ya no puedes vivir cuando tu vida es determinada por las tecnologías y la lógica de consumo actual.

Ninguna plataforma digital es imparcial, el internet no es imparcial, en cada búsqueda que haces en la World Wide Web existen algoritmos que refuerzan ciertas ideas, creencias, comportamientos o suposiciones. Algoritmos que han sido diseñados por personas que pertenecen a corporaciones económicas que comparten intereses con otros grupos económicos, políticos y religiosos. Los motores de búsqueda y plataformas digitales deciden quién, dónde, cómo y a qué información tendrá acceso, impidiendo que las personas amplíen la diversidad de puntos de vista. En el mundo de internet no importan los hechos, solamente importan los *datos*, se llega a equiparar la realidad con los datos. La fórmula ya no es *Hechos = Datos,* tal como lo dicta la realidad, ahora la realidad está subvalorada, lo que importan son los *datos* sin importar si no tienen fundamento en la realidad. Ahora los datos fundamentan la realidad, son los datos los que construyen la realidad. No me refiero a los datos en cuanto ideas que impulsan las acciones concretas o paradigmas, sino los datos *per se, los datos en cuanto datos*, los datos han adquirido *esencia* por sí mismos, el platonismo ha vuelto a tomar una enorme bocanada de aire en la posmodernidad, Platón sostenía que eran las ideas del éter las que sostenían las cosas físicas que percibimos, es decir, la realidad no posee ni ser ni esencia, solamente es un reflejo de las verdaderas cosas que están en el mundo de las ideas, ahora el *mundo de los datos* es el fundamento de la realidad, la realidad no tiene ser ni esencia, la realidad es un engaño; ahora lo confiable, lo esencial y el ser mismo están en los datos. Nada es, ni nada existe si no hay datos que lo respalden, si no hay datos, no hay existencia. De esta manera lo que importa son los datos sin importar de dónde vengan o si tienen fundamento en la realidad, ya no tiene sentido preguntarse por el fundamento de los datos.

La digitalización (desmaterialización) y la instantaneidad han ido un paso más allá de la *posverdad,* la cual siempre ha existido desde hace más de ocho mil años, el *homo sapiens* siempre ha sido una especie de la *posverdad,* ha creído en ficciones que le hacen cooperar y luchar, pero ahora no es sólo creer en una ficción, ahora es un escalón más arriba, ahora la realidad solo existe si hay datos, *veritas est adaequatio intellectus ad datorum (la verdad es la adecuación del intelecto con los datos)* y *veritas est adaequatio rei ad datorum (la verdad es la adecuación de la cosa con los datos).* Los datos fundamentan nuestro conocimiento y la realidad. Quien posee los datos posee la realidad. Quien posee los datos nos posee a todos. *Sum est datorum (el ser es los datos).*

Ahora los datos valen más que cualquier materia prima existente, valen más que el oro, el petróleo, los diamantes, etc.. Siempre se ha creído en la teoría económica tradicional que lo escaso es lo más valioso, que la escasez incrementa el precio, pero con los *datorum* eso no es así, acá la abundancia incrementa el precio, incrementa el valor, cuanto más *datorum* se posee, más vale, el valor incrementa sustancialmente, porque es la generación casi ilimitada y acumulación densa de la *data* la que permite crear la realidad, sólo si los datos son inmensos e infinitos se genera la *datidad,* la esencia fundamental de todo eso que llamamos realidad. La *datidad* es abrumadora, inabarcable, densa, ininteligible, la *datidad* es algo así como el *Ser de Dios.* Incomprehensible en sí, pero accesible gracias a la mediación de la realidad finita y abarcable, en este caso, la *ininteligible datidad* es inteligible gracias a las tecnologías del *Big Data, Machine Learning e Inteligencia Artificial,* estas tecnologías son las sacerdotisas que nos comunican con la nueva deidad que fundamenta todo el multiverso: *la datidad.* Los nuevos sacerdotes son los programadores y los científicos de datos.

En el *mundo de los datos (orbis datorum)* incluso antes de que los usuarios decidan, la *Datidad* ya plantea las opciones como si fuesen fruto de la libertad de los humanos, los algoritmos ya pareciera que leen tu mente, como si fuesen emisarios de Dios, te ofrecen eso que pensaste. Con los datos de cada persona hemos creado un nuevo Dios que sirve a quien posea la *Datidad.* Ya saben dónde darás *click,* ya saben lo que quieres, no pienses, no busques, no te preguntes, ese Dios intangible que nunca te ha escuchado, ahora está a tu servicio las 24 hora de todos los días, te lee la mente y te sirve en bandeja de plata justo eso que deseas y necesitas, nadie te conoce mejor que la *Datidad,* una diosa benévola, que se anticipa a eso que cada persona necesita, en ella podemos descansar porque ya no es necesario pensar. A diferencia de ese Dios en el que han creído los humanos durante miles de años, la *Datidad* nos necesita, nosotros la alimentamos, cada uno con sus datos le da el ser inabarcable, estupendo, esa es la divinidad perfecta, la inabarcable, pero dependiente de mí, así no te sientes tan lejos, te sientes inmerso en ella al punto de perder tu misma libertad y autonomía.

Los algoritmos son los arcángeles de la *Datidad* (άρχω *(arco)* significa "que gobierna, que dirige, que comanda, que lidera", más άγγελος *(ángelos)* que significa "mensajero"). Son los mensajeros que gobiernan nuestra vida de la manera más sutil, es imperceptible su influencia, a veces tú crees que han instalado un micrófono y te están escuchando, pero no es así necesariamente, estos *archangeles digitalis (arcángeles digitales)* se anticipan a tus decisiones, crean órdenes de información antes que tú decidas, con toda la *Datidad* acumulada son capaces de crear una arquitectura de datos suprema *(architectura datorum est ordo superius = la arquitectura de los datos es el orden superior).*

Al igual que los arcángeles que tradicionalmente hemos conocido, los *archangeles digitalis* no se revelan más que a su creador, a esos personajes que son capaces de crear un sistema que da origen a los *archangeles digitalis*, son unos expertos *machinatores intangibilis (ingenieros de lo intangible)* que actúan en la frontera difusa de lo éticamente correcto y lo éticamente incorrecto, estos *machinatores* trabajan en la turbiedad, nadie sabe si lo que hacen es pertinente, bueno, bello, correcto, etc.; pensemos en el *archangelus* de Youtube, es un sistema que es capaz de anticiparte a tus decisiones, puede ponderar las mejores opciones para ti incluso antes que hayan sido elegidas por otras personas, este funciona con dos recursos: *Candidate Generation Network (Red para Generación de Candidatos) y la Ranking Network (Red de Clasificación)*. La Red para Generar Candidatos es una arquitectura que funciona a base de vectores generados a partir de los videos vistos, búsquedas realizadas y datos psicográficos del usuario, está diseñada para ofrecerte contenido "relevante" para ti, las propuestas son altamente precisas, pareciera que este sistema estuviera en tu mente, pero no es así, solamente tiene acceso a la *Datidad inabarcable*, la que le permite identificar tus patrones de comportamiento con una claridad mayor a la que tú mismo puedes porque no te conoces, ellos te conocen más de lo que tú te conoces a ti mismo. Estas dos estructuras solo son un pequeño esbozo del *archangelus* de Youtube, recordemos que tú, simple criatura mortal nunca lo conocerás, solamente su *machinator* y la persona que paga para que lo crearan lo conocerán (Maharjan, 2020).

En el internet las personas refuerzan sus creencias, ideas e hipótesis, no se abren espacios para someterlas a cuestionamiento, sigues solo a las personas que piensan igual que tú; las redes sociales (Facebook, Instagram, Twitter, Reddit, Quora, etc.) y los motores de búsqueda de información (Google, Bing, Yahoo, Mozila, etc.) le permiten acceder a mucha información a personas que antes no podían acceder, aproximadamente cinco años después de la fundación de Facebook, una de las redes sociales que más usuarios tienen alrededor del mundo y que más datos recolecta de los usuarios, muchas personas del mundo de las telecomunicaciones hablaban de la *revolución de las redes sociales,* que venían a democratizar el acceso a la información y a fomentar la participación activa de las personas, se pregonaba que la comunicación sería bidireccional, se sostenía que ahora la humanidad podría unirse más fácilmente. Más de 20 años después de haber sido fundado el motor de búsqueda más usado en el mundo (Google) y 17 años de la fundación de la red social digital más grande del mundo (Facebook) ¿Realmente la humanidad está más unida? ¿La gente es más crítica que hace 15 años? ¿Nos unimos más fácilmente para luchar por causas humanas, sociales, económicas y ecológicas? La respuesta es NO. Al contrario, cada vez las personas son más superficiales, creen que por leer muchas publicaciones o varias páginas web ya son expertos, muchas personas después de pasar dos horas navegando en Google se sienten expertos en la temática que exploraron, cuando realmente si sumas todo lo que han leído no son más de 5 páginas de contenido realmente profundo (Carr, 2013). Vivimos en la era del *dogmatismo del mérito (Earned Dogmatism Hypothesis)*.

Las redes sociales y los motores de búsqueda fomentan el sesgo de confirmación en las personas, por un lado, porque así funcionan como lo hemos explicado anteriormente, por otro lado, porque las personas los utilizan de tal manera que solo buscan la aprobación de sus creencias e hipótesis. Si solo interactúas con personas con gustos similares, las mismas creencias y preferencias políticas, si solo buscas información con la que te sientas familiarizado, estás cada vez anclándote y reforzando el sesgo de confirmación, desterrando la posibilidad de cualquier contraste o cuestionamiento.

Los votantes y gobernantes que nos llevan al abismo persistiendo en decisiones erradas.

La gran mayoría de votantes y políticos son testarudos, los primeros cuando deciden por qué político votar y los segundos cuando decidirán qué política pública o proyecto implementar. La *testarudez* es la cualidad de estas personas rígidas, narcisistas e inseguras que se cierran al diálogo porque no aceptan que nadie les cuestione, la posibilidad que estas personas contemplen más de una alternativa es prácticamente nula. Todos conocemos una persona que votó por un candidato que después de un par de años de haber sido elegido, no reconoce que su voto fue desinformado y desatinado, eligiendo a una persona incompetente y corrupta, no lo acepta, aunque le presentes evidencia, se cierra a la consideración de cualquier información que ponga en duda la asertividad de su decisión. Muchas personas se preguntan por qué no reconoce que se equivocó, tiene en su cara los hechos concretos que lo demuestran. Eso es un claro ejemplo de lo descrito anteriormente, cuando nos cerramos a cualquier información que cuestione nuestras decisiones y solo consideramos la que confirma que tomamos una decisión adecuada.

Muchas personas suelen cambiar de postura cuando el número de personas de su entorno que le cuestionan incrementa cada día, y se da cuenta que no hay ninguna confabulación o contradicción, personas con la que se siente relacionado y que no buscan manipularle son las que lo hacen reflexionar y aceptar el cuestionamiento, eso requiere tiempo, el abrir la mente a la consideración de diferentes alternativas conlleva tiempo y ese tiempo a nivel político tiene implicaciones desastrosas, los ciudadanos no deben ir por la vida votando equivocadamente y reaccionar tres años después, esto genera un retroceso en el desarrollo de los países porque se elige como gobernantes a personas que toman decisiones con efectos desastrosos en el largo plazo. El hecho que una persona cierre su mente y solo busque información que le complazca, implica pérdidas multimillonarias, cuesta vidas humanas, tu cerrazón mental es un acto casi de lesa humanidad.

Los políticos en cargos públicos muchas veces se cierran a una sola postura, sin considerar cuestionamientos o información que evalúe negativamente sus decisiones, esta cerrazón también cuesta vidas, millones de dólares, recursos, le puede costar incluso el futuro de tu propia familia. Los políticos de todo el mundo se comportan de una manera que una vez han tomado las decisiones de ciertas políticas y se implementan, todas las actividades posteriores son solamente esfuerzos para justificarlas (Tuchman, 1984). Pensemos en algún caso que casi cualquier persona conoce: la guerra de EUA y aliados versus Vietnam del Norte (1955-1975). Estados Unidos de América sostuvo a sus soldados durante casi 20 años en una guerra que desde el principio había evidencia que sería una pérdida, pero testarudamente continuaron; o pensemos en el conflicto armado en El Salvador entre el ejército nacional y la guerrilla (1980-1992), una guerra de 12 años que al final tuvo que reconocerse que no conducía a nada favorable, o pensemos en este momento en el presidente de México, Andrés Manuel López Obrador, en plena lucha mundial contra los combustibles fósiles, se le ocurre construir una refinería que costará más de 10 mil millones de dólares, un proyecto que nació muerto, hay evidencia de sobra que es una inversión que generará más pérdidas que ganancias tanto a nivel económico, como ecológico, social, humano y técnico; primero porque apuesta a un tipo de combustible cuyo consumo se busca reducir a nivel mundial, además, la zona geográfica en la que está siendo construida no cumple ningún criterio de sustentabilidad, cabe incluso el riesgo que esa zona quede bajo el mar en no más de 30 años. 10 mil millones de dólares que habrían sido mejor invertidos en el sistema de salud. Estos políticos como Obrador y los que estaban al frente de la guerra en Vietnam, una vez toman ciertas decisiones apresuradas y las comienzan a implementar, posterior a ello su único enfoque es justificarla sin aceptar ningún cuestionamiento. Insisten en continuar con acciones que están enraizadas en la testarudez de alguien que tiene una mente cerrada, no importa la evidencia contraria que pueda existir.

Que los políticos se comporten de manera testaruda no solo es reflejo de corrupción, sino es efecto de una evidente incapacidad para entender la *complejidad de la realidad*, son incapaces de definir y abordar problemas complejos (casi todos los que tiene que abordar un gobierno), son un riesgo fatal cuando se enfrentan a situaciones en las que interactúan numerosas variables y la relación de *causa-efecto* es oscura, la naturaleza de estos problemas o decisiones suele estar abierta a muchas interpretaciones, cuando los tomadores de decisiones no han aprendido a pensar en sistemas y no saben nada de la *complejidad*, terminan haciendo interpretaciones reduccionistas, parciales, precipitadas y catastróficas, abordando situaciones complejas como si se estuviesen decidiendo qué ir a comprar al supermercado. En estas situaciones el efecto del sesgo de confirmación debido a la complejidad del problema, genera un enfrentamiento de posturas diametralmente opuestas, las cuales con el paso del tiempo y debido a la desinformación o incapacidad de procesar mucha información, se intensifican y radicalizan.

Tanto el ciudadano de a pie como las élites políticas toman decisiones basadas en heurísticas y sesgos cognitivos, decisiones con implicaciones graves a largo plazo, la pregunta es ¿Quién está analizando cómo los votantes y los funcionarios recurren a los sesgos para tomar decisiones y cuáles son las implicaciones sistémicas? Nadie lo está haciendo, estamos poniendo nuestro destino en un mecanismo (la heurísticas y sesgos) al que recurre frecuentemente nuestra limitada racionalidad, que si bien es cierto no es negativo *per se*, el no considerar todas las implicaciones y esforzarnos más, nos está costando un retroceso cultural, ecológico, económico, político y humano. Si nadie se encarga de evaluar la *racionalidad* de las decisiones de votantes y políticos, seguiremos avanzado en algunas áreas, pero experimentando serios retrocesos en muchas otras, daremos un paso hacia adelante y cuatro hacia atrás. En este momento no expondré cómo superar la testarudez en la que solemos caer, eso será en el siguiente capítulo, pero es importante tomarse en serio esto, si no abres tu mente a la recepción de información que cuestione tus ideas o creencias, nunca este mundo saldrá del subdesarrollo humano en el que se encuentra, si no hacemos eso no podremos evitar el colapso que nos espera en un futuro próximo ante problemas globales que demandan que cuestionemos y reorganicemos nuestros modelos mentales.

Los jueces están rebasados, humanamente es imposible que impartan justicia en el marco del derecho ante la sobresaturación de información.

Un juez en México debe dictar en promedio cinco sentencias al día, es decir, resolver cinco casos diarios, cada caso tiene un expediente en una media de 100 páginas (en algunos casos el expediente se organiza en tomos, puede llegar a 500 páginas), trabajando de lunes a viernes el juez resuelve 80 casos al mes, acumulando en total ocho mil páginas, un equivalente a leerse 20 libros de 400 páginas en un mes, ante esta situación me surge la pregunta ¿Es humanamente posible que una persona lea y analice adecuadamente todas esas páginas? Todos los jueces están *sobrecargados de información* a la hora de tomar una decisión de la cual depende el ejercicio de la *justicia*, si esta decisión es tomada de manera inadecuada el impacto es la destrucción de muchas vidas humanas, debo decir que entorno a este tema no existen investigaciones en México, esta sobrecarga de información abre la posibilidad de manera inmediata para que los jueces recurran a las heurísticas y sesgos mentales para acelerar su toma de decisión ¿Qué implica esto en cuanto a las diferentes manifestaciones del sesgo de confirmación?

El hecho que en este momento me refiera al mundo judicial como ejemplo del sesgo de confirmación, no significa que los juristas, fiscales, jueces y abogados no sean susceptibles a otros sesgos como el de anclaje, disponibilidad, afectividad, sesgo de grupo, sesgo retrospectivo, etc. (Klein y Mitchell, 2010; Aranguren, 2011; Roming, 2013). Se ha descrito con amplitud las implicaciones y manifestaciones del sesgo de confirmación, las cuales en el campo del derecho se pueden manifestar en el proceso de reunión, interpretación o recuperación de la información; hagamos memoria por ejemplo del *efecto de primacía y recencia*, cómo este puede afectar la manera que un abogado estructura un caso y cómo el juez dicte sentencia. Aunque exista un cuerpo legal concreto en cada país, la resolución de disputas jurídicas depende en última instancia de una *decisión humana*, los humanos que toman estas decisiones para decidir a favor de quién y qué resolver, no son infalibles en sus razonamientos, son susceptibles de incurrir en sesgos y tomar decisiones que podrían tener implicaciones negativas. El juez y el abogado tienen una manera de argumentar a nivel jurídico, pero la manera para razonar que se utiliza en el ámbito jurídico no difiere sustancialmente de los métodos utilizados en los ámbitos no jurídicos, incluso cuando razonamos en la vida cotidiana sobre asuntos que debemos resolver, una persona cuidadosa al razonar utilizaría el modelo empleado en el ámbito jurídico, basado en el razonamiento moral y empírico (Alexander y Sherwin, 2008; Rawls, 2012). Así como todos en la vida cotidiana estamos sujetos a tomar decisiones afectadas negativamente por diferentes sesgos cognitivos, de igual manera las personas del ámbito jurídico.

El hecho que un abogado o juez solamente valore más la evidencia que sustenta sus puntos de vista o creencias, más que aquella que lo cuestione, no permite que las personas puedan recibir una resolución imparcial dentro de una controversia o un juicio. Ciertamente existe un conjunto de reglas establecidas en las leyes, pero esto no exime que en los juicios de valoración todas las personas del mundo jurídico incurran en decisiones o juicios profundamente sesgados. En México, el país desde donde escribo este libro, no existe investigación ni monitoreo sobre las deficiencias a nivel cognitivo en las sentencias que emiten los jueces y magistrados, así como la manera que los abogados estructuran los casos para resolver las disputas jurídicas, por ello considero de suma importancia que las personas se documenten sobre los sesgos cognitivos que siempre están presentes en casi todo razonamiento, porque nuestra racionalidad es limitada y la realidad es muy compleja, siempre nuestros pensamientos y decisiones buscarán una manera rápida para resolver los problemas. El *elemento humano* que debería favorecer en la aplicación de la justicia, en este contexto es el que muchas veces impide que las personas accedan a la justicia y sean víctimas de decisiones que aunque estén basadas en un proceso argumentativo formalmente bien construido, en el fondo adolece de limitaciones que responden a la limitada racionalidad de los jueces y abogados, que ante las apresuras, indiferencia y sobrecarga de información, toman decisiones que se asientan en procesos mentales limitados que requieren de mayor profundidad y amplitud. Considero que el elemento humano es imprescindible en la aplicación de justicia, no lo podemos ni debemos sustituir en este campo, pero todos los sistemas judiciales deben apostarle a la utilización de las nuevas tecnologías para el procesamiento de información cuando se trata de una cantidad de datos humanamente imposible de procesar sin incurrir en errores, como la cantidad de datos que deben procesar los abogados y jueces en los casos que abordan durante el transcurso de un mes, por ejemplo, no solo deben procesar la información propia del caso, sino revisar todas las leyes nacionales y federales pertinentes, así como los tratados internacionales suscritos por el país, la Constitución, derechos humanos y las miles de jurisprudencias emitidas en la historia del sistema judicial vigente que puedan orientar una aplicación de la justicia real. A veces, ante la corrupción, cinismo, discriminación e ineficiencia de la gran mayoría de jueces en muchos países (incluso del primer mundo), cuando vives en países altamente corroídos en sus sistemas judiciales, uno no deja de considerar que en un futuro mejor sustituyamos a los jueces por sistemas tecnológicos avanzados capaces de procesar toda la información pertinente para resolver la deficiencia de los jueces en la aplicación de justicia real, si se lograse diseñar un sistema que no sea susceptible a las deficiencias humanas en cuanto a racismo, sesgos o discriminación; así como el desarrollo de la capacidad para realizar un razonamiento moral acertado, en lo personal estaría bastante de acuerdo (después de un análisis profundo) que al frente de los juzgados ya no hayan jueces, sino programas que con sistemas de *big data, inteligencia artificial y deep learning* nos ayuden a vivir en un mundo más ordenado y justo. Quizá un robot sea más justo que un juez o una corte. Todo depende de quién diseñe al robot. No es extraño encontrarse con jueces y magistrados arrogantes y con poca capacidad para escuchar, se sienten los *dueños de la justicia*, nadie tiene más autoridad que ellos, padecen una inflamación severa por la *confirmativitis* que los ciega y polariza de una manera tan degradante que hasta el día de ahora nos ha llevado a vivir en un mundo civilizado donde lo menos que impera es la justicia real. El sesgo de confirmación no solo afecta las triviales conversaciones en la cotidianidad, sino que también afecta las decisiones que se toman en las cortes y juzgados.

Los abogados, jueces, magistrados y juristas hacen énfasis de manera casi *obsesiva* en el factor técnico como determinante en la resolución de cualquier controversia o disputas jurídicas, el *factor humano* no es tomado en cuenta, las habilidades socioemocionales no son ni siquiera contempladas, lo propiamente humano es excluido, en ocasiones incluso anulado y vilipendiado, la *empatía* es considerada un defecto y la *indiferencia* una virtud, esto lo podemos constatar por ejemplo en los asuntos relacionados con los feminicidios y violencia de género, en estos casos los abogados, jueces, magistrados, diputados y juristas apelan a la parte *técnica,* es decir, qué está escrito en el papel o estipulado por los escritos de instituciones oprimidas por un sistema deshumanizado, se excluye la *perspectiva de género* como camino humano integral para resolver los problemas de feminicidios y violencia que afectan a las mujeres, estos temas como otros, no se pueden resolver solo desde el campo de lo técnico, es necesario ser concientes de la humanidad que todos compartimos y que el factor propiamente humano es esencial. Si los abogados no serán empáticos, sensibles, creativos, críticos con el *status quo* y solidarios con los demás humanos, entonces hoy más que nunca el trabajo de impartición de justicia lo haría mejor un robot con un software que desempeñe mil veces mejor ese aspecto técnico al que tanto apelan la mayoría de abogados. Si se anula el elemento humano por los humanos mismos, es hora de empezar a sustituir (o complementar sustancialmente) a los humanos ahí donde el elemento humano esté funcionando más como un obstáculo que como un beneficio. Uno de los primeros campos a considerar es el mundo de la justicia y la legalidad.

Capítulo IV
Cambio de paradigma: otros modos de pensar.

4.1 Cerebros y mentes.
4.1.1 Neuronas independientes en el intestino.

En primer lugar, olvidémonos de esa división del cerebro en dos hemisferios como modelo para explicar la conducta y decisiones humanas, esa división es innecesaria para efectos de explicar los modos de pensar, la neurociencia nos ha demostrado que no es necesaria tal división, gracias a la neuroplasticidad cerebral se ha podido observar cómo personas con un solo hemisferio desarrollan las mismas e incluso mejores habilidades que las personas con dos hemisferios. Además, otra idea que debemos cambiar es el hecho que solo tenemos un cerebro, una mente y la división tradicional del Sistema Nervioso Autónomo en Parasimpático y Simpático.

Los seres humanos poseemos tres cerebros y tres mentes. Un cerebro reside en el cráneo, uno en el corazón y el otro reside ahí donde menos se imaginan, reside en el intestino, cada uno posee su propia mente. Esto no es una hipótesis, sino un hecho que fue descubierto hace más de 100 años, confirmado en las primeras décadas del siglo XX por los científicos británicos *Ernest Starling* y *William Bayliss*. Estos dos científicos trabajaron con intestinos de perros adormecidos. Observaron que cuando ellos ejercían presión o estimulación sobre la parte interna del intestino, este respondía cons, los cuales implicaban una propulsión del contenido intestinal en una sola dirección, se generaba una relajación anal que impulsaba los contenidos intestinales con dirección hacia el ano. Esta respuesta del intestino a la presión interna la llamaron "Ley del Intestino", vale aclarar que Starling y Bayliss fueron también quienes nos heredaron la "Ley del Corazón" y "Ley de la Circulación". Ese movimiento que responde a un principio y al que ellos llamaron "Ley del Intestino" ahora se conoce como *reflejo peristáltico*. En este descubrimiento se asoció los movimientos coordinados del intestino con un sistema de nervios propio. Starling y Bayliss sabían que si se cortaban las conexiones nerviosas de un órgano con el sistema central del cráneo y la espina dorsal, el órgano se paraliza y pierde sus reflejos. Por ejemplo, si desconectas los nervios que conectan los riñones con el sistema nervioso autónomo, los riñones se paralizan; o si cortas las conexiones nerviosas al sistema esquelético o muscular, este se paraliza totalmente. Cualquier parte del cuerpo humano que involucre la acción del cerebro craneal o la espina dorsal, si pierden su conexión se paralizan. Los órganos no pueden decidir por sí solos, no son autónomos, ellos funcionan con las indicaciones que les envía el sistema nervioso central.

Starling y Bayliss decidieron cortar los nervios que median la comunicación entre el intestino y el sistema nervioso central, cuando hicieron esto el intestino seguía respondiendo a los estímulos sin ningún *input* del cerebro o desde la médula espinal. Los investigadores concluyeron que esto se debía a que en el intestino reside un *mecanismo nervioso local* (Gershon, 1999). Si desconectando el intestino del cerebro craneal, aún continúa trabajando, eso indica que dentro de él reside un sistema nervioso autónomo. El descubrimiento que el intestino posee un sistema complejo de nervios se realizó antes de Starling y Bayliss, por el científico alemán Leopold Auerbach a finales del siglo XIX, esta red neuronal en el intestino recibió el nombre de *mientérico*. Posteriormente se descubrió que en la región de la *submucosa*, la región ubicada debajo de la *mucosa* donde se realiza la maravillosa labor de la digestión y absorción, una región tan resistente que puede ser usada para realizar suturas quirúrgicas o incluso podrías elaborar cuerdas para una raqueta de tenis, reside una red de nervios intestinales que se denomina *Plexo de Meissner*. El intestino puede funcionar por sí solo incluso si se extrajese del cuerpo, esto fue demostrado por el científico Ulrich Trendelenburg, quien extrajo intestinos de conejillos de indias y los introdujo en un frasco con un líquido de nutrientes, el intestino sobrevivió con todas sus funcionalidades en ese ambiente artificial.

4.1.2 Los pensamientos no están solo en el cráneo.

Como lo dice Gershon en su libro *The Second Brain,* el cerebro del intestino directamente no genera poesía, física cuántica, música, etc., pero sin su adecuado funcionamiento las neuronas de la masa encefálica no podrían generar ninguna sinapsis. La comprensión del cerebro humano aún está lejos de llegar al nivel de comprensión que se tiene sobre otros órganos del cuerpo humano. Países como EUA y la Unión Europea han invertido cientos de millones de dólares intentando mapear la naturaleza del cerebro humano, queriendo crear una especie de *neuronoma humano,* es decir, un mapeo de todas las neuronas del cerebro, una especie de genoma del cerebro, algo que nos lleve a entender mejor las causas de enfermedades mentales y neurodegenerativas. Aún no es posible ni por cerca tal misión, mapear todos los caminos neuronales parece una labor hasta ahora casi imposible, porque la dinámica del cerebro humano es muy impredecible, hay niveles en los cuales la estocasticidad de los procesos neuronales hace imposible dicha labor, es como si se tratase de predecir o mapear todos los caminos posibles de los electrones que conforman el universo, si no es posible a nivel cuántico determinar simultáneamente y con precisión las variables físicas, como son la posición y el momento lineal (cantidad de movimiento) de una partícula; de manera análoga, no es posible determinar un mapa neuronal exhaustivo, no porque se desconozca el número de neuronas y no se pueda establecer un modelo probabilístico, sino porque la dinámica neuronal a pesar que establece caminos determinados, al mismo tiempo opera en escalas no determinadas, las neuronas son impredecibles.

El cerebro del intestino es mucho más pequeño que el del cráneo, en la masa encefálica residen en promedio 100,000 millones de neuronas, mientras que el sistema nervioso del intestino tiene 100 millones de neuronas, muchas más que la médula espinal la cual alberga alrededor de 13 millones de neuronas. Si bien es cierto la sinapsis para nuestros pensamientos, percepciones, emociones, etc. se generan en la masa encefálica, en la cual generamos más de 500 billones de sinapsis (conexiones entre neuronas), las neuronas del intestino desempeñan un papel fundamental en nuestras experiencias. Durante más de un siglo el descubrimiento del cerebro en el intestino quedó ignorado, Gershon sostiene que posiblemente se debió al hecho que en los pocos años posteriores al descubrimiento del *sistema nervioso entérico* (nombre del sistema nervioso del cerebro que reside en el intestino), el mundo de la neurología estaba disfrutando del descubrimiento de los *neurotransmisores* como componentes esenciales en el desempeño del sistema nervioso.

Paradójicamente, ahora se ha confirmado que *en el aparato digestivo están presentes todos los tipos de neurotransmisores que existen en el cerebro. De hecho, el 95 por ciento de la serotonina del organismo humana, unos de los neurotransmisores más importantes del cuerpo, se encuentra en el intestino* (IntraMed, 2010). De nada sirve que compres vitaminas para tu cerebro encefálico, si tu cerebro intestinal está sufriendo severas consecuencias de tus malos hábitos alimenticios y estilo de vida. No pretendo dar orientaciones nutricionales, pero es imperante si quieres tomar mejores decisiones en tu vida y mejorar tus sinapsis, que cuides la alimentación de tu cerebro intestinal. El exceso de carnes, embutidos, harinas y azúcares procesadas está destrozando tu cerebro intestinal, es momento que pongas atención a ese punto ¿Cómo van a pensar bien las personas si no cuidan sus cerebros? Muchas personas ni siquiera saben cómo alimentarse para cuidar órganos más conocidos como los riñones, el hígado, pulmones, etc.; mucho menos saben cómo alimentar sus cerebros. Muchas enfermades gastrointestinales se consideran ya como enfermedades mentales del segundo cerebro, como el *síndrome de colon irritable* que en parte deriva de un exceso de serotonina. Ahora además de la neurología existe una nueva rama de estudio que se denomina Neurogastroenterología, especialistas en el cerebro que reside en tu intestino.

4.1.3 ¿La mente es el cerebro?

Aún no logramos entender completamente cómo funciona todo el sistema neuronal de la masa encefálica, ahora con dos cerebros más, la misión se vuelve mucho más compleja; cerebro y mente no son sinónimos, el cerebro es un órgano y la mente es la facultad de este órgano, como ojo y ver no son lo mismo, ojo es el órgano y ver es la facultad del ojo. En el caso del cerebro la distinción se vuelve mucho más profunda y genera más controversia. La facultad del cerebro es la mente, gracias a la cual podemos desempeñar una serie de acciones como el pensar, sentir, percibir, emocionarnos, soñar, etc. ¿Pero realmente la mente es solo facultad del cerebro o es facultad de todo el organismo? La mente humana es intangible en sí, pero con una base orgánica que le permite existir. Una visión muy biologicista, mecanicista o materialista, reduciría la mente a impulsos eléctricos del cerebro humano y segregación de neurotransmisores que estimulan el sistema nervioso, pero eso sería muy reduccionista ante algo tan hipercomplejo como la mente humana. Se denomina Teoría de la Identidad Mente-Cerebro a la consideración que la mente es cerebro, que los estados de la mente son nada más estados cerebrales. La descripción de la naturaleza de la mente variará según el enfoque, para Platón la mente poseía ideas innatas, en cambio para Aristóteles no existían las ideas innatas; Descartes plantearía un dualismo entre cuerpo y mente, con su famosa dicotomía de *res extensa y res cogitans*, el empirista John Locke diría que nuestra mente es una *tabula rasa* sobre la que se escribe con los datos de la experiencia. Algunos psicólogos dirían que la mente es solo el reflejo de un comportamiento, en ese sentido la mente es más externa que interna. Seguramente cada postura tiene sus elementos válidos, pero de algo que debemos alejarnos es de las posturas dualistas que oponen lo material contra lo

inmaterial, pensamiento contra materia, esos dualismos son incoherentes desde un entendimiento del ser humano como un sistema. En la persona humana no hay dicotomías en su ser, todo funciona como un sistema coordinado que tiene diferentes expresiones. Desde mi perspectiva la mente no es cerebro no porque la mente sea algo espiritual e inmaterial, sino porque la mente engloba procesos que van más allá del cerebro. La mente es una manifestación de todos los procesos bioquímicos que se generan en el cuerpo, si bien es cierto los pensamientos se terminan de configurar en las neuronas, estas neuronas no son autónomas ni autosuficientes, requieren de mecanismos corporales interconectados. La mente no es cerebro no porque la mente sea inmaterial o intangible necesariamente, sino porque la mente es más que el cerebro, entender la mente no requiere solo entender el cerebro, requiere entender nuestro organismo completo, así como nuestra historia y evolución. La neurociencia está dividida en dos posturas sobre la ubicación de los procesos de la mente, una postura es *localista* en cuanto sostiene que diferentes partes del cerebro se especializan en ciertos procesos cognitivos, es decir, determinadas funciones cognitivas son realizadas por una parte específica del cerebro, la cual está especializada para esas funciones. La visión conocida como *localismo* es la visión de que las funciones cognitivas son localizables en regiones cerebrales dedicadas a realizar esas funciones. Así, por ejemplo, habría una región cerebral específica para el lenguaje, una región diferente para la memoria y otra diferente para la visión. Por otro lado, el punto de vista conocido como *holismo,* se opone al localismo, el *holismo* es el enfoque que sostiene que en cada función cognitiva interviene todo el cerebro, no solo una parte de este (Mandik, 2014). Cada órgano tiene su propia facultad, pero eso no significa que esa facultad se ejecute solamente por el órgano, sería contradictorio en una perspectiva sistémica, el cuerpo humano no es la suma de partes autónomas y autosuficientes, el cuerpo humano es un sistema orgánico, es un organismo, es *uno,* integrado de manera tan sólida que *nada sobra y nada hace falta* en su estado natural y en un ecosistema adecuado.

4.1.4 Mecánica cuántica y la mente-cerebro.

Físicamente hablando la mente y el cerebro son distintos y lo mismo, todo depende desde qué perspectiva lo quieras abordar. Si lo quieres abordar desde una perspectiva puramente material, desde la física clásica la mente es partícula y como tal es cerebro; pero desde una perspectiva cuántica la mente no es cerebro, es un efecto que responde a una eficiencia energética de las redes neuronales del cerebro y como tal adquiere una dimensión de *no localidad,* es decir, la mente no está en ningún lugar y está en todo, por su dinamismo y naturaleza estocástica la mente no puede ser localizada, podría decirse que es una amalgama de ondas en constante dinamismo *no local.* La mente no está en el hipocampo, tronco cerebral, médula espinal o el intestino, hablar de *"dónde"* está la mente es una pregunta similar a preguntar dónde está la *humanidad* de una persona, existe, pero *no está* localizada en *una parte o región* ¿O acaso la humanidad está en el sistema nervioso? ¿Cuándo alguien es persona? ¿Cuándo alguien ya no es persona? ¿O cuándo aún no se es persona? Estas son las preguntas fundamentales que muchas sociedades aún no se han respondido con suficiente profundidad o que necesitan ser replanteadas.

Las expresiones de la mente no son la mente en su totalidad, la complejidad de la mente trasciende a la expresión de sí misma mediante los pensamientos concretado en el lenguaje o el diseño. De hecho, es este enfoque el que hace posible la dinámica cuántica en el cerebro humano mediante la *computación cuántica topológica,* la mente no se aloja en una región del cerebro o del cuerpo, sino que responde y reside en toda la configuración general del sistema neuronal y sus interconexiones.

Un elemento importante para que se genere una dinámica cuántica es la ausencia de ruidos o perturbaciones para el sistema que se está analizando, algo imposible en el sistema neuronal humano que posee más de cinco mil billones de conexiones en el que fluyen proteínas, neurotransmisores y otras sustancias. El ruido anula la posibilidad de una dinámica cuántica; pero, esto según los análisis y aportes de Penrose (1996) la miniaturización de los microtúbulos de las neuronas permite aislar su contenido de todo el ruido exterior, generando un estado de *superposición cuántica* a gran escala, de manera que los microtúbulos de las neuronas desempeñarían el rol de un computador cuántico, pero esto no estaría limitado solamente a las tubulinas de los microtúbulos, sino que se extendería a toda la red neuronal, esta dinámica cuántica holística sería posible gracias a la *no localidad* cuántica.

De acuerdo a la clasificación de la materia a nivel cuántico existen dos partículas en la naturaleza:

A. *Fermiones*: Son partículas elementales con un espín de ½ (un espín nos informa cómo se ve una partícula desde diferentes direcciones), conforman la parte masiva de los átomos, incluyen los electrones, protones, neutrones, quarks.

B. *Bosones*: Son todas las partículas portadoras de fuerza, las cuales pueden tener o no masa, su espín es de cero. Incluyen las partículas de los diferentes tipos de fuerzas, fotones (fuerza electromagnética), partículas z^0 y $W^{\pm}$ (fuerza débil) gluones (fuerza fuerte) y gravitones (fuerza

gravitatoria).

Existe en mecánica cuántica el *principio de exclusión de Pauli*, según el cual no pueden existir dos partículas con el mismo número cuántico en el mismo sistema, es decir, no pueden estar en el mismo estado cuántico. En cambio, los *bosones* no se ajustan a ese principio, pueden existir diferentes partículas con el mismo estado cuántico. Esto es lo que permite para los bosones un estado que se llama la *Condensación de Bose-Einstein* (CBE), la cual consiste en que diversos bosones con funciones distintas en un sistema, pueden en circunstancias de temperatura próxima a cero absoluto, tener una misma función de onda, es decir, se convierten en una sola partícula ¿Por qué hablar de bosones condensados? Porque esto nos da paso a la exposición de la siguiente teoría de las funciones cuánticas en la conciencia o mente humana, se trata de la teoría llamada *la conciencia como condensación,* planteada por la física Dana Zohar en su libro "La conciencia cuántica" (1990), esta teoría se fundamenta en el carácter unitario de la conciencia, dicho estado requeriría un substrato físico igualmente unitario constante en el espacio y tiempo, ese sustrato requiere de un estado condensado en el que las propiedades se mantengan idénticas o condensadas. Todo sistema en fase condensada es una unidad en cualquier punto de sí mismo, a partir de esto Zohar concluye que la conciencia unitaria debe emerger de un estado condensado. Como se dijo anteriormente, las partículas que permite este tipo de estado son los bosones en CBE. En este sentido en el cerebro existiría un estado de CBE, sería un sistema de bombeo en el cual más allá de cierto umbral las neuronas vibran al unísono y su sincronización aumenta hasta lograr el CBE, todas las redes neuronales se convierten en un todo único.

Las teorías de la naturaleza cuántica de la mente humana aún no han sido comprobadas ni rechazadas de manera contundente por la experimentación científica, aún se mantienen como potenciales teorías. Lo positivo de esto es darnos cuenta que nuestra mente goza de una relación estrecha con el *Big Bang* ocurrido hace más de 15 mil millones de años. La comprensión más profunda de la naturaleza de la mente humana es un asunto de gran importancia para los humanos, esta es primordial en todas nuestras decisiones, sentimientos, palabras, etc.; debería ser de interés mundial invertir en operaciones para explorar más y mejor nuestra mente humana. Queremos entender cómo son otros lugares lejanos e inalcanzables desde la Tierra con las tecnologías actuales, pero no invertimos dinero ni tiempo en tratar de entender algo inherente a nosotros: la mente humana. Aún no la entendemos, aún no sabemos con profundidad cómo opera y cómo es en sí.

4.2 ¿Qué es pensar?

No quiero ni pretendo hacer una definición sobre el *pensar* al estilo de la RAE, no podemos ni debemos apelar a una definición de diccionario para una palabra tan compleja, porque como decía Karl Popper:

> *"Las definiciones no contribuyen a que uno pueda hacerse*
> *entender o a aclarar las cosas [...] para la mayoría de los problemas*
> *es irrelevante el que un término pueda ser definido o no, o cómo sea*

definido. Lo que es necesario es que nos podamos hacer entender. Y no hay duda de que la definición no es una forma de poderse hacer entender" (*Knowledge and the body-mind problem. In defence of interaction*, pág. 51, 1994).

El pensar en cualquiera de sus niveles es un proceso de búsqueda y exploración, cuando pensamos nos dirigimos por una *meta* explorando diversas *posibilidades*, las cuales ponderamos de acuerdo al peso de las *evidencias* con las que contamos. De esta manera, el pensar se desarrolla en una interacción constante entre lo subjetivo y lo objetivo, en esta interacción hay tres elementos importantes que más adelante describiré: *metas, posibilidades y evidencias*. Elementos que he considerado bien en llamarlos sub-objetivos, en el sentido que tienden de manera intencional desde la subjetividad hacia la objetividad, y viceversa; a esta dinámica la llamaría *subobjetividad* por su interacción constante e inherente entre subjetividad y objetividad.

Pensar no es una acción aislada, sino que es un proceso que involucra diferentes fases y elementos, como todo proceso implica un esfuerzo para poder generar una secuencia efectiva en el desarrollo, en los niveles más básicos del pensar este esfuerzo es poco perceptible a nivel consciente, aunque a nivel neuronal demanda mucha energía. A medida se profundiza en los niveles del pensar, en la búsqueda de metas, posibilidades y evidencias, el esfuerzo se vuelve mayor y más evidente. Pensar es la búsqueda de la verdad. La verdad que puede ir desde el nivel más ínfimo hasta el nivel más complejo. Una verdad básica podría ser qué líneas del *metrobus* me conviene más abordar, o incluso algo más básico, pensar qué es y cómo funcionan las líneas del metrobus cuando nunca lo he usado o visto en la vida. No todos los países tienen metrobus. El pensar puede transitar en ese nivel, hasta el hecho de preguntar cuánta inversión requiere la construcción de una línea de metrobus y cómo se hacen sus análisis de factibilidad y viabilidad.

4.2.1 Elementos y capas del pensar.

Pensar es la actividad más compleja e importante del ser humano, antes de tomar una decisión siempre *pensamos*, si lo hacemos bien o mal lo analizaremos más adelante, pero ante la interacción con cualquier aspecto de nuestro entorno siempre antes se requiere que pensemos. De hecho, vivimos en un mundo en el cual casi el 100% de los objetos con los que interactuamos son fruto del pensamiento humano. Vivimos inmersos en ese mundo que Karl Popper denominó "Mundo 3", el mundo de los resultados del pensamiento humano. Desde que amanece interactuamos con objetos artificiales fruto de la mente humana: la alarma que nos despierta, la cama en que dormimos, las sábanas, ropa, almohadas, luces, la cafetera, la casa que habitas, etc.; y el día transcurre en una interacción constante con los resultados de la mente humana, interactuamos con smartphones, computadoras, *social media,* medios de transporte, anteojos, zapatos, mochilas, etc.. Vivimos inmersos en un mundo que es fruto de la mente humana, por lo tanto, se vuelve imperante e imprescindible tratar de entender *qué es el pensar* para entender también el mundo en el que nuestra vida se despliega y cómo solucionar muchos de los problemas que emergen de este mundo. Pensar es una actividad que para los materialistas, fisicalistas o biologicistas *no sería más que* acción de neurotransmisores y descargas eléctricas, lo cual está muy lejos de la naturaleza propia del pensar, actividad que sí implica neurotransmisores y electricidad neuronal, pero *no es nada más que eso,* tampoco me refiero a una luz invisible que desciende del cielo y mueve las mentes, sino a una dinámica más compleja que se involucra en el pensar. Quiero distinguir tres tipos de elementos del pensar: *elementos evolutivos, subobjetivos y artificiales.*

A. Elementos evolutivos.
A.1 Estructura cerebral:

Ya hemos expuesto en el primer capítulo que somos el animal en la Tierra con el cerebro más grande en relación a su masa corporal, esta dimensión hace que el cerebro consuma más energía que el sistema muscular completo, por ello siempre actúa bajo el principio de *eficiencia energética,* es decir, busca ahorrar el máximo de energía, las estructuras neuronales no buscan crear el máximo de conexiones neuronales, salvo que se encuentre en reposo, esta optimización de energía es una de las causas de las heurísticas y sesgos mentales.

Figura 7. Elaboración propia, 2021.

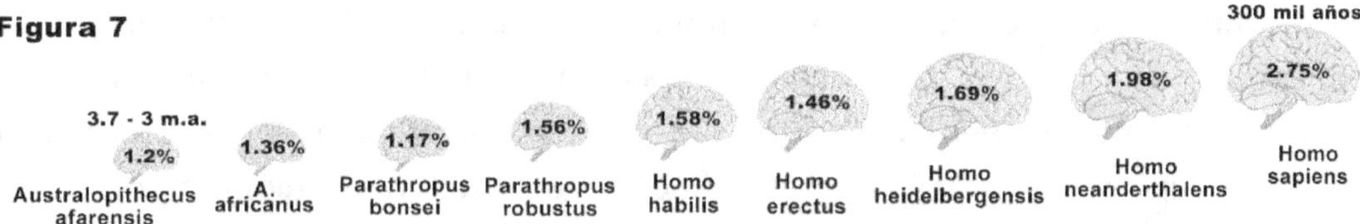

La proporción del tamaño del cerebro en relación a su masa corporal, se eleva de un modesto, pero decisivo 1.2 por ciento entre *Australopithecus afarensis* a 2.75 por ciento del Homo sapiens.

Por otro lado, el cerebro humano es uno de los órganos mejor especializados en el reciclaje de recursos, no solo optimiza el consumo de energía, sino que reutiliza para nuevos aprendizajes, esto es lo que ha sido llamada como la *hipótesis de reciclaje neuronal* por el neurocientífico francés Stanislas Dehaene (Dehaene, 2005, 2014; Dehaene y Cohen, 2007). ¿Qué es lo que hace posible que podamos aprender a tocar diversos instrumentos musicales, así como al mismo tiempo aprender algebra, geometría y leer en diversos idiomas? La plasticidad cerebral flexibiliza las conexiones neuronales, pero no modifica las condiciones anatómicas que restringen los circuitos neuronales, es decir, nuestro cerebro no cambia de forma en sentido físico, no está cambiando la estructura de los circuitos, porque eso sería equivalente a estar cambiando el cableado de red de un edificio cada vez que se adquiera un nuevo software para instalar en las computadoras. Entonces, si de pronto tú quieres aprender algo nuevo, este nuevo aprendizaje debe buscar un nicho neuronal en el cual pueda imprimirse y perdurar, cualquier nuevo conocimiento solo es posible si existe un circuito neuronal preexistente que le brinde soporte, este circuito se reinventa para un uso que hasta ese momento era inédito para él. Esto es lo que hemos hecho durante más de cinco millones de años los seres humanos, reorientar nuestros circuitos neuronales preexistentes para aprender algo nuevo, y es así como en seis mil años hemos pasado de cazar con lanzas de obsidiana a crear plataformas para tan solo tomar el celular y pedir a domicilio un kilo de carne.

En nuestro cerebro poseemos conexiones neuronales que ya no necesitamos, ya no vivimos en una sabana cazando y recolectando, ahora vivimos en medio de rascacielos y con alta tecnología para medir temperaturas, hacer cálculos, registros, etc., pero como nuestro cerebro es flexible, su plasticidad permite reorganizar esos circuitos y reorientarlos para nuevos aprendizajes. El humano se enfrenta a la necesidad de reorientar sus circuitos neuronales cuando busca *pensar bien*, es decir, cuando busca aprender, una labor difícil porque implica literalmente construir nuevas orientaciones para los circuitos neuronales con los que nacemos, por eso aprender cuesta, pensar bien requiere esfuerzo.

A.2 Aprendizaje social.

Los seres humanos presumimos de nuestros grandes avances en matemática, física, química, medicina, etc., presumimos las *habilidades cuantitativas* como las propiamente humanas y las que nos hacen distinto de los chimpancés; cuando pensamos en alguien *nerd* pensamos en Stephen Hawking o Albert Einstein, casi nadie o muy pocos piensan en un sociólogo, psicólogo, teólogo, diseñador o antropólogo. Esto responde a un *paradigma positivista* y *cientificista* surgido con Augusto Comte y John Stuart Mill. Además, esta asimilación de *lo inteligente* con *lo numérico-cuantitativo* es una concepción reduccionista sobre cómo las grandes ideas de la historia se han originado, todos piensan que Newton era un positivista y hombre de ciencia tal como lo entendemos ahora en el siglo XXI, cuando en realidad él creía y practicaba la astrología y alquimia, sin las cuales no habrían sido posibles ninguna de las grandes teorías físicas propuestas por él. Los científicos resultan ser más abiertos y exploradores que los cientificistas mismos. Las cualidades cuantitativas que creemos que son exclusivas de los seres humanos, resulta que las compartimos con otras especies, las cuales incluso nos superan en algunos momentos. Según un estudio realizado en el en el Instituto de Antropología Evolutiva de Leipzig, Alemania, se puso a 106 chimpancés, 105 niños alemanes y 32 orangutanes a realizar una batería de 38 pruebas cognitivas. Según los resultados del ejercicio en todas las habilidades mentales evaluadas, esencialmente no hay diferencia entre los chimpancés y los humanos de dos años de edad, excepto en la habilidad del *aprendizaje social* (ver figura A.2), a pesar del hecho de que los niños de dos años y medio tienen cerebros mucho más grandes que los chimpancés y orangutanes (Herrmann et al., 2007).

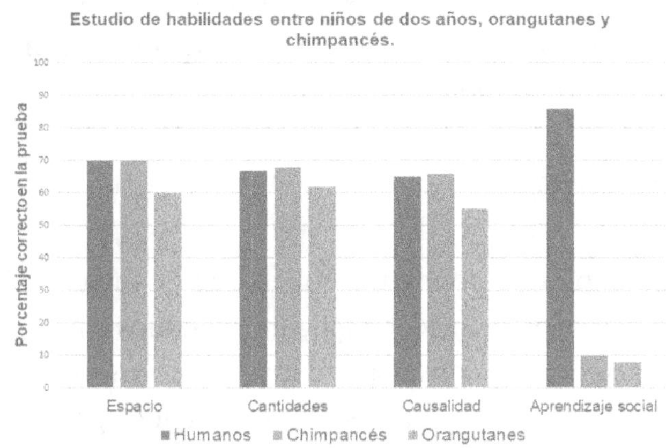

Figura A.2
Herrmann et al., *Humans have evolved specialized skills of social cognition: The cultural intelligence hypothesis*. Science, 2007.

¿Por qué el *Homo Sapiens* logró lo que ningún otro animal ha podido lograr sobre el planeta Tierra? La especie a la que tú y yo pertenecemos se sobrepuso a todas las otras especies homínidas y conquistó toda la faz del globo terráqueo. La respuesta a esto siempre es *somo los más inteligentes*, pero qué tipo de inteligencia es la que le ha permitido al ser humano moderno sobreponerse y ahora pensar en conquistar otros planetas, soñar con algún día viajar en el tiempo y a otras galaxias, contamos con la capacidad de diseñamos armas, herramientas y desarrollamos fuentes de alimentos. Algunos antropólogos evolutivos le han denominado *"inteligencia improvisada"*, es decir, una inteligencia tan diversa y versátil, capaz de adaptarse a casi cualquier circunstancia, esta inteligencia nos ha heredado a través de millones de años de evolución de habilidades cognitivas que han surgido a través de la selección natural para resolver los problemas más importantes y recurrentes que enfrentaron nuestros antepasados cazadores-recolectores. Problemas como dónde encontrar comida, agua, pareja y amigos, así como evitar las serpientes y las enfermedades. El *homo sapiens* es la única especie que tiene la capacidad de colaborar a gran escala, ninguna otra especie ha tenido la capacidad de organización social como la nuestra, es esta capacidad la que nos ha permitido conquistar el planeta entero y es esta misma capacidad la que actualmente nos hace falta para salvar el planeta que conquistamos y hemos destruido. Las habilidades sociales de cooperación coartadas por el capitalismo salvaje que promueve el egoísmo, individualismo y narcisismo. La habilidad de conectarnos con otras personas, de entablar diálogos y de compartir objetivos en común es el principal distintivo de nuestra especie. Aristóteles definió al hombre como un "animal *racional*", una definición que nos deja más confundidos, ya que nadie entiende a qué se refiere con *racional*. En griego la palabra que en español se ha traducido como racional es "logos", pero esta palabra griega tiene una connotación más amplia y profunda que racional, porque *logos* significa también lenguaje y sentido, el hombre es un animal con lenguaje y sentido, es capaz de encontrarle sentido a la vida y muchas circunstancias adversas. Somo un animal que puede crear comunidades a grandes escalas, sería más sugerente decir que el hombre es un "animal colaborador" *(animal adiutor)*.

B. *Elementos sub-objetivos.*

Pensar *es* buscar, explorar, ponderar, considerar y luego inferir. Pensar es como el respirar, no se detiene, incluso cuando no estamos en estado consciente pensamos, un tipo de pensamiento inconsciente e involuntario son los sueños, aunque en el momento no somos conscientes que estamos soñando, gracias a la memoria podemos contrastarlos y darnos cuenta que no era algo real, solo era un sueño. Sin la memoria no podríamos distinguir entre sueño y realidad. El pensar, aunque sea en los niveles más superficiales, siempre tiende a un fin, es decir, perseguimos un *objetivo* que para lograrlo consideramos *posibilidades* y buscamos *evidencias* (Baron, 1991). Estos son los elementos que he decidido llamar subobjetivos, en el sentido que si bien el acto de búsqueda surge desde la subjetividad del sujeto pensante, la dinámica de estos elementos tienden hacia la objetividad como su fundamento. No buscamos objetivos y evidencias dentro de nosotros, sino que las buscamos en el mundo objetivo, el mundo de los estados físicos, símbolos culturales y resultados de la mente humana.

En cuanto al pensamiento las *posibilidades* son las potenciales respuestas a una pregunta o duda, las posibilidades pueden ciertamente venir dentro de ti, pero no siempre se buscan las posibilidades dentro del sujeto pensante, ese tendría que ser como dijimos en el prólogo, el paso inicial de cualquier pensante, antes de buscar posibilidades afuera, buscar todas las posibilidades dentro de ti, aunque alguna posibilidad nazca desde el sujeto pensante siempre al final se tiende a buscar fuera de él para contrastarla, de lo contrario se caería en un *subjetivismo sustancialista*, es decir, no importa lo objetivo sino que lo subjetivo se autofundamenta.

Las *posibilidades* se evalúan en base a los objetivos de las personas, en este paso la palabra misma externaliza el proceso, *objetivo* (etimología de los vocablos del latín *ob* (sobre, encima) y *iacere* (lanzar, tirar) que sería "lanzar sobre"), es decir, tendemos hacia algo que queremos lograr, que aún no poseemos, pero queremos poseer. Por otro lado, las evidencias son los criterios o valores según los cuales se analizan las posibilidades. La *evidencia* consiste en la creencia de que una *posibilidad* te ayuda a la consecución de un determinado *objetivo*. Todo aquello que te ayude a ponderar la conveniencia de una posibilidad se convierte en *evidencia*. Es necesario aclarar que la *evidencia* no significa que algo sea verdadero, la evidencia solamente brinda *certeza* a la persona, es decir, consiste en percibir la claridad y distinción de algo, pero la certeza tampoco tiene nada que ver con la verdad o con lo más pertinente. La *certeza* es la seguridad subjetiva de algo, es un estado en la que *el sujeto se siente seguro,* alguien puede subjetivamente estar seguro que cosas falsas son verdaderas, en este caso hablaríamos de una *certeza meramente subjetiva o meramente intersubjetiva* si la adhesión a algo falso como verdadero es compartido por varias personas. La *certeza* propiamente hablando no puede solo emanar del sujeto que piensa, sino que debe tener un *fundamento objetivo,* en ese sentido la certeza auténtica sería cuando las personas se adhieren en su pensamiento a una proposición cuya veracidad tiene un fundamento objetivo. A este tipo de evidencia corresponde, por ejemplo, el *principio de no contradicción* según el cual *"es imposible que algo sea y no sea al mismo tiempo y en el mismo sentido"*, es decir, no es posible que una mesa, sea una mesa y no sea una mesa a la misma vez. O el principio de causalidad "todo lo que existe tiene una causa y la causa precede al efecto", este principio no nace de nuestra interioridad, sino que su certeza se fundamente en el mundo externo a nosotros. Estos son principios fundamentales de la vida y la física, por supuesto a nivel cuántico podrían someterse a discusión y refutación, pero todos vivimos en un mundo cotidiano que no se rige por efectos cuánticos.

Con todo esto no quiero subestimar el *elemento subjetivo* como indicador de certeza. El estudio de la subjetividad ya no es lo mismo que hace 100 años, ahora *la neurociencia es la ciencia de la subjetividad,* gracias a los avances en esta rama conocemos de estructuras neuronales innatas heredadas, quizá no tengamos ideas innatas como sostenía Platón, pero sí tenemos circuitos neuronales innatos que configuran nuestra percepción del mundo objetivo. En ese sentido es sumamente importante conocernos, porque no percibimos el mundo solamente según lo que este es en sí, sino según cómo nosotros somos. Además de esa herencia neuronal agreguemos todos los valores, principios, símbolos, paradigmas y creencias que vamos absorbiendo a lo largo de nuestra vida desde el momento que nacemos.

A nadie le gusta vivir en la incertidumbre, todas las personas buscan certeza. A nadie le gusta ni busca vivir en un país donde no sepa qué sucederá el día siguiente con su dinero en el banco, con el servicio de agua, energía eléctrica, etc.; todos buscamos *certidumbre,* aunque esta búsqueda muchas veces es demasiado pobre y nos conformamos con *evidencias* que no siempre tienen fundamento objetivo. Pongamos un ejemplo para ilustrar los *elementos subobjetivos* hasta ahora brevemente desglosados. Para no complejizar mucho, pondré un ejemplo cotidiano: elegir qué vehículo comprar.

> Carlos tiene como *objetivo* decidir qué vehículo comprar. Empieza a considerar las *posibilidades*: marca y modelo, nuevo o usado, contado o crédito. Acá entra la deliberación si le conviene un modelo sedán, una camioneta, un todo terreno o un estilo más deportivo. Si tienes familia quizá consideres la camioneta, pero debido al consumo de combustible consideres una de un cilindraje menor. Un amigo le ha sugerido un modelo de camioneta confortable, ideal para uso en carretera como en ciudad, con un consumo óptimo de combustible. Está considerando comprar un modelo del año, pero el elevado precio le ha hecho buscar información en sitios web sobre cómo se devalúa un vehículo nuevo, en un sitio encuentra que en el primer año un vehículo nuevo se devalúa un 30%, además, que las modelos no cambian significativamente de un año para otro, sino que requiere en promedio cinco años para ver un cambio significativo.

En este ejemplo Carlos tiene un objetivo claro, está considerando las *posibilidades* ya mencionadas, su *evidencia* la constituye la información de su amigo sobre el consumo de combustible de acuerdo al cilindraje y otros factores, la información del sitio web constituye otra evidencia. Esta evidencia le empieza a brindar *certeza* (certidumbre) sobre qué modelo es el más conveniente.

> Carlos empieza a comparar características y precios de un determinado modelo de camioneta en los últimos cinco años. Empieza a notar muchas similitudes. Se da cuenta que varían los precios no sólo por el año, sino por el kilometraje recorrido, estado de carrocería y motor. A veces vehículos de años más anteriores valen más que de años recientes. Se percibe que el precio varía también según la región del país y si el vendedor es persona particular o una empresa. Pero, se recuerda que su amigo le ha comentado que comprar vehículos a personas particulares existe más posibilidad de una estafa o fraude. Considerando todo esto, un elemento muy importante que está determinando la compra es el *para qué quiere comprar un vehículo.* No lo quiere para revenderlo o venderlo en el corto plazo, lo quiere para uso familiar como mínimo siete años. En

ese sentido, el factor de que sea una marca que se devalúe poco no es trascendente.

Hagamos una recapitulación esquemática:
- ✔ *Objetivo*: comprar un vehículo.
- ✔ *Posibilidades*:
  - o Vehículo nuevo – del año.
  - o Vehículo usado – decidir qué año.
  - o Al contado.
  - o Al crédito.
  - o Comprarlo a persona particular.
  - o Comprarlo a empresa.
  - o Marca y modelo.
- ✔ *Evidencia*:
  - o Información del amigo.
  - o Datos de sitios web.
  - o Comparación de precios y años en sitios de venta online.
  - o Consideración personal sobre la finalidad de la compra. *
  - o Disponibilidad de fondos. *

Con todos los elementos enlistados Carlos se dispone a realizar una *inferencia* después de la búsqueda, inferir es llevar esos elementos a su interioridad y considerar cuáles son las posibilidades que mejor se adaptan a sus objetivos de acuerdo a las *evidencias* que tiene. En el apartado *evidencia* existen dos elementos señalados con asteriscos, estos son elementos subjetivos. La subjetividad es importante en la consideración de la *evidencia,* no somos seres *vaciados hacia el exterior*, contamos con una interioridad que es importante en la ponderación de la *evidencia,* el problema no es considerar la subjetividad en la ponderación de la *evidencia* para lograr la certeza suficiente para tomar la decisión.

La subjetividad es la única susceptible de error, ya que en la objetividad no existe error ni falsedad. Solo en la mente humana existe la equivocación, el error o la falsedad. La manera como nosotros ponderemos las evidencias es importante y determinante, porque la mente es la puerta de vulnerabilidad para que los engaños o errores contaminen nuestras inferencias. En este sentido quiero retomar el *enfoque* de Karl Popper (1994) para explicar la interacción entre mente y cuerpo, él plantea que existen tres mundos:
- ❖ **Mundo 1**: estados de las cosas naturales-físicas.
- ❖ **Mundo 2**: estados de la mente humana.
- ❖ **Mundo 3**: resultados de la mente humana.

Ejemplifiquemos estos mundos:

- ❖ **Mundo 1:** el litio, aluminio, celulosa, carbón, gas natural, sal, petróleo, plata, neodimio, oro, etc..
- ❖ **Mundo 2:** deseo de comunicarse a larga distancia de manera instantánea, interactiva, entretenida y multimedia.
- ❖ **Mundo 3:** plástico, tarjeta SIM, *smartphone, tablets,* computadoras, audífonos, social media, publicidad, marketing.

Popper sostiene que el intermediario entre el Mundo 1 y el Mundo 3 es el Mundo 2, es decir, nuestra mente es la intermediaria entre el mundo de las cosas naturales-físicas y el mundo de los resultados de la mente humana, en este mundo del resultado de la mente humana puede haber cosas físicas, así como cuestiones teóricas (teorías, ideologías, paradigmas, etc.). Popper sostiene que los *problemas existen* en el Mundo 3, en el Mundo 2 existen los problemas nada más a nivel potencial (posibilidad de ser), en este sentido, la falsedad o el error solamente existe en el Mundo 2, no existe falsedad en el Mundo 1, porque como decían los filósofos escolásticos *omne ens est verum* (todos los entes son verdaderos), los único entes que sería susceptibles de falsedad son los *entes artificiales productos de la mente humana,* cuando los seres humanos no comsprenden de manera adecuada el Mundo 1 en su interacción propia y cómo este interactúa con el Mundo 2, ahí surgen los problemas y falsedades, cuando comprendemos de manera inadecuada qué funciones tienen los océanos y sus lechos marinos y la afectación que pueda tener sobre dichas funciones el incremento de la temperatura, no ponderamos adecuadamente los sistemas de producción y consumo, no nos damos cuenta que los productos que ahora consumimos nos podrían dejar en un futuro sin oxígeno. No hay falsedad en los mares, sino en los barcos diseñador por la mente humana. No hay falsedad en los cielos, sino en los aviones. No hay falsedad en los bosques, sino en las empresas madereras y ganaderas. La falsedad que hay en esos entes es en cuanto a resultados de la mente humana. Todo aquello que es resultado de la mente humana es susceptible de error. No puede haber error o falsedad en los gorilas que habitan las selvas del Congo, pero sí en los humanos que han construido ciudades para habitarlas.

C. *Evidencia "quoad se" y "quoad nos".*

Si estamos dos personas caminando al aire libre, con el cielo despejado, bajo el sol ardiente del mediodía, y una de nosotras dice "el sol está muy caliente", esta afirmación es evidente en sí misma (*per se notae*), ambas personas sabemos qué es el "sol" y qué es "caliente", además, ambas lo estamos experimentando. Si le digo a una persona "el 99.99% de la materia observable del universo es plasma", seguramente para la mayoría de las personas no sea evidente, no sepan qué es el plasma. O si le digo "gracias a la espectroscopía podemos conocer de qué están compuestas las atmosferas de planetas lejanos", tampoco sea muy evidente, no sabemos qué es *espectroscopía*. De esta manera, algo es evidente cuando a la persona el significado de lo no conocido se le hace claro una vez conocido.

En el sentido de la *evidencia* de las cosas hay que decir que la evidencia es requerida por el Mundo 2 para poder interactuar y mediar entre el Mundo 1 y el Mundo 3. Para nuestra mente existen cosas que son *evidentes de suyo (per se notum* **quoad se***)* y evidentes para nosotros (*per se notum* **quoad nos***)*. Por ejemplo, si decimos "los derechos humanos existen" es una afirmación evidente *quoad se*, porque independiente de nuestro conocimiento o pensamiento, los *derechos humanos son, existen, operan, se fundamentan;* pero con respecto a nosotros que no sabemos de nacimiento qué son los derechos humanos, es necesario que se nos explique, que se nos demuestre, que se nos haga evidente mediante una demostración. En ese proceso de demostración la persona que ejecuta el proceso tendrá que gestionar muchos factores, ya que la personas a quien le quiere demostrar vive en una cultura plegada de símbolos, paradigmas y sesgos. El proceso de demostración debe recurrir a elementos objetivos que trasciendan las culturas y que no se convierta en un proceso de imposición. El conocimiento objetivo es el que permite pasar de la evidencia *quoad se* a la evidencia *quoad nos,* el *conocimiento objetivo* es el que se enfoca sobre el Mundo 3 y Mundo 1, el conocimiento subjetivo de la mente humana no puede comprenderse sin comprender el conocimiento de las cosas, no se puede llegar la evidencia *quoad nos* por la vía de la subjetividad solamente, entonces estaríamos incurriendo en un subjetivismo sustancialista, lo que buscamos es ampliar nuestro conocimiento subjetivo mediante la objetivad, mediante la profundización del conocimiento de lo evidente *quoad se.*

D. *Elementos artificiales: la gran disolución mental.*
D.1 La Babel Global.

El gran espacio de interacción posmoderno es el *social media*, las interacciones reales se han trasladado a la virtualidad, los seres humanos ahora no interactúan con otro "tú", sino con otro perfil o avatar, es más, incluso se interactúa con *bots* creyendo que son humanos. En el año 1997 nació la que es considerada la primera red social digital *"Six Degrees"*, el nombre de esta red social se basa en la teoría que solamente necesitas seis personas para contactar a cualquier otra persona en cualquier parte del mundo. El internet nos posibilitó crear contactos a largas distancias y con mayor rapidez, a medida se fue desarrollando la infraestructura necesaria en todo el mundo, los contactos se han diversificado e intensificado en cuanto a velocidad y cantidad de una manera que sobrepasa cualquier capacidad humana de procesamiento. En los inicios de los años dos mil se dio el *boom* del *social media*, en el año 2003 nació *Hi5* y *MySpace*, posteriormente en el año 2004 nació *Facebook*. En el año 2009 se planteaba las que las redes sociales eran la gran revolución de la interacción humana y la democratización de la información; en el 2005 se había fundado *Youtube* y ya se podían encontrar videos sobre la grandiosa revolución del *social media,* gracias a ellas podríamos estar informados en tiempo real, conectarnos con más personas y más que nunca hacer realidad la *aldea global.* Sin embargo, 15 años después la conexión mundial que haría del mundo una sola familia, se ha convertido en un total caos en el cual la especie humana nunca antes tuvo tantas dificultades para lograr acuerdos.

Vivimos en una era que cualquier persona en el mundo puede tener voz en el *social media,* todos ahora tenemos voz, atrás quedaron los siglos del oscurantismo medieval donde sólo hablaban los clérigos, incluso la época de la ilustración donde la voz la tenían los filósofos, o la era contemporánea donde la voz la tenían los periodistas; bienvenido ahora al mundo contemporáneo donde la voz la tenemos todos, cada persona puede crear su perfil en las redes y hablar, opinar, criticar e incluso injuriar. Pero, un momento, esperen, tengo una pregunta ¿Cómo es posible que ahora que todos tenemos voz, no nos podamos poner de acuerdo y las divisiones se acrecienten de manera voluptuosa y vertiginosa? Vivimos en algo que le llamaría la *paradoja de Babel,* es decir, vivimos en un mundo donde todos pueden hablar, pero no se ponen de acuerdo, no se entienden, no se pueden *comunicar* realmente. Aquello que se presentaba como el Pentecostés Digital, se convirtió en la Babel Global. El libro del Génesis nos brinda este relato tan ilustrador de la era actual:

> 11 1 En ese entonces se hablaba un solo idioma en toda la tierra. 2 Al emigrar al oriente, la gente encontró una llanura en la región de Sinar, y allí se asentaron. 3 Un día se dijeron unos a otros: "Vamos a hacer ladrillos, y a cocerlos al fuego". Fue así como usaron ladrillos en vez de piedras, y asfalto en vez de mezcla. 4 Luego dijeron: "Construyamos una ciudad con una torre que llegue hasta el cielo. De ese modo nos haremos famosos y evitaremos ser dispersados por toda la tierra".
>
> 5 Pero el Señor bajó para observar la ciudad y la torre que los hombres estaban construyendo, 6 y se dijo: "Todos forman un solo pueblo y hablan un solo idioma; esto es solo el comienzo de sus obras, y todo lo que se propongan lo podrán lograr. 7 Será mejor que bajemos a confundir su idioma, para que ya no se entiendan entre ellos mismos." (Génesis, 11, 1-6)

En el mundo hay 5,900 millones de smartphones conectados a la banda 3G, 4G y 5G, el número de chips es superior al número de humanos, en el mundo existen 8,000 millones de chips con una conexión a internet (Ericsson Mobility Report, 2020). Los humanos hemos generado una cantidad de datos inabarcable humanamente hablando, en todo el mundo en 2018 alcanzó los 33 zettabytes (un zettabyte equivale a 1.000 millones de terabytes), 16,5 veces más que en 2009, gracias a los nuevos desarrollos tecnológicos, como el internet de las cosas, se estima que la cantidad de información digital generada en 2035 ascienda a los 2.142 *zettabytes*. Los seres humanos junto a las nuevas tecnologías y dispositivos estamos generando una cantidad de datos tan densa, que parecería que todos estamos profundamente conectados, pero en la realidad no es así, nunca antes habíamos visto un nivel de polarización tan alto como el existente actualmente. El internet y el *social media* nos han dividido más como humanidad y sociedades, más allá de la revolución que nos uniría a todos, vivimos en una sociedad que no ha logrado organizarse para responder a los desafíos globales. Cada persona busca crear pequeñas *cámaras de resonancia* en esos grupos que se generan en las redes sociales que responden a una determinada ideología o preferencias. El sistema como se estructuran las redes sociales es crear grupos entorno a gustos y preferencias, los que les gusta el rock, el jazz, los que simpatizan con líderes de izquierda, de derecha, etc..

Por ejemplo en EUA la proporción total de estadounidenses que expresan opiniones conservadoras o liberales consistentes se ha duplicado en las últimas dos décadas del 10% al 21%. Y el pensamiento ideológico ahora está mucho más alineado con el partidismo que en el pasado. Como resultado, la superposición ideológica entre los dos partidos ha disminuido: Hoy, el 92% de los republicanos están más alejados del demócrata promedio, y el 94% de los demócratas están más alejados del republicano promedio.

Las redes sociales son nada más una herramienta, de nosotros dependerá cómo las queremos utilizar, si las queremos para crear más conexiones o para crear más divisiones. Tú decides si continuar confirmando tus creencias, solo siguiendo a personas, cuentas y discursos que sustenten tus puntos de vista, sin abrirte a otras perspectivas que puedan cuestionarte. De manera paradójica tal parece que antes del *boom* del internet y el *social media, se hablaba un solo idioma en toda la tierra,* pero estábamos aspirando a demasiada fama y nos hemos perdido, ahora nadie se entiende en la Tierra, cada día se acentúa la polarización.

Antes el encuentro era real, ahora es virtual. En el encuentro real la única manera de acceder a la otra persona era mediante el diálogo, en la plaza, el restaurante, la escuela, la iglesia, el equipo deportivo, el club social, etc., era mediante el lenguaje que *descubríamos* a la otra persona, ahora en el mundo digital no necesitas del *encuentro, del diálogo o del lenguaje vivo*, basta con revisar su *bio* (pequeña descripción del perfil), su fotografía, algunas de sus publicaciones en su *time line o* muro, eso es suficiente para desechar el contacto con esa persona, algunos abogaran que esto es una facilidad para ahorrarse el tiempo de conocer a las personas y evitar disgustos y molestias, pero en realidad lo que está aconteciendo es un refuerzo de mi bando, solo me asocio y me conecto con los de mi bando, el diálogo con alguien que piensa distinto a mí ni siquiera se inicia, simplemente se corta de tajo mediante una descripción textual, no hay conversación con el que piensa distinto, no hay conexión con él, el rasgo más primitivo de cazadores se ve reforzado con lo digital, vemos a los que son de otro grupo como enemigos, los cazadores de un grupo veían a otros cazadores como amenazas, no como aliados, en ese sentido ya no se persigue y mata solo a la presa, sino que se persigue y se mata al otro cazador. Ese rasgo sigue estando a la base de nuestro sistema de interacción social, política y económica; el ámbito digital no está exento, ahora aniquilas al otro sin mediar diálogo, lo bloqueas o le das *unfollow*, nunca antes fue tan fácil callar a alguien, ahora podemos callar a una persona en el espacio de interacción virtual con solo un click con nuestros dedos.

Los pensamientos de las personas son muy complejos, algunas incluso tienen dificultades para expresarse de manera verbal o escrita, por eso la interacción humana real implica otros elementos del lenguaje que incluso a la más introvertida de las personas, le ayudan a expresar su sentir y pensar, la interacción real es cadente, cercana, cálida, rica en signos y símbolos, es la que permite lograr efectivamente la *conexión real* para una conversación armónica, fluida y que posibilita los acuerdos.

Cuando dos personas entran en comunicación sus redes neuronales se conectan mediante el lenguaje, entendiendo lenguaje como la facultad cognitiva innata de externalizar los pensamientos basada en un sistema computacional interno que activa de manera simultánea diversas regiones del cerebro, hablar o escribir son solo dos de sus múltiples expresiones (Friederici et al., 2017), el lenguaje funciona como una señal inalámbrica que conecta las redes neuronales de dos o más mentes, cuando dos o más personas entran en una conversación sus mentes funcionan como un todo.

Se han realizado estudios en pájaros que cantan en dúo, con implantes de sensores neuronales en sus cerebros se detectó que el intercambio de turnos requiere de una alta sincronización entre los participantes, para ello se implantaron quirúrgicamente cables muy pequeños en una región específica del cerebro de los pájaros, llamada HVC, las redes neuronales de esta región son responsables de producir el sonido que emiten, es decir, son premotoras y también responden a las señales auditivas (Coleman y Fortune, 2021). Para transmitir las señales neuronales (potenciales de acción) a una computadora, se conectó a los cables del dispositivo instalado en el cerebro del pájaro un pequeño transmisor digital inalámbrico. Cuando las parejas del reyezuelo de cola plana (Pheugopedius euophrys) empezaron a cantar, se detectó que cuando cada ave escuchaba a su pareja, el número de señales neuronales disminuyó por debajo de la línea base, es decir, el cerebro estaba inhibido, este es un mecanismo que les permite tomar turnos y no cantar al mismo tiempo, se crea la dinámica necesaria para una conversación; algo similar sucede con nosotros los humanos cuando tenemos una conversación, nuestro cerebro se inhibe cuando otra persona habla, genera una pausa de actividad neuronal, luego cuando la otra persona calla, se activa en el interlocutor la señal; es por eso que las llamadas online o telefónicas son molestas cuando el internet no crea una armonía en los silencios, cuando las llamas de zoom los silencios se retrasan o prolongan por una conexión deficiente a internet, eso genera molestia, no fluye la conversación, durante una llamada *online* con retrasos auditivos no coordinado, nuestros cerebros se inhiben cuando escuchamos lo que alguien está diciendo, pero si la señal auditiva se retrasa genera confusión, porque respondes al escuchar el silencio, pero en realidad la otra persona aún habla, la señal retorna e interrumpe nuestro patrón de habla, hace que turnarse sea más difícil. Cuando nos conectamos nuestras mentes funcionan como una sola mente, el lenguaje es como el *wifi* de las mentes, es necesario entender la riqueza del lenguaje como algo que va más allá del habla y de la escritura, el lenguaje requiere del contacto humano real, es así como nació el lenguaje, en la interacción concreta con las demás personas.

La conexión virtual no puede ni debe sustituir la conexión real, las personas logran conectar sus mentes solamente mediante el contacto real, todas las plataformas digitales con su arquitectura funcionan como una *interferencia* para lograr una auténtica conversación, no es de extrañar que ahora en el año 2021 que es tan fácil entrar en contacto con cualquier persona, los humanos no logremos cohesionarnos entorno una causa común, desde mi punto de vista es porque la conexión real necesaria para conectar nuestras mentes no se posibilita con los canales digitales (no importa que sean bidireccionales), además, la arquitectura de las redes sociales digitales fomentan el sesgo de confirmación, potencian la polarización en lugar de promover el diálogo con personas que piensan diferente. Ahora vivimos en una Babel Global más que una Aldea Global.

Toda herramienta que asume una forma de automatización y busca sustituir la ejecución de la facultad por parte del humano genera atrofia y deshabilita la capacidad humana de ejecutarlo. Por ejemplo, si tú para escuchar utilizas por mucho tiempo un amplificador sin necesitarlo, llegará un momento en el que tu oído será incapaz de escuchar por sí solo, o sin necesitar empiezas a utilizar un lente que le permite a tu ojo realizar un mayor zoom, al usarlo por mucho tiempo llegará un momento en el que tu ojo sea incapaz de ver por sí solo. O si para caminar utilizas unas exopiernas robóticas, caminas así durante tres años, cuando ya no utilices las exopiernas, tus propias piernas estarán atrofiadas y serán incapaces de caminar o sostenerte, porque esa función la delegó a una herramienta durante mucho tiempo. Ahora, qué sucede cuando esto se aplica a las tecnologías intelectuales, cuando le delegamos a un software que *piense* por nosotros, cuando al momento de diseñar algo ya no hago un esfuerzo por imaginar, sino que solo tecleo y busco en Google o en algún sitio web. Los diseñadores de interfaces abogan mucho por hacerlas *intuitivas*, es decir, extremadamente fáciles de utilizar para que el usuario no se esfuerce, para que lo pueda utilizar tanto un niño como un anciano, me parece que es una intención loable, tampoco se trata de diseñar interfaces complicadas que generen frustración en los usuarios, al fin y al cabo, esa es la función de la tecnología, el facilitarnos ciertas actividades cotidianas para que nosotros nos podamos dedicar a las *cuestiones importantes*. Pero, el problema surge cuando esta finalidad llega con las tecnologías intelectuales, una de las primeras tecnologías intelectuales fue la *calculadora*, un aparato que nos permite realizar operaciones matemáticas mucho más rápido o incluso sin saber hacerlas, puedes dividir con una calculadora, aunque no puedas dividir en sí, porque sin la calculadora serías incapaz de dividir 240 entre 20.

Existe todo un debate sobre cómo usar las tecnologías intelectuales, en 1950 el filósofo alemán Martin Heidegger sostuvo que la "la marea de la revolución tecnológica podría cautivar, hechizar, deslumbrar y seducir al hombre hasta tal punto que el *pensamiento calculador* algún día pudiera llegar a aceptarse y practicarse como la única manera de pensar", esto lo decía Heidegger siete años antes que IBM lanzara la primera calculadora electrónica, un aparato que no cabría en una oficina moderna y que quizá solo el gobierno o las grandes corporaciones podrían comprar. 18 años después que Heidegger sostenía que el *pensamiento calculador* sería la única manera de pensar, HP lanzó la primera calculadora científica a un precio de USD$4,900 dólares. Ahora, puedes adquirir una calculadora científica por menos de USD$50.00. El uso de la calculadora es indiscutiblemente necesario, pero existe todo un debate sobre cómo debe ser utilizada y cuáles son sus consecuencias en las capacidades de pensamiento matemático, al respecto me gustaría citar y promover la postura de *The National Council of Teachers of Mathematics* (NCTM, 2000) en los EUA, los profesores sostienen que el uso de la tecnología es esencial en la enseñanza y el aprendizaje de las matemáticas; influye en las matemáticas que se enseña y mejora el aprendizaje de los estudiantes, en la misma publicación aluden a una precaución importante al expresar que las calculadoras no sustituyen la fluidez con combinaciones de números básicos, la comprensión conceptual, o la capacidad de formular y utilizar métodos eficientes y precisos para la computación, al mismo tiempo plantean que la tecnología no debe utilizarse como *sustituto de entendimientos e intuiciones básicas*, sino que puede y debe utilizarse para *fomentar esos entendimientos e intuiciones*. Como muy bien lo dicen los profesores, las tecnologías intelectuales no pueden *sustituir* la habilidad de determinados entendimientos y aprendizajes, la tecnología siempre ha sido y siempre deberá ser una *herramienta* si no queremos ver aniquiladas nuestras cualidades más humanas. Si cada día delegamos las actividades propiamente humanas a las computadoras o a las máquinas, veremos comprometida nuestra humanidad, esas cualidades que nos distinguen y separan de las máquinas, la única manera de evitar eso sostenía Joseph Weizenbaum, profesor emérito de Informática en el Instituto Tecnológico de Massachusetts y padre de la cibernética, es teniendo el valor y la conciencia de no delegar las actividades mentales e intelectuales exclusivamente a las máquinas, en especial las actividades que requieren de sabiduría (weizenbaum, 1976).

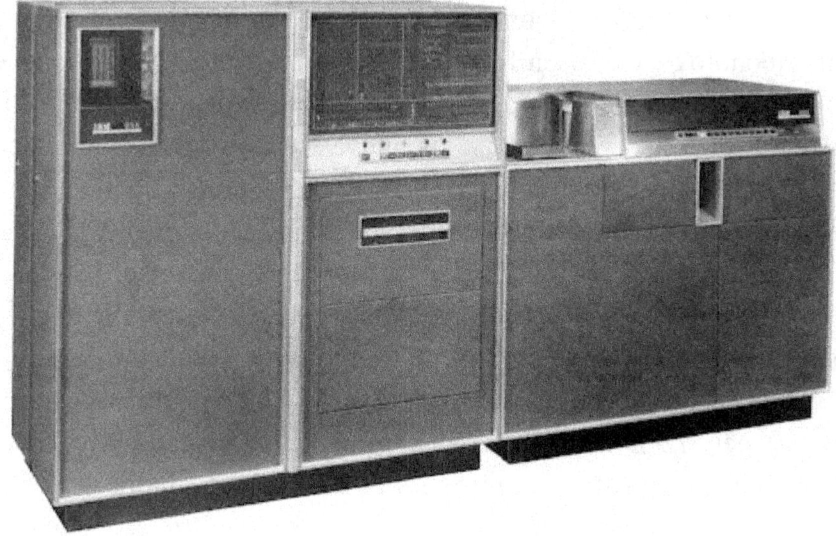

Figura 8. En 1957 la empresa de tecnología IBM presentó en EEUU el primer modelo de calculadora electrónica del mundo, se llamaba **IBM 608** y era de un tamaño considerable. Su precio oscilaba alrededor de los 80 000 dólares.

Figura 9. La primera calculadora científica que incluyó todas las ideas básicas anteriores fue la programable Hewlett-Packard HP-9100A,1 lanzado en 1968, era una calculadora de escritorio que costaba USDS4,900.

Actualmente se vive un frenesí con la digitalización, desmonetización y democratización de las tecnologías de la información y comunicación, tratarían de loco y retrógrada a cualquiera que intente hacer conciencia a las personas sobre los riesgos que implica delegar el pensar y decidir a las nuevas tecnologías. Vivimos en la época que todos dicen orgullosos ser libres, pregonan y defienden la libertad, pero en la realidad nadie quiere decidir por su propia cuenta, las personas buscan recomendaciones, ranking o tendencias para saber qué hacer, es más, se delega el pensamiento y la decisión a los algoritmos, se quiere que Spotify nos diga qué música escuchar o que Netflix seleccione por nosotros qué ver, vivimos en una paradoja neoliberal que nos pregona que somos libres, pero nadie quiere decidir, la única libertad es la de consumir, pero no la de decidir con autonomía y claridad. McLuhan en su libro *Comprender los medios de comunicación*, escribió que algunas nuevas tecnologías terminan por *adormecer* las facultades que *amplifican*, cuando amplificamos una facultad propia de nosotros mismos de manera artificial, a la vez nos alejamos de esa facultad amplificada y de sus funciones naturales, en el caso de la mente nos estaríamos alejando de nuestra capacidad de pensar (McLuhan, 1964).

Pensar requiere esfuerzo y *pensar bien* requiere doble esfuerzo, muchas personas están renunciando a ese esfuerzo buscando herramientas de *software, sitios web, plataformas y aplicaciones* que no solo les orienten, sino que les desarrollen en un alto porcentaje la actividad que desean hacer. Un ejemplo muy claro de ello es el desarrollo de un logotipo, antes los diseñadores gráficos realizaban todo un proceso creativo y debían aprender a una serie de técnicas de edición y vectorización de imágenes, ahora existen sitios web donde solo ingresas tres datos y te desarrolla un logo con todo el manual de marca visual, por supuesto que no es lo mismo ni mejor que el desarrollo creativo de un diseñador gráfico, pero cada día las personas buscan las opciones que les ofrezcan pensar menos.

Es necesario que seamos conscientes que a medida que cedemos a un *software* nuestro deber de pensar, estamos disminuyendo el potencial de nuestro cerebro de maneras *sutiles, pero significativas* (Carr, 2013). No siempre lo más fácil es lo mejor y más conveniente. Ahora hay vehículos que se reparan solos, llantas que se reparan solas, motores que se autoregulan, entonces, la pregunta es ¿Qué es lo propiamente humano? Las tecnologías nos facilitan la vida, pero no estamos aprovechando el tiempo que nos ahorra para pensar, empatizar, profundizar y entender, todo lo contario nos hundimos como almas adormecidas en el embriagante mundo de la web. El cambio climático, potenciales pandemias y olas migratorias nos plantean que debemos aprender a pensar y a solucionar problemas complejos, incluso, se plantean en el futuro escenarios en los cuales las personas deberán aprender las habilidades más básicas en cuanto a agricultura, construcción, salud, alimentación y mecánica si quieren vivir dignamente y no solamente sobrevivir; la tecnología ha generado una ola de personas adormecidas que no han aprendido ni a cocinar para sí mismos, cómo crees que sobrevivirían ante una catástrofe mundial, no serían capaces ni de cultivar una patata en hidroponía ¿Qué es realmente pensar? Ante este escenario considero que el *pensamiento sistémico y la meditación* se han convertido en las dos maneras propiamente humanas de pensamiento, son dos palabras muy manoseadas, pero que lamentablemente casi nadie en el mundo las comprende a profundidad y muy pocos las practican. El pensamiento sistémico es la gran habilidad del siglo XXI.

4.3 Tipos de pensamiento.

El pensar se puede desplegar en diferentes niveles, existen diferentes maneras de pensar, el pensar no es unidimensional, el pensar no es una actividad que solo se desarrolla de *una manera determinada*. Existen diferentes *modos de pensar,* cada uno de estos responde a un contexto determinado, es decir, ningún modo es mejor que otro, cada uno tiene su funcionalidad propia, todo depende de cuál es el objetivo, cantidad y complejidad de la información a analizar y problema a solucionar.

4.3.1 Pensamiento lineal: a la mente le fascinan las líneas rectas.

Este es el tipo de pensamiento más ampliamente enseñado a los humanos, podríamos afirmar que responde a la configuración innata con la que nacemos y que es reforzada por la educación tradicional. Este tipo de pensamiento consiste en buscar la vinculación entre una causa y un efecto, en este modo de pensar se considera que una causa siempre tiene un efecto, un problema tiene una solución, un principio siempre tiene un fin, se busca una conexión simple uno a uno. Los seres humanos somos la especie que más desarrollado tiene este modo de pensar, los sistemas de inteligencia artificial, *machine learning y deep learning,* actualmente no poseen esta facultad, solo funcionan en base a asociaciones a partir de patrones, pero no poseen análisis de causalidad, la búsqueda de la causa siempre formará parte de todos los modos de pensar, pero esta búsqueda se realiza en diferentes niveles de profundidad.

Figura 10

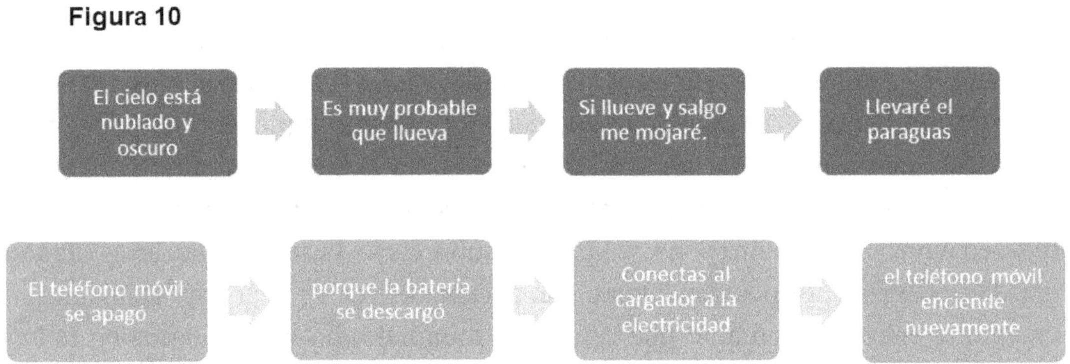

Figura 10. Elaboración propia, 2021. Flujo de pensamiento lineal con el cual desempeñamos la mayoría de nuestras rutinas cotidianas.

El pensamiento lineal es ideal para encontrar solución a problemas sencillos o bien definidos, es el modo de pensar más básico, podría decirse que pensar linealmente es la lógica más elemental. Este pensamiento es el que nos permite en el día a día actuar con agilidad en nuestras actividades cotidianas, es el pensamiento que nos permite desplazarnos con rapidez, cuando aprendemos algo y nos automatizamos en ese aprendizaje, como cuando aprendemos a manejar un vehículo o a usar un nuevo dispositivo tecnológico. Estamos rodeados de correlaciones lineales en diferentes ámbitos del mundo, pero no siempre las variables se correlacionan de manera lineal, eso lo desarrollaremos en el siguiente sub apartado.

Vivimos en un mundo que en su conjunto no es lineal, el mundo después de la revolución agrícola hace más de seis mil años, pasó a ser un mundo mucho más complejo que el mundo de los cazadores y recolectores, el mundo natural posee una complejidad propia y a esa se sumó el nuevo mundo construido por el *homo sapiens*. En el siguiente sub apartado hablaremos de las implicaciones que puede tener el pensamiento lineal en situaciones no lineales. Según el pensamiento lineal más siempre implica más y menos siempre implica menos, pero en el mundo más no siempre significa incremento.

La gran mayoría hemos escuchado hablar de Sócrates, un filósofo griego que no escribió nada sobre sus ideas, es gracias a su alumno Platón por quien conocemos muchos de sus planteamientos. De la manera de discutir de Sócrates se derivó el "método socrático" como una manera lógica y efectiva de discutir. Este es el método que implementan muchos políticos en sus debates, discusiones en redes sociales o en la plaza. El método es la dialéctica socrática, específicamente se trata de la "mayéutica", vocablo que en griego significa "experto en asistir partos", esto en alusión que Sócrates siempre sostuvo que cada persona daba a luz al conocimiento, la persona que busca conocer es quien le toca parir las ideas, el maestro es solamente un asistente en esa labor de parto cognitivo, el cual estimula esa labor mediante el arte de hacer preguntas adecuadas. Este método mayéutico consiste en los siguientes pasos:

1. *La ironía y cuestión.*

Sócrates iniciaba sus discusiones regularmente con sarcasmo hacia las personas que con altanería se presentaban a discutir, hacía una ironía del absurdo de las creencias populares. Posterior a este preámbulo sarcástico, se solicitaba al interlocutor que planteara su cuestión, eran preguntas como ¿Qué es la vida?, ¿Qué es el hombre?, ¿Por qué hay hombres poderosos? El interlocutor daba una respuesta y es contradicha por el otro interlocutor.

2. *El diálogo.*

En esta fase entra el auxilio de la partera, el maestro empieza a realizar preguntas para orientar la discusión y alcanzar la verdad entre todos. Esta fase sumerge al alumno en una fase de confusión por algo que antes del diálogo presumía conocer, esta confusión es necesaria en el proceso de aprendizaje, Sócrates lo compara con los dolores de parto.

3. *La conclusión colectiva.*

El proceso es un éxito cuando todos se ponen de acuerdo, se debe superar el relativismo (cada quien quiere poseer su verdad, o el escepticismo, no es posible conocer la verdad). El objetivo es llegar a una verdad universal, si no es posible ese tipo de verdad, se irá avanzando con verdades particulares.

Este método socrático es una manera de pensar lineal, eso no significa que carezca de utilidad o profundidad, pero no es útil para analizar los aspectos complejos de la vida. Es un método útil para aprender a pensar por lo menos en este nivel, ser un pensador lineal no siempre es sinónimo de superficialidad, pero es importante entender que algunas situaciones sociales, políticas, financieras, etc., no pueden ser comprendidas desde un enfoque lineal. A nuestra mente le encantan las líneas rectas, las curvas la estresan, la linealidad es más fácil de captar que una situación curva. Existe una lógica espontánea e innata en el ser humano que se corresponde a este tipo de pensamiento lineal, pero los modos de pensar son diversos como los contextos mismos a los que nos enfrentamos.

Pensar de manera lógica es innato, hay una lógica espontánea que nos permite sobrevivir al día a día, esa lógica es lineal y es la que hace que de alguna manera también caigamos en muchas trampas del marketing y otras que son fruto de confiar demasiado en esa lógica lineal. No pretendo que seas escéptico, tampoco que no sigas tu sentido común, sino que ante situaciones que involucren diferentes variables, nunca te guíes por la primera opción que tu mente asimila, lo inmediato y evidente no siempre es lo mejor, no siempre "lo más lógico" es lo mejor. Cuidado. Tu vida, tu empresa, tus ahorros, tu salario, tu matrimonio, tu familia, lo que mejor valoras podría correr riesgo si confías demasiado en la lógica lineal. El problema de confiar demasiado en la lógica lineal es que una vez has tomado la decisión, las consecuencias son inevitables y los resultados te mostrarán que eso no era lo mejor, y quizá ni siquiera en ese momento aún entiendas por qué no funcionó si era *lo más lógico,* por eso en el siguiente apartado vamos abordar un punto que espero te ilumine al respecto.

4.3.2 *Pensamiento no lineal: el mundo no se rige por líneas rectas.*

El mundo en el que habitamos no es lineal, la interacción entre diferentes variables y fenómenos no siempre siguen líneas rectas, los resultados no se logran mediante procesos lineales, aunque a nuestra mente le encantan las líneas rectas, debemos aprender que si todo lo queremos resolver pensando de manera lineal, los problemas empeorarán cada día. Hagamos una exposición de varios ejemplos para ilustrarlo, estos ejemplos han sido rediseñados a partir de los planteados por Langhe et al., (2017) en *Pensamiento lineal en un mundo no lineal.*

Imagina que estás al frente de una empresa, piensas renovar la flota de vehículos y tienes el dinero disponible para elegir cualquier modelo, por el momento lo que buscas es ahorrar en el consumo de combustible. Tienes dos modelos en la flota: suburban y sedanes, tienes 50% de cada modelo en el total de la flota. Cada vehículo viaja 10 mil kilómetros al año. La Suburban hace 10 km por galón, mientras que los sedanes recorren 20km por galón ¿Cuál sería la mejor opción de las siguientes?

A. Reemplazar la Suburban que hace 10 km/galón por un vehículo que recora 20 km/galón
B. Reemplazar los sedanes que hacen 20 km/galón con otros vehículos que recorran 50 km/galón.

La opción A incrementa el rendimiento en 10 km por galón, la opción B incrementa el rendimiento en 30km por galón, es decir, más kilómetros con la misma cantidad de combustible, de manera intuitiva podría decirse que el mejor rendimiento es para la segunda opción. Pero no, la mejor opción n no es la B aunque aparentemente obtengas un mayor número de kilómetros por galón. Veamos por qué.

Galones necesarios para los 10,000 km que recorre al año cada vehículo.			
	Galones requeridos actualmente	Después de la renovación.	Ahorro (Actualmente – Renovación)
A	1,000 galones (10 km/galón)	500 galones (20km/galón)	500 galones
B	500 galones (20 km/galón)	200 galones (50km/galón)	300 galones

Si cada vehículo recorre 10 mil km al año y el consumo es de 10 km por galón, significa que necesitas mil galones al año para recorrer los 10 mil km (10,000/10 = 1,000). En cambio, si el rendimiento es de 20 km por galón, necesitarán 500 galones para recorrer los 10 mil km anuales (10,000/20 = 500). Teniendo en cuenta ese desempeño actual y comparándolo con las opciones de renovación, podemos constatar que la opción que permite el mayor ahorro es la de pasar la flotilla de 10km por galón a una de 20km por galón (optimización solo de 10 km), esta opción permite un ahorro global de 500 galones. Por otro lado, pasar de la flotilla de 20 km por galón a una de 50km por galón (optimización de 30 km por galón) solo permite un ahorro de 300 galones anuales ¿Cómo es esto posible? Si la opción B nos permite aumentar el desempeño en 30 km por galón, mientras que la opción A solo incrementa el desempeño en 10 km. La respuesta es que la *correlación entre consumo de combustible y kilómetros recorridos no es ineal.* Cualquier encargado de logística hubiese escogido la opción A, pero en realidad no le habría ahorrado lo mejor a la empresa. Esto sucede porque cuando correlacionamos las variables pensamos así:

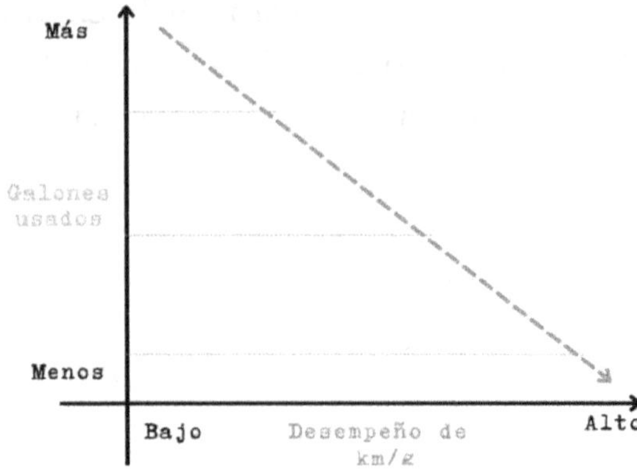

Figura 11. Elaboración propia. Pensamiento lineal en un mundo no lineal. Harvard Business Review, 2017.

Consideramos que a medida que disminuya el consumo de combustible incrementará el desempeño de km/galón, pero no es así, porque esa relación no es lineal, ya lo demostramos anteriormente en la tabla. El gráfico de la correlación entre las dos variables es así;

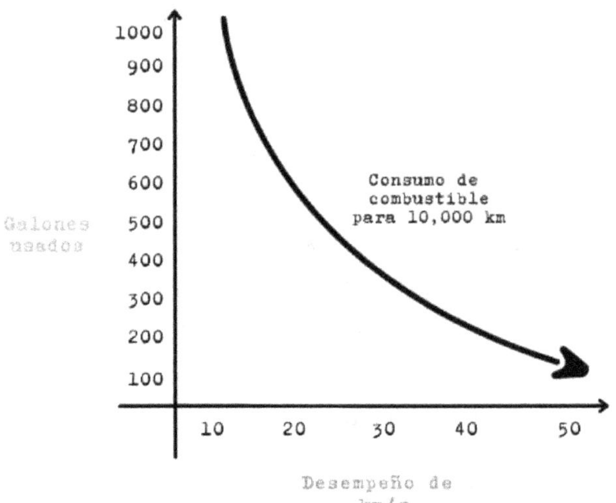

Figura 12. Elaboración propia. Ídem.

Visualicemos en esa correlación no lineal la diferencia de ahorro entre el desempeño, constatando que es más conveniente reemplazar la flota de 10km/galón que la flota de 20km/galón.

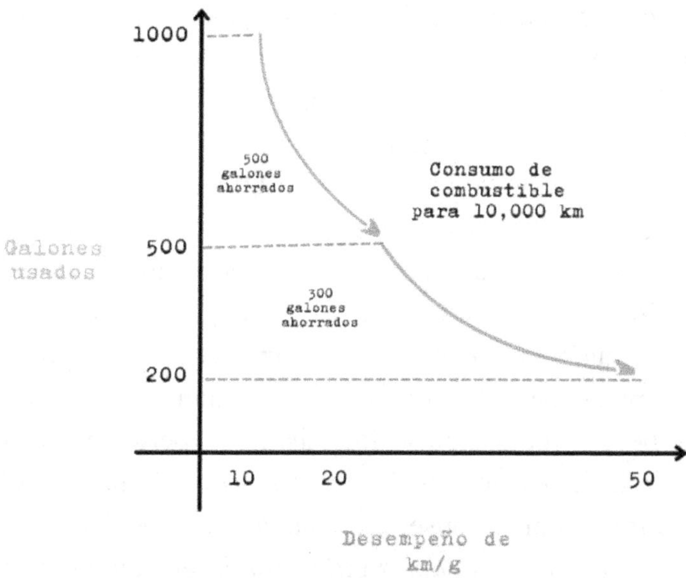

Figura 13. Elaboración propia. Ídem.

Es más, incluso si cambiáramos la flota que recorre 20km por galón por una flota que recorra 100km por galón, el ahorro siempre sigue siendo mayor si cambiamos la flota que recorre 10km por galón por una que recorra 20 km por galón.

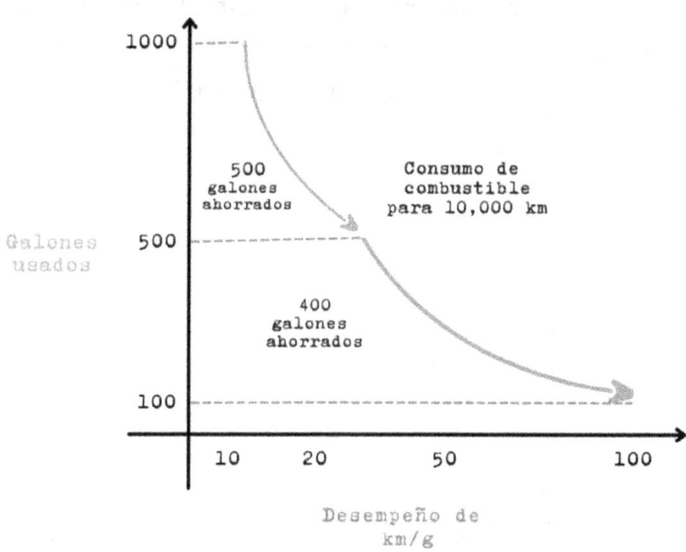

Figura 14. Elaboración propia. Ídem.

Esto parece absurdo incluso visualizándolo en la gráfica, no hace sentido, pareciera que es un juego de números para intentar engañar a alguien, si aún no lo logras entender no te preocupes, no es que seas poco inteligente o seas malo para las matemáticas, simplemente es el reflejo de la configuración lineal de nuestro pensamiento básico, nuestro cerebro es un experto en optimizar energía, no le gusta dar vueltas, por eso estas curvas le incomodan mucho, al cerebro y a la mente le gustan las líneas planas y rectas. Como se dijo anteriormente, este tipo de pensamiento lineal sirve mucho en situaciones cotidianas, por ejemplo, si en un tanque caben 1000 litros, en dos tanques cabrán 2,000 litros, en tres tanques 3,000 litros, igualmente si un kilo de jitomate vale USD$1,00, con dos dólares podrás comprar dos kilos, con tres dólares tres kilos y así sucesivamente. Sin embargo, esta manera de pensar no sirve para analizar la correlación entre consumo de combustible y kilómetros recorridos, porque la correlación es no lineal. Tanto en la vida como en los negocios hay muchas relaciones no lineales, es importante aprender a reconocerlas para evitar pérdidas de tiempo y dinero. Esto es una verdad para cualquier persona, pero a veces incluso los mismos expertos en sus campos, quienes saben que existen relaciones no lineales, terminan confiando más en su instinto o hígado, pero eso te traerá como consecuencia la toma de decisiones muy desatinadas. Te daré un consejo: *no siempre te dejes guiar por lo evidente* cuando enfrentes algo complejo, ese enfoque lineal de lo evidente te hará perder ante algo no lineal. Lo lineal es evidente, lo no lineal es oscuro para nuestra mente, lo lineal es fácil de descubrir, lo no lineal requiere tiempo y esfuerzo.

Pensemos en otras correlaciones que se juzgan como lineales, cuando realmente son no lineales: el tráfico en las ciudades. Al respecto existen diversas variables que hay que correlacionar, entre ellas están el espacio, velocidad, densidad y flujo. Quiero presentarles algunas gráficas en las cuales se correlacionan estas variables y veremos que su correlación es no lineal (NPTEL, 2007):

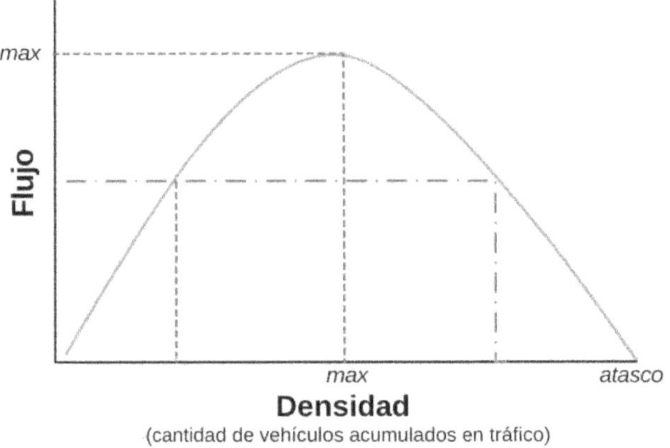

Figura 15. Elaboración propia. Introduction to Transportation Engineering. NPTEL, 2007.

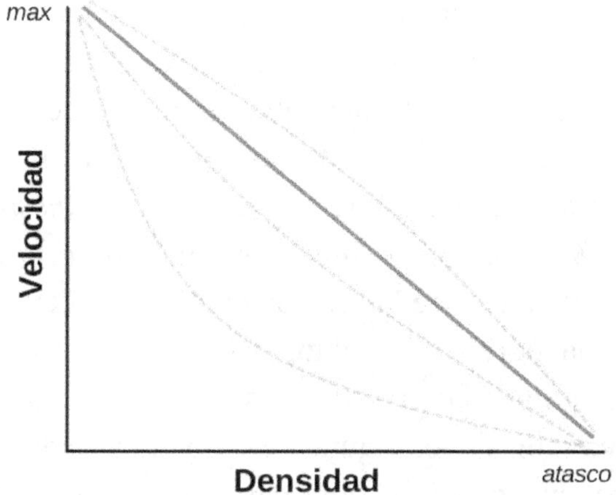

Figura 16. Elaboración propia. Ídem.

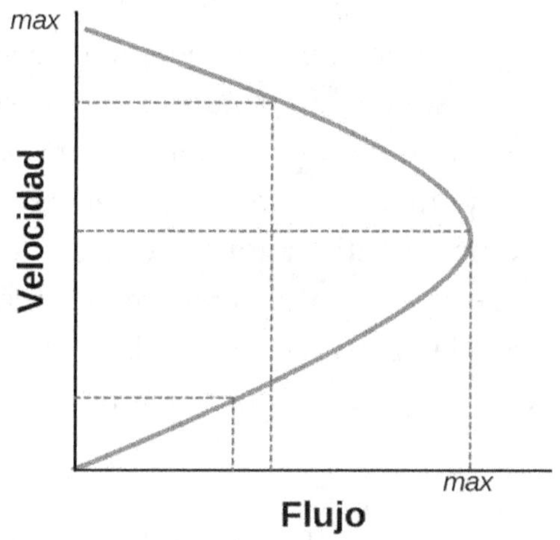

Figura 17. Elaboración propia. Ídem.

Ninguna relación es lineal en el tráfico, eso de querer aumentar el espacio para incrementar el flujo y así disminuir la densidad de vehículos en las calles no es algo que funciona linealmente, por eso incrementar el número de carriles o carreteras no *siempre* o *casi nunca* será la solución más conveniente, porque las variables que interactúa no son lineales y además, la relación causal entre ellas está subyacente, difícil de dilucidar (ver figura 15, 16 y 17). Urge que los tomadores de decisiones tanto en los ámbitos gubernamentales, civiles y empresariales entiendan que *nuestra mente por naturaleza es lineal, pero el mundo en su conjunto y complejidad no es lineal.* En el caso de lo gráficos presentados arriba sobre las correlaciones importantes en el tráfico de vehículos, solamente en la correlación velocidad vs densidad se podría tender a una lineal, pero las líneas punteadas nos indican que existen otras correlaciones no lineales entre esas dos variables (ver figura 16). Por otro lado, la correlación velocidad vs flujo nos plantea una relación muy, pero muy lejos de la linealidad, la misma velocidad puede afectar diferentes niveles de flujo de vehículos, no siempre más velocidad es más flujo de vehículos (ver figura 17).

Tanto los consumidores como los empresarios siempre persiguen el mejor beneficio, para el consumidor se llama *satisfacción por algo* y para el empresario la *ganancia.* Obtener ganancias es el principal y último objetivo de todo negocio, alrededor de ello existen muchas otras motivaciones, pero sin *ganancias* no existe ni se sostiene ningún negocio, para lograrlo es necesario *producir (comprar) y vender*, en relación a este binomio existen tres factores importantes: *costos, volumen y precio.* El ejemplo que vamos a desarrollar le será de mucha utilidad a los encargados de marketing y ventas, incluso a los encargados de *stock*, no siempre vender más es sinónimo de mejores ganancias, el arte de lograr las ganancias requeridas reside en saber jugar con estos tres elementos (obviamente después de tener bien diseñado un modelo de negocio).

Imaginemos el ejemplo de una empresa que vende toallas para baño, cada toalla es vendida a USD$5.00 con un costo de fabricación de USD$1.50, la ganancia neta antes de impuestos por toalla es de USD$3.50.

	Normal	Promoción A: 20% off	Promoción B: 40% off
Precio por toalla	USD$5.00	US$4.00	USD$3.00
Unidades vendidas	1,000	1,200 (+20%)	1,800 (+80%)

A primera vista la promoción B es todo un éxito, se logra un incremento del 80% en unidades vendidas, el encargado del inventario de la empresa estará emocionado por el incremento en la rotación de productos, el área de ventas le presumirá a marketing su tremendo logro, el encargado de marketing que pensó en esta promoción estará muy orgulloso. Pero, solo será cuestión de tiempo para que el gerente general analice esos números. Veamos por qué la promoción B no es tan buena como parece:

	Normal	Promoción A: 20% off	Promoción B: 40% off
Precio por toalla	USD$5.00	US$4.00	USD$3.00
Unidades vendidas	1,000	1,200 (+20%)	1,800 (+80%)
Ganancia por toalla	USD$3.5	USD$2.5	USD$1.5
Ganancia total	USD$3,500	USD$3,000	USD$2,700

Sin implementar ninguna promoción ya se estaba logrando una ganancia de USD$3,500, para lograr esa ganancia con la promoción A, se tendrían que vender 1,400 unidades, un 40% más de ventas; para lograrlo con la promoción B, se tendrían que vender 2,333 unidades, es decir, un 133% más de las ventas normales, el porcentaje logrado con la promoción B aunque luce atractivo en cuanto a volumen, en cuanto a ganancia no hay una correspondencia lineal, ya que la cantidad de trabajo casi se triplica para lograr la ganancia normal. La curva luce algo así:

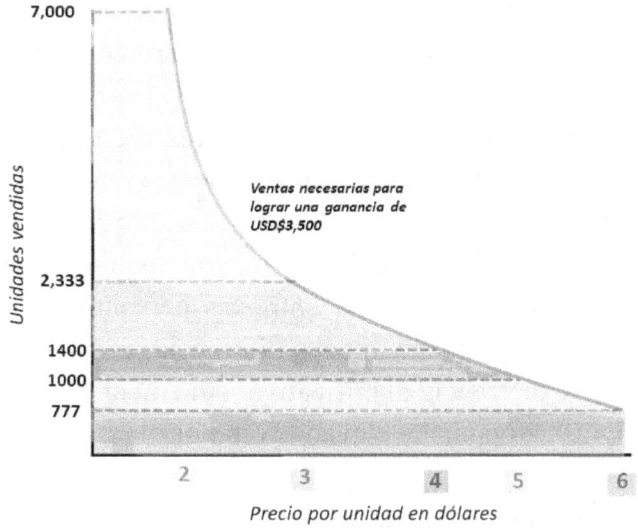

Figura 18. Elaboración propia. Pensamiento lineal en un mundo no lineal. Harvard Business Review, 2017.

Los fenómenos no lineales se extienden desde lo intangible hasta los ámbitos más intangibles como lo son las ideas y el *comportamiento humano*. Recientemente, en el año 2020 realicé una investigación sobre la actitud de la población mexicana hacia el cambio climático y los dilemas que se enfrentan. Según los resultados del estudio es innegable que la mayoría de la población está interesada por el tema de sustentabilidad, pero cuando este interés se correlaciona con sus hábitos de consumo no existe una correlación lineal, no todas las personas que dicen estar preocupadas por el medio ambiente, realmente buscarán comprar productos sustentables en el supermercado. El tema del cambio climático es uno de los ámbitos que más se prestan para la apatía, porque por el momento aún no relacionamos de manera directa que la gente se muera por el cambio climático (sí está sucediendo, pero la vinculación causa-efecto no es evidente), los efectos más catastróficos se verán en el futuro, seguramente no me afectarán a mí, aunque yo haga algo por evitarlo, no percibiré el cambio; como podemos ver tiene todos los ingredientes necesarios para que las personas sean apáticas, aunque digan que les interesa el medio ambiente y el tema de la sustentabilidad. Respecto a este tema, desde mi perspectiva tendría que abordarse desde un enfoque de la economía del comportamiento (*behavioral economics*), de lo contrario la población no actuará al respecto hasta que ya sea demasiado tarde. Pero, ese sería un tema que tendríamos que desarrollar con más amplitud en otro libro o en otro espacio, en este momento quiero ejemplificar esa incoherencia entre "me interesa la sustentabilidad, pero no quiero comprar productos sustentables."

Los tomadores de decisiones amantes de los *datos duros* como la panacea, suelen ser los que más errores comenten al frente de las organizaciones y empresas, porque asumen que si en las encuestas la gran mayoría de personas dice que sí se interesa por productos sustentables y que estarían dispuestas a pagar por ellos, eso se traducirá en mayores ventas sobre dichos productos, pero en la realidad no es así.

¿Por qué sucede lo anteriormente descrito? Porque la correlación entre lo que la gente *dice* y lo que la gente *hace* no siempre es lineal (Langhe et al., 2017), nuestro actuar no es lineal, pero los gerentes al frente de las empresas creen que sí, que las encuestas con la escala de Likert del 1 al 5 son realmente certeras; de hecho, precisamente en esa escala la diferencia entre las personas que asignan 1 al tema ambiental y los que asignan 4, no hay mucha diferencia, entre quienes votan 1, 2, 3, 4 en la escala no hay una diferencia significativa, sin embargo, la diferencia entre los que votan 4 y 5 es significativamente elevada. Veamos.

¿Es para usted la preocupación ambiental un asunto de suma importancia que tomaría en cuenta en todas sus decisiones de consumo?

Algo en desacuerdo	Algo de acuerdo	De acuerdo	Muy de acuerdo	Absolutamente de acuerdo
1	2	3	4	5

La gráfica sobre las diferencias de respuestas que nos muestra la no linealidad del comportamiento humano luciría así:

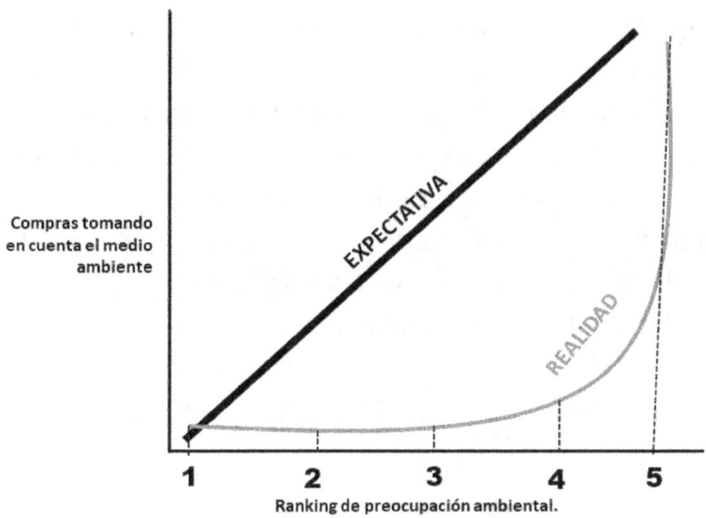

Figura 19. Elaboración propia. Ídem.

Imagínate que encuestas dos segmentos de mercado, en un segmento el 100% te dice que está preocupado por el medio ambiente eligiendo la escala 4, en el otro segmento un 50% te dice que está preocupado en la escala 3 y el otro 50% en escala 5. Ambos segmentos están preocupados en un 100%. Ninguno es indiferente al tema de la sustentabilidad, pero, es el segundo segmento donde se ubican las personas más propensas a realizar compras de productos sustentables de acuerdo a la no linealidad de las variables en cuestión. Según vimos en la gráfica las personas en la escala 5 son muchísimo más propensas a comprar que las que están en la escala 4 (ver figura 19).

¿Cómo identificar las relaciones no lineales? Definitivamente necesitas tener claro los problemas a resolver, tener los datos necesarios obtenidos mediante métodos de investigación no sesgados y realizar análisis estadísticos para ponderar la correlación entre las variables, por el momento veamos algunos tipos de relaciones no lineales para que las tengas en cuenta (Langhe, 2017):

Incremento gradual, crecimiento abrupto.

Imaginemos un ejemplo en el cual una empresa tiene dos tipos de clientes con el mismo margen de ganancia, cada uno genera $400 anuales, pero los clientes A tienen un margen de retención del 20% (de cada 10 clientes mensuales pierde 8 en ese segmento), mientras que los clientes B una retención del 60% (de cada 10 clientes mensuales, pierde 4). En ese escenario se suele brindar más atención a incrementar la tasa de retención más baja, en lugar de incrementar la más alta. Se enfocan en la tasa más débil, en lugar de apostarle a la más fuerte, se considera que la tasa alta está bien y que hay que poner atención a las tasas más bajas de retención, pero cuando calculas el Valor de Vida del Cliente (CLV por sus siglas en inglés *Customer Lifetime Value*) te das cuenta que este fenómeno no es lineal. El CLV es el valor que tiene un cliente para la empresa en el tiempo que dure la relación con este, este valor dependerá de factores como la tasa de retención, margen de ganancia y el costo de obtención. Este valor nos indica el valor monetario que se va de la empresa al perder un cliente. La fórmula para calcular el CLV es la siguiente:

$$CLV = \frac{Margen \cdot Tasa\ de\ retención}{1 + Tasa\ de\ descuento - Tasa\ de\ retención}$$

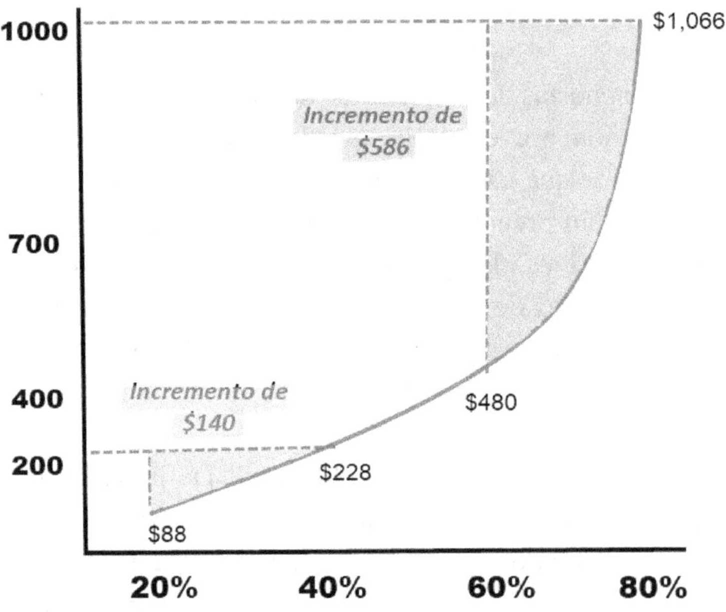

Figura 20. Elaboración propia. Ídem.

Muchas empresas tienden a identificar los clientes que podría desertar y diseñan programas para retenerlos, sin embargo, es más rentable diseñar programas para los clientes que tienen más posibilidades de quedarse que los que están en riesgo de largarse, los gerentes subestiman lo importante que es un pequeño incremento en las tasas altas de retención. Para qué luchar por pasar la tasa de 20% a 40% que solo genera un incremento en el CLV de $140, si con ese mismo 20%, si pasamos de una tasa del 60% al 80% podríamos lograr un incremento en el CLV de $586.

Disminución gradual, luego caída rápida.

En los préstamos que se solicitan como hipotecas y de otro tipo, normalmente las personas se desaniman o se sorprenden por lo poquito que su deuda disminuye con los pagos que han realizado en los primeros meses, cuando el préstamo tiene una tasa de interés fija y un plazo fijo, al principio el mayor o casi todo el pago se abona a los intereses, el monto principal prestado no disminuye linealmente. Por ejemplo, un préstamo de USD$165,000 para un plazo de 30 años con una taza de 4.5% de interés, en los primeros cinco años solo pagas USD$15,000, mientras que en el año 25 el monto ya será inferior a $45 mil, el titular del préstamo pagará menos del 10% en el primer 16% del plazo, en cambio en el último 16% de su periodo de tiempo pagará más del 25%. Los pagos avanzan de una manera no lineal, en la gráfica quedaría de esta manera:

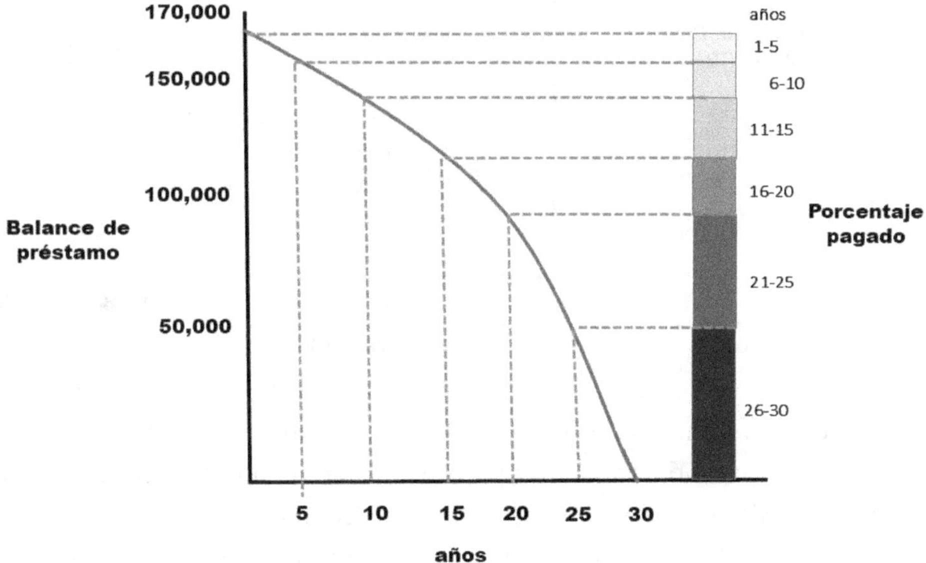

Figura 21. Elaboración propia. Ídem.

Escalando rápidamente, luego disminuyendo.

Aumentar la ganancia por unidad fabricada y vendida es una métrica utilizada a menudo para medir la eficiencia de una empresa. Los ejecutivos utilizan esta fórmula para calcular el beneficio por unidad:

$$\frac{(volumen \cdot precio\ unitario) - costo\ de\ ajuste - (volumen \cdot costo\ variable\ unitario)}{volumen}$$

Por ejemplo, una empresa vende 100,000 gadgets cada año a USD$2, producir esos gadgets cuesta USD $100.000, USD $50.000 en costos fijos y 50 centavos en costos variables unitarios. La ganancia por unidad es de USD$1. La empresa puede aumentar por unidad el beneficio mediante la producción y venta de más gadgets, porque se repartirían los costos fijos en más unidades. Si se duplica el número de gadgets vendidos a 200,000, el beneficio por unidad aumentará a USD$1,25 (suponiendo que los costos variables unitarios siguen siendo los mismos). Ese aumento atractivo podría tentar a pensar que el beneficio por unidad se disparará si aumenta las ventas de 100,000 a 800,000 unidades, pero no es así, esa correlación no es lineal. Veamos el gráfico de esa correlación no lineal:

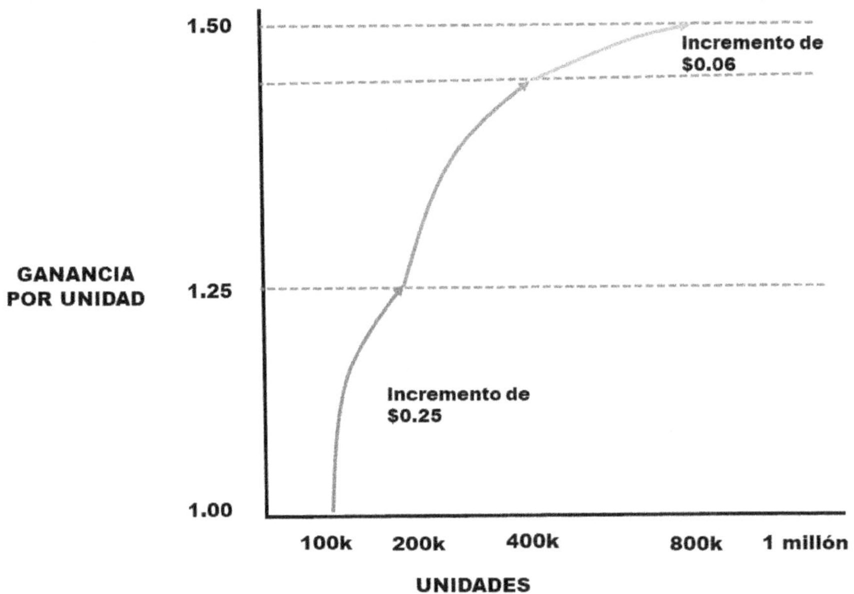

Figura 22. Elaboración propia. Ídem.

Pasar de una venta de 100 mil a 200 mil unidades representa un incremento del 25% ($0.25 centavos) de ganancia, pero este incremento no tiende hasta el infinito, pasar de 200 mil a 400 mil unidades representa un incremento de 19% ($0.19 centavos) y pasar de 200 mil a 800 mil solo representa un incremento de 0.06% ($0.06 centavos). Evidentemente pasar de 400 mil a 800 mil unidades no es nada sencillo, requerirá mucho costo para un incremento solo de seis centavos. El pensamiento lineal nos puede llevar a pensar que el incremento en volumen siempre representará mayores ganancias, olvidándose del cálculo de los costos y precios que terminan impactando la ganancia a pesar que se incremente el volumen.

Caer bruscamente, luego gradualmente.

Cuando analizamos la potencial inversión en un proyecto lo primero que consideramos es el periodo de retorno de inversión. Todos buscamos que ese tiempo de retorno sea lo más corto posible. Imagina que hay dos proyectos en los cuales puedes invertir, ambos tienen diferentes periodos de retorno de inversión: en el proyecto A es de dos años y en el B es de cuatro años, el representante de cada proyecto afirma que puede reducir ese periodo en un 50%, el A se ahorra un año y el B dos años. El proyecto A pasaría a tener una tasa de retorno anual del 100% y el B una de 50%. La correlación entre la tasa de retorno anual y el periodo de tiempo no es lineal, como se puede observar en la siguiente gráfica (ver figura 22). De acuerdo a estos números, una cartera con dos proyectos, uno con un periodo de retorno de un año y otro de cuatro años, tiene una tasa de retorno anual mayor que una cartera con dos proyectos cuyo periodo de tiempo de retorno es de dos años cada uno.

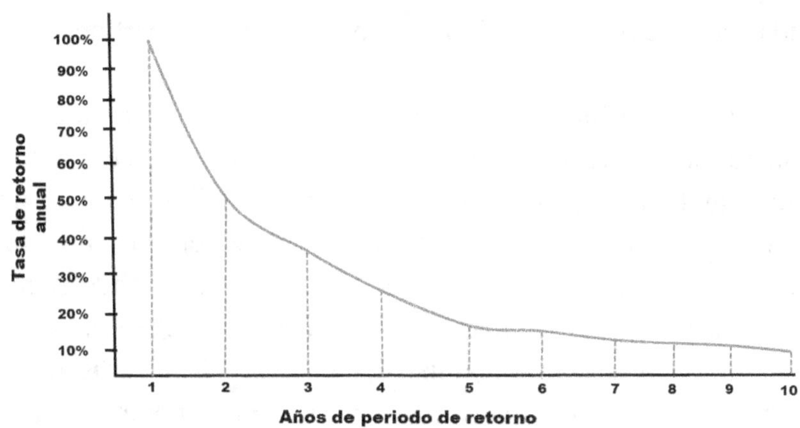

Figura 22. Elaboración propia. Ídem.

4.3.3 Pensamiento lateral.

Existen diferentes maneras de pensar, así como existen diferentes maneras de hablar, cuando te reúnes con tus amigos en el bar hablas de una manera diferente que cuando estás exponiendo en la clase, o cuando pasas en la iglesia a leer un versículo de la biblia; no hablas igual cuando le llamas por teléfono a la chica que te gusta, que cuando le hablas a tu mejor amiga; el tono, la cadencia, la animosidad, las palabras utilizadas, todo cambia. De la misma manera, no es el mismo *modo de pensar* para diferentes circunstancias, retos o tipo de información con la que nos enfrentamos.

Existen muchas personas que consideran que solo existe una manera de pensar, creen que el único modo de pensar es el pensamiento lineal o la lógica espontánea, desconocen que realmente hay que *aprender a pensar* para pensar de manera efectiva y diversa. La lógica espontánea y lineal no se aprende totalmente, nacemos con esa capacidad, pero los otros tipos de pensamiento, como el no lineal, lateral, crítico y sistémico, sí deben aprenderse. No son innatos. No nacen por generación espontánea, se debe seguir un proceso arduo de aprendizaje, aprender a pensar es difícil, requiere esfuerzo y tiempo, no es divertido, porque el objetivo de los diferentes tipos de pensamiento no es la diversión, sino enseñarnos los caminos necesarios para descubrir y encontrarnos con la verdad de las cosas.

En la vida hay momentos en los cuales se requiere mezclar diferentes modos de pensar, los problemas se solucionan mediante procesos en cuyas etapas interactuarán distintos pensamientos, en algunas etapas funcionará el pensamiento crítico, en otra el lateral y en otras el sistémico. Cuando aprendes a pensar desarrollas la habilidad de entremezclar todos los tipos de pensamiento sin necesidad de realizar un esfuerzo consciente, aunque en algunas fases de algunos procesos se requiere de herramientas bien definidas para desarrollar el tipo de pensamiento más pertinente.

El pensamiento lateral que nos atañe en este apartado fue inicialmente desarrollado por el psicólogo Edward de Bono (1967), este es el modo de pensar ideal si requerimos cambiar un modelo, para Bono un modelo es la disposición y orden de la información en la mente humana, es decir, este es el pensamiento para poner de cabeza los modelos mentales preexistentes. Todos tenemos modelos mentales sobre la educación, la sexualidad, la economía, el transporte, el comercio, las relaciones amorosas, la familia, el dinero, la amistad, etc.. Como hemos discutido anteriormente el cerebro crear caminos neuronales de todo lo que aprendemos, a medida repetimos una y otra vez esa idea que hemos aprendido se crea una red neuronal al respecto, ese sería un modelo, una manera aprendida y ya establecida en nuestras neuronas, para nuestra fortuna nuestro cerebro se reestructura constantemente, la plasticidad cerebral nos permite hacer reciclaje de redes neuronales.

Existen ideas dominantes en todos los ámbitos de la vida, existe una idea dominante sobre cómo son las cosas en la política, la economía, la familia, el trabajo, etc.; desde el pensamiento lateral se busca identificar esa idea dominante y aislarla, para que no nos ancle y nos impida explorar otras alternativas. Muchas ideas dominantes siguen existiendo, aunque ya no se correspondan con la realidad, sigue guardando cierto grado de utilidad, pero en realidad no es lo óptimo, una reordenación de sus elementos nos podría brindar un mejor modelo.

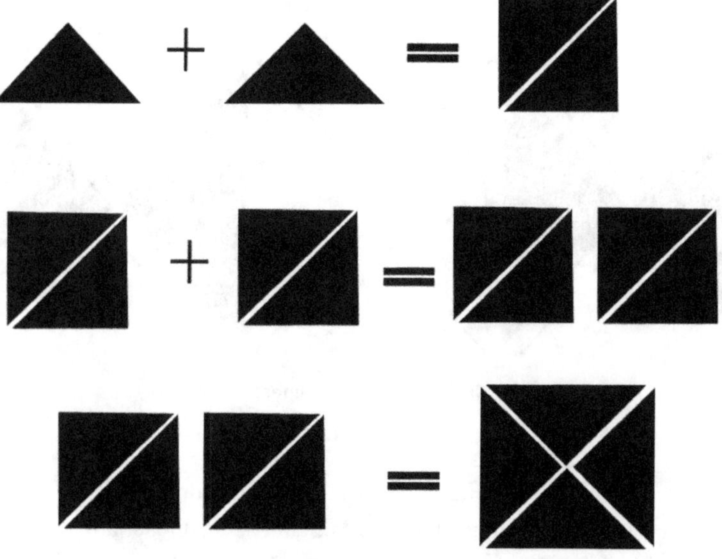

Figura 23. Elaboración propia.
Este diagrama es un ejemplo de Bono en el cual nos ejemplifica cómo la primera combinación de dos piezas representa un modelo, luego esas piezas se recombinan en otro modelo, sin necesidad de añadir piezas podemos recombinar y construir nuevos modelos.
Fuente: Pensamiento lateral, Edward de Bono. 2014.

Cuando la fase de un proceso nos demanda idear alternativas de solución para un problema, el pensamiento lateral es un camino propicio para generar ideas de posibles soluciones, el pensamiento lateral plantea que cualquier enfoque a un problema es útil, pero no es el mejor ni el único. Esto le ha valido críticas a este pensamiento al considerar que carece de objetivo, pero desde mi perspectiva sí tiene un objetivo, y es el de explorar todos los caminos posibles de solución desde perspectivas no evidentes. Esta mentalidad de divergencia funciona en un momento o fase del proceso de búsqueda de soluciones, los procesos de entendimiento y solución de problemas son una secuencia de divergencias y convergencias, cuando queremos solucionar un problema no nos funciona solamente un modo de pensar, en el proceso se requiere de la intersección de todos los modos de pensamiento.

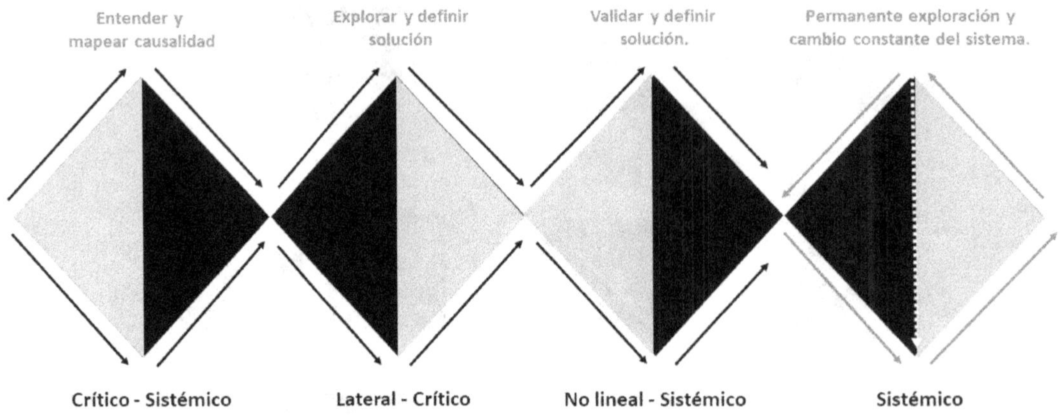

Figura 24. Elaboración propia.
Fases de proceso de solución de un problema en el cual se desglosa la implementación de los diferentes tipos de pensamiento, en el proceso no se utiliza solamente un *modo de pensar.*

problemas no importantes se solucionan con un modo de pensar, el cual suele ser el pensamiento lineal. Por ejemplo: no tienes aceite en tu casa para cocinar, decidir cuál comprar y dónde comprarlo, es un problema no importante que se resuelve con una lógica espontánea; pero, decidir qué tipo de aceite es el más saludable ya no es un problema no importante, se requiere de pensamiento crítico para entender los tipos de omegas y grasas que tiene el aceite, su equivalencia por cada 100 ml, cuáles son los saludables y cuáles son los dañinos para la salud en exceso.

El pensamiento lateral es importante en una fase, no en todo el proceso, intentar desarrollar todo el proceso de solución orientados solamente por la luz del pensamiento lateral, podría conducirnos a un camino infinito sin ningún punto de arribo. El pensamiento lateral es óptimo para la reestructuración de un modelo mental en cuanto a disposición de la información en la mente, pero para entender cómo funciona ese modelo mental será necesario implementar el pensamiento sistémico, todos los modelos mentales tienen un grado de complejidad que requiere de un análisis sistémico, cuando entendemos cómo funciona ese modelo en todas sus partes, entonces ya es posible pensar lateralmente para reordenar o ajustar sus diferentes elementos en interacción.

La mente humana es una casa cuyos habitantes nunca cambian de posición los muebles, la cama ha estado en la misma posición toda la vida, como los muebles de la sala, la TV, el comedor, las libreras, el escritorio, etc., gracias al pensamiento lateral podrían pensar de vez cuando cambiar de posición la mesa, reubicar los sillones, etc.. Los modelos mentales son parecidos a esa dinámica de no cambiar los muebles, evidentemente no podemos cambiar absolutamente todo, eso no es posible en cuando a la sustancia de las cosas, pero sí podemos realizar cambios esenciales, en una actualización constante de la disposición de los bloques de información de nuestros modelos; esta *actualización* de los modelos es algo factible desde el punto de vista neurológico, en el último capítulo hablaremos sobre la actualización permanente que realiza el cerebro y la mente, lo importante es llevar esta actualización hacia los puntos medulares de nuestros modelos de creencias sobre el dinero, la familia, el trabajo, la vida, la felicidad, etc.. El pensamiento lateral no busca la única solución posible, sino todas las alternativas de solución posible, se consideran todas, posteriormente se realiza una ponderación de cuál de esas sea la más óptima.

4.3.4 Pensamiento orientado a sucesos.

El pensamiento orientado a sucesos está muy relacionado con el pensamiento lineal en el sentido que perciben la secuencia de los hechos con el mismo enfoque de secuencias evidentes, solo que el pensamiento orientado a sucesos le agrega más diversidad a la sucesión, las personas que piensan de esta manera ven el mundo como una secuencia de sucesos en lugar de verlo como un todo sistémico. El suceso es un fenómeno que tiene una causa específica y si cambiamos esa causa el fenómeno cambiará, así se concibe este modo de pensar.

Cada evento que acontece en el mundo tiene una causa, esa causa podría tener otra causa, de tal manera que cada suceso o evento tendría más de una causa, y cada causa tendría una o más causas, de tal manera que ante los eventos nos enfrentaríamos más a probabilidades que a certezas. En un sistema complejo en el que interactúan muchas variables y actores, las causas forman parte de un proceso de retroalimentación que interactúa con otras partes del sistema, las cuales pueden alterarse si el sistema es manipulado, estas correlaciones como ya hemos visto pueden ser no lineales o subyacentes. De tal manera que pretender entender el mundo como una secuencia de eventos y causas específicas es algo muy simplificado que no funciona para entender situaciones complejas, solo funcionaría para problemas cotidianos simples.

El *pensamiento orientado a sucesos* no es suficiente para entender la complejidad de ciertas correlaciones y causalidades. No siempre el mundo es primero A y luego B, a veces tocará pasar por X o Q para llegar al punto B. Nuestro cerebro y cultura evolucionaron en un mundo menos complejo que el actual, no significa esto que los sistemas ecológicos en los que evolucionamos no sean altamente intrincados y difíciles de mapear, pero esa necesidad de entendimiento nunca fue tan apremiante como lo es ahora, debido a la diversidad y poca planificación con la que hemos generado un mundo artificial que altera el orden con el que convivimos y evolucionamos durante millones de años como especie. El pensamiento lineal y el orientado a sucesos son los que desarrollamos para decidir si huíamos o luchábamos ante una amenaza en la sabana, cuando decidíamos si confiábamos en alguien que no formaba parte de nuestra tribu, sembrar en invierno para lograr mejores cosechas, etc.; para esos eventos funciona adecuadamente este modo de pensar, pero para la complejidad del mundo actual no es eficiente ni conveniente, al contrario es altamente peligroso, los problemas que enfrentamos actualmente demandan una variedad de modos de pensar, especialmente un elevado dominio del pensamiento sistémico, tratar de solucionar los problemas como el cambio climático, la delincuencia, el narcotráfico, la violencia intrafamiliar, etc. con modos de pensar lineales y orientado a sucesos, nos puede conducir a un caos más insostenible en el futuro.

Pongamos un ejemplo muy familiar para entender la diferencia anteriormente planteada. Todos sabemos que el agua de la tierra se evapora y humedece el aire, esto eventualmente puede convertirse en una nube y causar una lluvia. En esa secuencia en línea recta de eventos, la causa última de la lluvia es la evaporación del agua y la intermedia las nubes que se forman, una vez ese bucle se repita siempre tendremos lluvia.

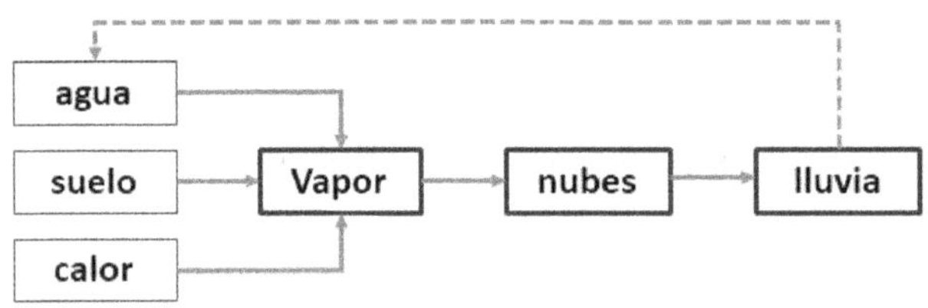

Figura 25. Elaboración propia. Flujo de pensamiento orientado a sucesos.

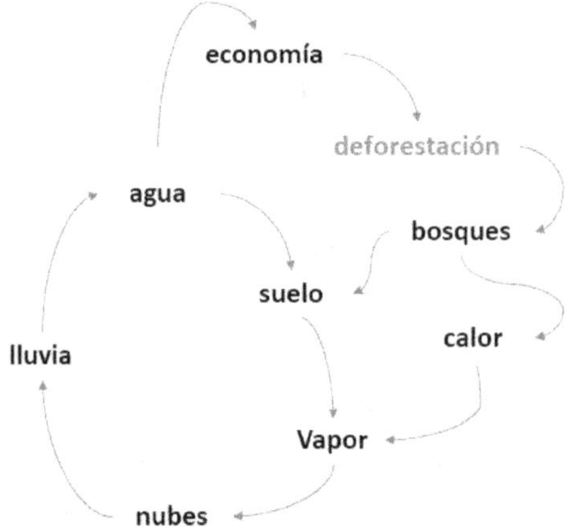

El pensamiento orientado a sucesos ve el mundo en líneas rectas de causalidad, la causa de la lluvia es agua en el suelo que se evapora, la raíz de la lluvia se encuentra en una línea recta de sucesos. Pero, en el mundo real desde una perspectiva sistémica no existe un solo ciclo de retroalimentación, sino que hay diferentes bucles que interactúan que deben ser identificados para entender la causa raíz (ver figura 26).

Figura 26. Elaboración propia. Flujo de pensamiento sistémico.

4.3.5 Pensamiento crítico.

"Un juez perfecto leerá cada obra de ingenio con el mismo espíritu que su autor escribió." (Alexander Pope, "Un ensayo sobre la crítica", 1709).

¿Qué es la crítica y cuál es su valor?

Me encantan las preguntas que van a los fundamentos de las cosas, en una época en la cual todos se sienten expertos sin serlo y la información pulula como un virus pandémico, es necesario volver a las raíces y retomar las cosas en su esencia. Las palabras cuando son utilizadas en demasía por personas que no entienden o desconocen su significado, se van desvirtuando hasta desembarcar en un puerto oscuro, cuando las personas repiten una palabra porque la han escuchado muchas veces y no se preguntan ¿Qué significa y de dónde viene? Se incurre en una pérdida de significado que distorsiona el sentido auténtico de las palabras, esta distorsión es forzada normalmente por los intereses de los grupos contendientes en el espacio público, poco a poco se pierde el fundamento de las palabras sobre el cuál podemos construir un sustrato común para la discusión y la convivencia.

Los hablantes al no preguntarnos por el significado e investigar sobre el origen y sentido de las palabras, nos convertimos en cómplices de la muerte de la palabra, somos asesinos de palabras cuando solo repetimos sin preguntarnos si ese es realmente el sentido original de la palabra, nos convertimos en piezas de la maquinaria que obliga a las palabras a significar lo que más conviene y no lo que en el contexto original se determinó. Pensemos por ejemplo en palabras como *resiliencia, sustentabilidad, socialismo, racismo, discriminación, igualdad, feminismo,* etc., son palabras que muchos pronuncian, otros defienden y algunas demonizan, pero ninguno se pregunta ¿Cuál es el sentido auténtico de esta palabra? ¿Estaré haciendo resonar el significado original o estoy repitiendo el significado que en algún momento a algunos les convenía manipular? El lenguaje humano es dinámico, no es estático, las palabras se van transformando, ese es un hecho indiscutible, lo que propongo es que ese proceso sea una verdadera evolución y no una distorsión forzada por la ignorancia y poco espíritu investigativo de los hablantes.

A esta pérdida del significado auténtico de las palabras derivado de un eso excesivo basado en la distorsión del espíritu originario le llamo *desgaste semántico*.

Etimológicamente la palabra *crítica* proviene del latín *criticus* que es un préstamo del adjetivo griego *kritikos* que significa "capaz de juzgar" y este adjetivo procede del verbo griego *krino* que significa "separar, distinguir, explicar, interpretar, resolver", este verbo procede de la raíz indoeuropea *krei* que significa *colar*, que en español sería la acción de filtrar para separar de impurezas o partículas. Partiendo de la etimología del vocablo ya podemos hacernos una idea sobre en qué consiste *ser crítico*, en su acepción más original ser crítico es filtrar la información o conocimiento que se nos transfiere, ya sea que este nos llegue en representación de un libro, una revista, un vídeo, una publicación en redes sociales, una página web, un comercial publicitario, una canción, un poema, etc., en esa labor de filtrar, el crítico separa, distingue, explica e interpreta. Criticar en ese sentido no es replicar un discurso, *el crítico no replica*, sino que analiza el discurso, lo descompone en todas sus partes y luego emite un juicio bien fundamentado.

El adjetivo *crítico* posee una reputación positiva en ciertos espacios de nuestra cultura, quienes lo poseen gozan de prestigio en una sociedad que está abierta a la crítica, no practicar la crítica es un síntoma de inmadurez humana, conformismo o peor aún, es reflejo que estamos viviendo en una sociedad dogmática, en la cual se cuestiona todo lo que no sustente la posición del grupo dominante, se descalifica inmediatamente cualquier postura contraria, ni siquiera se le considera en lo más mínimo, el gobierno o grupo dominante se considera poseedor de la verdad absoluta. Los seguidores de Trump son críticos con todo aquello que no respalde su postura, pero cualquier cosa que respalde su perspectiva la aceptan sin cuestionamiento, jamás cuestionarían a Trump o al partido republicano. La sociedad neoliberal que pregona la libertad de expresión, termina incurriendo en el dogmatismo que es contrario a la libertad de pensamiento, la cual es indispensable para la libertad de expresión.

Por otro lado, tenemos a los que quieren criticarlo absolutamente todo, considerando que una persona adulta y emancipada debe someterlo todo a la duda, el mundo entero debe ser sometido a una *duda universal*, nada puede ser aceptado. Esta actitud de crítica a ultranza no es sostenible en el tiempo, a primera vista puede parecer una actitud intachable, formidable y loable, pero es una actitud inconsecuente, en rigor no es posible criticarlo todo, si realmente queremos hacer eso, siendo consecuentes y radicales, nunca podría detenerse la crítica y jamás habrían conocimientos, reglas u orientaciones para actuar, ni siquiera sería viable la misma *crítica de todo*, ya que ella misma se basaría en supuestos que no tendrían que ser aceptados. Se caería en un principio de contradicción. La crítica sistémica y absoluta conduce al *nihilismo*, nos conduce a la *nada*, a la paralización. El pensamiento crítico es útil, pero como lo hemos dicho anteriormente, los procesos de entendimiento y solución de problemas no se pueden ni deben basar en un solo tipo de pensamiento, el modo de pensar crítico será útil en una o en algunas fases del proceso, pero no puede funcionar como principio rector de todas las fases, no podríamos nunca desarrollar un proceso y lograr una solución.

La actitud crítica es positiva cuando la persona se atreve a pensar por sí misma y no se deja llevar por la corriente de tópicos del momento, no se rige por los temas de moda o de efímera tendencia, sino que busca la verdad de las cosas y construir un criterio al respecto. La persona que somete absolutamente todo a crítica y revisión no es precisamente rigurosa ni fecunda, al contrario, es una actitud destructiva propia del posmodernismo narcisista que busca desconectarse de toda historia y antecedente, querer someter todo a crisis es una actitud inconsecuente consigo misma, porque *todo* es cualesquiera cosas menos lo que la misma persona que busca someter todo a crisis cree. La auténtica crítica busca aumentar los quilates de nuestro conocimiento para que cada vez logremos ajustar nuestra mente al ser de las cosas, es decir, a la complejidad de la realidad que nos rodea, en cambio, cuando se adopta la crítica absoluta, excepto para mis creencias, es una actitud de querer forzar la adaptación de la realidad a nuestras creencias. En inglés existe una palabra para las personas que son críticas, pero que no lo hacen bien o no son muy aptos para ello, se les denomina *criticaster;* personas que se autodenominan críticos, pero realmente son muy malos para criticar.

El padre del criticismo moderno es el filósofo alemán *Inmanuel Kant* un gran pensador que se emprendió una labor titánica al intentar hacer una anatomía de la razón humana en su libro *Crítica de la razón pura*. En esta obra Kant escribe en el prólogo de la primera edición:

> *"Es evidentemente el efecto no de la ligereza, sino del Juicio maduro de la época, que no se deja seducir por un saber aparente; es una intimación a la razón para que emprenda de nuevo la más difícil de sus tareas, la del propio conocimiento, y establezca un tribunal que la asegure en sus pretensiones legítimas y que en cambio acabe con todas las arrogancias infundadas, y no por medio de afirmaciones arbitrarias, sino según sus eternas e inmutables leyes. Este tribunal no es otro que la Crítica de la razón pura misma"* (Immanuel Kant, Crítica de la razón pura, 1781, pág. 7).

Kant está planteando que el tribunal que decidirá si la razón actúa de acuerdo a *leyes eternas e inmutables* será la razón misma, es decir, la razón humana será juez y acusado al mismo tiempo. Para Kant el fundamento del conocimiento ya no es la realidad, no son las cosas, las cuales para él no pueden ser conocidas en sí, para el filósofo alemán será el mismo sujeto cognoscente el eje de las cosas, el conocimiento se fundamenta en la razón misma, no es el pensamiento el que gira en torno a las cosas, sino las cosas giran en torno al pensamiento. Kant funda la filosofía crítica al proponer un método trascendental de análisis, que consiste en reflexionar sobre el pensamiento mismo, sobre cuáles son las condiciones subjetivas que posibilitan y afectan el conocimiento de las cosas, esas condiciones se convierten en principios reguladores de la realidad misma.

A partir de acá la filosofía se aleja del realismo que proponía el *ser* como eje rector del conocimiento y se propone no pensar en las cosas, sino pensar en el pensar por el pensar, la clave de todo está en el autoconocimiento de la razón solamente. Esto podría sonar muy pertinente y necesario, el problema está que este método fue llevado a su extremo y trajo consecuencias trágicas para la humanidad. Posterior a Kant la crítica se radicalizó en varios "ismos", surgió el marxismo que lleva al extremo los planteamientos de Marx, sosteniendo que nuestro conocimiento depende de las estructuras de producción y de conciencia social; o los neopositivistas y la filosofía analítica que sostendrá que el conocimiento lo rige el lenguaje, que todo problema de conocimiento no es más que problema de lenguaje, lo importante será criticar el lenguaje. El *vitalismo o existencialismo* que sostendrán que el fundamento de todo es puramente antropológico y nada racional para cualquier tipo de conocimiento.

La crítica se radicalizó tanto que a medida avanzaba la modernidad, la filosofía crítica permeó no solo la gnoseología, sino también tomó una cara sociológica, histórica, psicológica y política. Cuando el pensamiento se convierte en fundamento de sí mismo, no se cae en un simple subjetivismo, sino que se generan consecuencias muy duras, nos lo han demostrado el nazismo y el fascismo, el racismo, la xenofobia, los extremismos religiosos, el relativismo moral, etc.. La crítica pura conduce a la muerte del humano, nos deja sin punto de apoyo más que el pensar en sí mismo, el hombre termina vacío, sin ningún fundamento, totalmente vacío porque nada puede ser sostenido, todo debe ser sometido a *crisis*. La crítica absoluta se devora a sus más leales promotores. De nuevo, no podemos ni debemos aferrarnos solo a un modo de pensar.

Detona tu pensamiento crítico.

Las personas críticas observan, investigan, analizan y preguntan. Para no quedarnos meramente en la teoría o principios, te sugiero las siguientes prácticas para activar tu pensamiento crítico, estos solo son algunos ejemplos de los muchos que podrías utilizar, espero sean prácticos y de fácil implementación para ti:

- ***Observa tu entorno.***

Vuélvete un observador de tu entorno para identificar puntos de mejora, no solo mires la realidad, sino que obsérvala. Deja el teléfono celular a un lado y observa tu entorno, cuando te traslades por la ciudad observa, despégate de la pantalla de tu celular, para observar de manera efectiva necesitarás una guía, nuestra atención es selectiva, no podemos observarlo todo, por ello es necesario tener un marco de observación, para ello te aconsejo el marco llamado A E I O U, cada vocal corresponde a un aspecto de observación, veamos:

Actividades.
Las actividades son conjuntos de acciones dirigidas a objetivos ¿Cuáles son los caminos que toman las personas hacia las cosas que quieren lograr, incluidas acciones y procesos específicos? ¿Cuánto tiempo pasan haciendo algo? ¿Con quién lo están haciendo?

Entorno.
Los entornos incluyen toda los espacios y disposiciones donde se llevan a cabo las actividades. Por ejemplo ¿qué describe la atmósfera y la función del contexto, incluidos los espacios individuales y compartidos?

Interacciones.
Las interacciones se producen entre personas y objetos, son los componentes básicos de las actividades ¿Cuál es la naturaleza de las interacciones rutinarias y especiales entre personas y objetos en su entorno?

Objetos.
Los objetos son los componentes básicos del entorno, elementos clave, a veces destinados a usos complejos o incluso no deseados, posiblemente cambiando su función, significado y contexto. Por ejemplo ¿Cuáles son los objetos y dispositivos que las personas tienen en sus entornos y cómo se relacionan con sus actividades?

Usuarios.
Los usuarios son las personas cuyos comportamientos, preferencias y necesidades se están observando ¿Quién está presente? ¿Cuáles son sus roles y relaciones? ¿Cuáles son sus valores y prejuicios?
Para realizar el registro de tus observaciones puedes utilizar por cada aspecto el siguiente esquema:

5W questions.

Ante cualquier situación siempre realizas las "5 W preguntas" (*who*-quién, *what*-qué, *when*-cuándo, *where*-dónde, *why*-por qué) son preguntas que se utilizan mucho en el periodismo, la investigación y algunas indagaciones policiales. Un reporte solo se considera completo si responde a estas cinco preguntas:

- ✔ ¿Quién se ve afectado o beneficiado?
- ✔ ¿Qué ha pasado?
- ✔ ¿Cuándo ha ocurrido?
- ✔ ¿Dónde se llevó a cabo?
- ✔ ¿Por qué ha pasado?

A estas cinco preguntas siempre es recomendable agregar otra importante pregunta que invita a la exploración "how-cómo", se debe plantear ¿Cómo sucedió? ¿Cómo decidieron realizar eso? Considero que la pregunta ¿Por qué? y ¿Cómo? son esenciales, nunca pueden faltar en una entrevista o ante una situación que estamos explorando.

- *Cinco por qué.*

Esta es una herramienta que nos permite analizar una situación para llegar a la causa principal. Se trata de preguntar cinco veces ¿Por qué? Si los realizas de una manera adecuada, lo más probable es que identifiques una importante y verdadera causa. Veamos un ejemplo:

Entrevistador: ¿Cómo lees las noticias?
Participante: Tengo las aplicaciones de noticias de la BBC y Sky en mi teléfono.

1. *Entrevistador: ¿Por qué esas aplicaciones en particular?*
   Participante: Suelen ser los más rápidos para dar noticias.
2. *Entrevistador: ¿Por qué son importantes las noticias de última hora?*
   Participante: Me gusta sentir que estoy al día con el mundo.
3. *Entrevistador: ¿Por qué crees que es importante estar al día?*
   Participante: No me gusta ser el último en mi grupo de amistad en escuchar cosas.
4. *Entrevistador: ¿Y por qué es malo ser el último en el grupo?*
   Participante: No me gustaría perderme las conversaciones.
5. *Entrevistador: ¿Por qué es importante la conversación?*
   Participante: Tienes que mantener tus amistades...

En el ejemplo anterior hemos podido observar cómo de la primera respuesta *"tengo las aplicaciones de noticias de la BBC y Sky"*, mediante la técnica de los *cinco por qué* hemos llegado al hallazgo que la persona ve las noticias en esas aplicaciones porque quiere preservar sus amistades. Casi siempre es necesario realizar los cinco por qué, en algunas pocas ocasiones solo serán necesario tres o cuatro. Procura en este ejercicio no preguntar quién, cómo o qué, solo se pregunta *por qué*.

4.3.6 Pensamiento sistémico.

¿Cuál es tu visión de la realidad? ¿Cómo consideras que en la realidad interactúan todos los conjuntos de seres? ¿Consideras que el país donde vives es "independiente"? ¿Consideras que tus decisiones afectan a otras personas o eres libre de hacer y decir lo que quieras con tu vida? La realidad que nos rodea es un supersistema integrado por una amplia variedad de sistemas y subsistemas interrelacionados que se influyen entre sí. No todos los objetos son un sistema, pero todos se integran dentro de un sistema. El humano es un sistema integrado por subsistemas (el respiratorio, digestivo, muscular, nervioso, etc.) y el ecosistema en el que se integra el humano es el supersistema. La pestaña, la ceja o la uña no son individualmente un sistema, pero se integran dentro de un sistema. Todo está integrado dentro de un sistema, nada existe sin un sistema, el sistema es el ambiente en el que cualquier ente existe. *No todo ente es un sistema, pero todo ente es en un sistema.* El pensamiento sistémico es aprender a ver y entender la realidad como un sistema, por ello, antes de describir con más detalles este *modo de pensar*, es necesario que describamos en qué consiste un sistema.

¿Qué es un sistema?

Un sistema es el *modo de ser interactivo* que comparten todos los objetos en este multiverso, así como en cualquier otro que podamos imaginar o descubrir, esta definición requiere entender cómo opera un sistema, esta no es una definición que aclare qué es un sistema, sino que una vez entiendas qué es un sistema, el sistema se contempla en la categoría que merece, la de un *modo de ser pluriversal.*

Existen muchas definiciones de sistema y perspectivas desde las cuales puede ser definido. Dos de las grandes perspectivas son, por un lado, la de Teoría General de Sistemas iniciada por von Bertalanffy (1989); por otro lado, desde la ingeniería de sistemas, un enfoque más pragmático (Emshoff, 1971). Independientemente del enfoque desde el cual se le defina, se tiene en común muchos elementos, todos concuerdan que un sistema es un conjunto de partes interrelacionadas que interactúan entre sí para lograr una serie determinada de objetivos, este conjunto de partes manifiesta un patrón de comportamiento a lo largo del tiempo, este comportamiento es causado por la dinámica misma del sistema, la cual se podría ver alterada por la incidencia de alguna fuerza externa, la reacción siempre será en consistencia con la dinámica del sistema.

Partiendo de la descripción anterior, constituye un sistema la ciudad donde vives, la universidad en la que estudias, la empresa donde trabajas, tu organismo, la religión, etc.; un sistema está constituido de partes, las cuales pueden ser materiales o inmateriales, por ejemplo, pueden ser músculos, neuronas, huesos, minerales, etc.; o ser algo más abstracto como leyes, reglas, procesos, etc.. En un sistema *el todo es más que la suma de todas las partes*, en un sistema no siempre 2+2=4, podría ser 2+2=5, a esto se le denomina *sinergia*. Si un conjunto u objeto cumple con el requisito de que la suma de las partes es diferente al todo, entonces decimos que tiene *sinergia*. Un concepto importante para entender qué es un sistema, ya que no hay sistema sin sinergia.

La sinergia no es simplemente un trabajo coordinado como siempre se nos ha explicado. Cuando el análisis de un elemento de manera aislada no puede explicar la conducta del todo, entonces decimos que posee sinergia. Por ejemplo, el caso de un vehículo, el análisis solo de una parte del vehículo no puede ser suficiente para explicar el desempeño de todo el automotor, no podemos predecir su desempeño solo analizando sus llantas o su subsistema eléctrico. Otro ejemplo de sinergia es la disposición de un conjunto de seis naranjas.

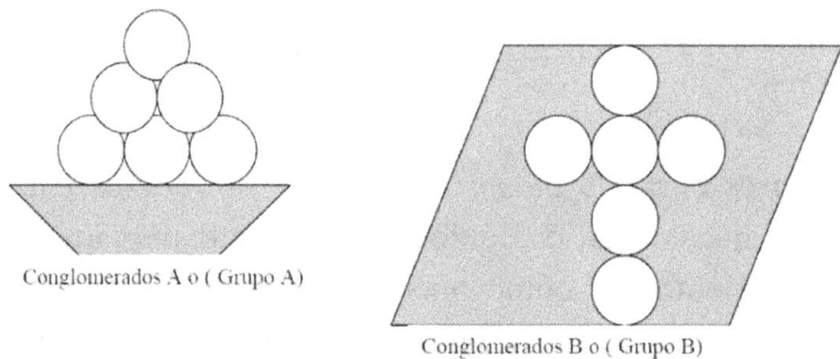

Figura 27. Oscar J. Bertoglio. Introducción a la teoria general de sistemas, 1982.

Tenemos dos conglomerados de naranjas, en el A están apiladas en un contenedor en un determinado orden, en el conglomerado B tenemos las naranjas ordenas en forma de una cruz. Si le pedimos a alguien que tome una naranja de la fuente A y la examine, al preguntarle si es capaz de predecir el color, tamaño, si están maduras, etc., dirá que las demás tienen las mismas características, probablemente la descripción que nos dé sea acertada. Pero, si se le pide que tome una del grupo B y no sabe cómo están dispuestas, si se le pide que caracterice el resto, la descripción que brinde será similar que en el grupo A. Pero, en este caso no va acertar porque las naranjas están dispuestas de una manera que son más que seis naranjas, están constituyendo un orden, una ubicación, una relación entre ellas. La cruz de naranjas no es igual a la suma de sus partes.

El siguiente diagrama es otro ejemplo sobre cómo solamente un par de variables no son suficientes para explicar el comportamiento del todo:

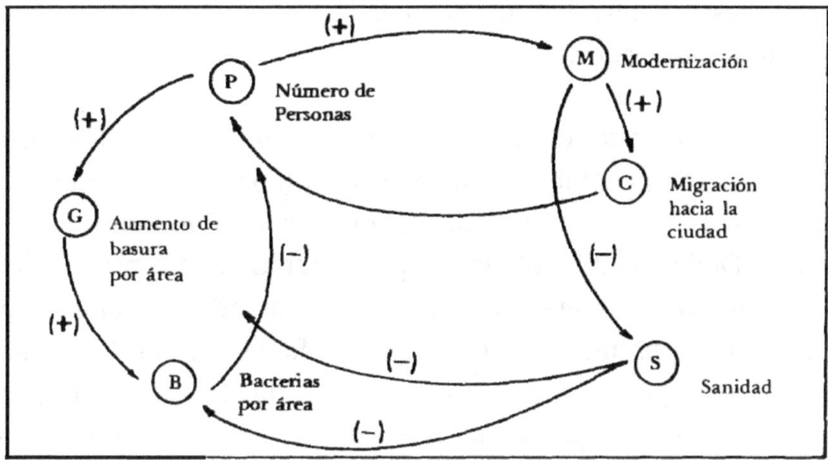

Figura 28. Flujo de interacción causal. Oscar J. Bertoglio. Introducción a la teoría general de sistemas, 1982.

Las flechas señalan la dirección en la que influye la variable. El signo + señala que la influencia y cambio acontece en la dirección de la flecha, aunque no necesariamente siempre ese cambio sea positivo. Entre la variable G (cantidad de basura por área) y B (bacterias por área) indica un aumento en la cantidad de desperdicios por área que causa un incremento de las bacterias; pero, igualmente señala que una disminución del desperdicio causa también una disminución en el número de bacterias por área. *El signo - (negativo) indica un cambio en la* dirección, por ejemplo, la relación e influencia negativa entre S y B indica que un aumento en los recursos sanitarios hace decrecer la cantidad de bacterias y, viceversa, una disminución de estos recursos hace subir el número de bacterias por área (Bertoglio, 1982).

Ese pequeño ciclo de relaciones causales nos explica un sistema que se genera en torno a la modernización de una ciudad, señalando que de manera paradójica la modernización de una ciudad podría generar una disminución en la población, ya que nos encontramos ante las siguientes correlaciones (Bertoglio, 1982):

- A mayor modernización, mayor migración.
- A mayor migración, mayor número de personas.
- A mayor número de personas, mayor es la basura y desechos por área.

- A mayor basura, mayor número de bacterias.
- A mayor número de bacterias, mayor número de enfermedades.
- A mayor número de enfermedades, menor es el número de habitantes.

En el cuadro anterior identificamos algunas variables, se podría agregar otras variables y la dinámica cambia, por ejemplo, los *equipos sanitarios*. Cuando identificamos un conjunto de elementos, variables y actores cuya dinámica implica sinergia, es necesario entender que su análisis debe involucrar la interacción de todos los componentes implicados.

A propósito de estas correlaciones, en el mundo existen 43 *mega ciudades* que presentan núcleos de población de más de 10 millones de habitantes cada una. A la cabeza se encuentra Tokio, la urbe más poblada con 37 millones de personas, detrás de ella, Nueva Delhi con 29 millones. Según la ONU se observan distintas dinámicas. En el caso de Tokio, se espera que la población empiece a disminuir a partir de 2020, mientras que Delhi continuará creciendo hasta convertirse en la ciudad más poblada en 2022. Se prevé que las *mega ciudades* no dirigirán el crecimiento demográfico urbano en el mundo, sino que serán las urbes con menos de un millón de habitantes, especialmente en Asia y África, las que liderarán la tendencia (ONU, 2018).

Si la sinergia indica que la suma de las partes puede ser superior al todo, esto implica que los elementos del sistema que se analiza se pueden *desarrollar*. En ese sentido, todas las organizaciones son una total sinergia cuando permiten que quienes las integren se desarrollen. Ya lo señalaba el filósofo de los negocios, Peter F. Drucker, aunque en su afirmación no utilizaba la palabra sinergia, nos plantea una descripción digna de reflexión:

> *"La empresa debe ser capaz, por definición, de producir más o mejor que todos los recursos que comprende. Debe ser un verdadero todo: mayor que la suma de sus partes, o, por lo menos, diferente a ella, con un -rendimiento mayor que la suma de todos los consumos. La empresa no puede ser un agrupamiento de recursos. Para convertir los recursos en empresa no es suficiente reunirlos en orden lógico y luego girar la llave del capital, como creían firmemente los economistas del siglo XIX (y como creen aún muchos de sus sucesores entre los economistas académicos). Lo que se necesita es una transmutación de los recursos. Y esto no puede venir de un recurso inanimado como el capital. Requiere dirección."* (La Ciencia de la Gerencia, Peter Drucker, 1970, págs. 23 -24).

Drucker está haciendo una acotación muy importante, que no se constituye una organización empresarial solo porque se posee el capital y la capacidad de reunir todos los recursos necesarios. Esas no son empresas ni organizaciones que logran transformar el mundo, podrías generar una rentabilidad envidiable, pero eso no significa que la empresa sea un todo mayor que la suma de sus partes, para ello es necesario *trasmutar los recursos,* es decir, llevar a todos sus miembros a un siguiente nivel con una finalidad específica. Cuando se habla de recursos no se refiere solo a nivel interno, sino también a nivel externo, especialmente los recursos necesarios del entorno ecológico.

En la misma obra "La ciencia de la gerencia", Drucker nos brinda una afirmación que es digna de enmarcar y meditar, este párrafo debería estar en la mesa de todos los gerentes o CEOs:

> *"De todos los recursos de que dispone el hombre, el único que puede crecer y desarrollarse es el hombre mismo. Solamente lo que un gran escritor político medieval (Sir John Fortescue) llamó "intentio populi", es decir, el esfuerzo dirigido, enfocado y conjunto de los seres humanos libres, puede producir un verdadero todo. En realidad, hacer un todo que sea mayor que la suma de sus partes ha sido desde los días de Platón la definición de la "Sociedad Ideal"* (La Ciencia de la Gerencia, Peter Drucker, 1970, págs. 23 -24).

¿Cómo identificar un sistema?

Los sistemas pueden ser naturales o artificiales, algunos son creados por el hombre con una finalidad específica y otros surgen de la naturaleza misma o de la interacción de esta con el mundo artificial. Algunos sistemas pueden ser mixtos, por ejemplo, cuando un gobierno crea un parque en el cual habilita lagos y áreas verdes, en ellas llegan a residir aves, roedores, etc.; además, tiene parqueo, baños, pistas para correr y gimnasios al aire libre. Este espacio constituye un espacio diseñado con uno o varios propósitos. Es un espacio mixto.

Ya abordamos la cualidad de *sinergia* como característica que nos ayuda a identificar un sistema; además, otra característica importante a considerar es la *recursividad,* la cual consiste en que un objeto o conjunto de objetos sinérgicos (un sistema), puede estar compuesto de objetos que también son sinérgicos, es decir, dentro de un sistema hay subsistemas y ese sistema forma parte de un supersistema; no importa la complejidad de los objetos que poseen sinergia en sí, pueden ser considerados como subsistemas. No todos los componentes del sistema pueden considerarse como subsistemas, por ejemplo, en el sistema del organismo humano, el corazón y el intestino son subsistemas, pero no lo es la uña del dedo índice o los pelos de la pestaña. O por ejemplo en una empresa, el área de bodega y despacho puede ser un subsistema de logística, pero no es un subsistema la persona que empaca un pedido.

Además de la *recursividad* y la *sinergia* exploremos otras **características sistémicas** que nos permiten identificar cuándo nos enfrentamos a una realidad o problema sistémico. Es difícil definir una lista de criterios para identificar un sistema, según el principio de recursividad, lo que apliquemos a un sistema se puede aplicar a un subsistema y supersistemas.

- *Viabilidad.*
Este criterio nos permite determinar si un conjunto tiene la capacidad se sobrevivencia y adaptación de un sistema en un contexto en constante cambio.

- *Producción.*
Transformar las entradas (*inputs*) del sistema para hacer más eficiente el comportamiento o finalidad del mismo.

- *Apoyo.*
Las funciones de apoyo son las que buscan proveer al sistema de todos los elementos necesarios para lograr su finalidad.

- *Mantenimiento.*
Son las funciones que buscan que las partes que integran el sistema se mantengan dentro del sistema, no se desintegre.

- *Adaptación*
Son todos aquellos conjuntos que realizan una serie de acciones para sobrevivir en el medio que interactúa.

- *Dirección*
Existe una finalidad que orienta y coordina todas las actividades del conjunto y los subsistemas, y así tomar decisiones en los momentos más oportunos.

Apliquemos estas características a un tipo de sistema muy común: una empresa.

- **Viabilidad:** la empresa es apta para permanecer en el contexto social, político, ecológico, económico y tecnológico.
- **Producción:** el taller o planta.
- **Apoyo:** Adquisiciones, ventas, relaciones públicas, etc..
- **Mantenimiento:** relaciones industriales y alianzas estratégicas.
- **Adaptación:** estudios de mercado, innovación, investigación y desarrollo.

- ***Dirección:*** gerencia, alta gerencia, línea ejecutiva, directores y planeación.

¿Qué es el pensamiento sistémico?

A estas alturas luego de haber hecho un recorrido por los conceptos de sistema, sinergia, recursividad y características sistémicas; ya podemos hacernos una idea sobre qué es el *pensamiento sistémico;* considero que este *modo de pensar* junto al pensamiento no lineal, son dos de los más trascendentales para entender y solucionar los problemas que enfrentamos actualmente como humanidad. Pensar de manera sistémica es entender las relaciones entre causa y efecto que no están evidentes y requieren de un análisis más profundo, este modo de pensar nos permite entender las situaciones en las cuales se ven inmersas muchas variables y actores dentro de procesos muy extensos en el tiempo y espacio.

El concepto de pensamiento sistémico fue acuñado por Barry Richmond en 1987, lo describía de la siguiente manera: *"El pensamiento sistémico es el arte y la ciencia de hacer inferencias confiables sobre el comportamiento mediante el desarrollo de una comprensión cada vez más profunda de la estructura subyacente".* (Systems thinking/system dynamics: Let's just get on with it. System Dynamic Review, 1987). En esta definición quiero resaltar tres conceptos, en primer lugar *arte y ciencia,* como *arte* el pensamiento sistémico se perfecciona con la práctica constante, no se puede aprender a pensar de manera sistémica sin una repetición apasionada, así como el escultor no aprende a esculpir sin una repetición constante hasta dominar de manera perfecta la técnica, de la misma manera el pensador no aprenderá a ver y entender la realidad como un sistema sin un esmero comprometido; como *ciencia* el pensamiento sistémico requiere el dominio de una serie de conceptos, herramientas y métodos ya establecidos por las diferentes corrientes de este pensamiento. Ya existen lineamientos que hay que conocer y dominar, no es solamente esmero, también es teoría que debe conocerse, comprenderse y aplicarse. Por otro lado, el concepto de *estructura subyacente* que señala Richmond hace referencia a las interrelaciones no evidentes que el pensador sistémico descubre con esfuerzo, los sistemas pueden crearse y también descubrirse. La mayoría de casos el pensador sistémico busca descubrir un sistema, mapearlo, entender sus interacciones y luego decidir en cual o cuales interacciones es necesario incidir para lograr el resultado más preferible.

Por ejemplo, el tráfico de la Ciudad de México es un sistema altamente complejo, para plantear una solución efectiva a la sobresaturación de vehículos hay que mapear la interacción de diversas variables, no solo la cantidad de vehículos y calles, sino considerar también la densidad poblacional, el transporte público, la delincuencia, el costo de los vehículos, tipos de trabajos que se desempeñan, lugares donde se concentra la oferta laboral, etc.; debemos mapear cómo interactúan todas estas variables y analizar sobre cuál debemos ejercer un cambio para buscar el efecto deseado: reducir el tráfico en la Ciudad de México.

Para perfeccionar el alcance de un objetivo que depende de un sistema, es necesario comprender la estructura dinámica del sistema, la cual controla y configura su comportamiento. Se opta por el término sistémico en lugar de holístico, en el sentido que el primero hace referencia al entendimiento de la estructura dinámica, en cambio el segundo hace referencia a algo más intuitivo, a la comprensión del todo y no necesariamente la dinamicidad estructural.

Piensa por un momento en los problemas que tu país arrastra desde hace décadas o siglos, como la mala educación, delincuencia, tráfico de drogas, contaminación, corrupción, etc.; problemas que con el paso del tiempo lejos de solucionarse empeoran, porque los tomadores de decisión no entienden nada sobre problemas complejos y cómo pensar para solucionarlos, la gran mayoría o casi todos los tomadores de decisión piensan de manera lineal u orientada a eventos, ven el mundo como una secuencia evidente y recta de efectos y causas, aplican esa manera de pensar para solucionar problemas sistémicos, el gran problema de esto es que después que pasan 20 años y la solución falló, se ha perdido un recursos que no se renuevan, entre ellos principalmente el tiempo; además, hemos perdido vidas, recursos ecológicos y mucho dinero. Todo tomador de decisión, ya sea al frente del gobierno o de otra organización, está obligado a aprender a pensar de manera sistémica.

¿Por qué es importante el pensamiento sistémico?

Existe un proverbio griego anónimo cuya reflexión nos muestra con pronunciada profundidad la innegable relevancia del pensamiento sistémico: *"Una sociedad se vuelve grandiosa cuando las personas plantan árboles cuya sombra saben que nunca disfrutaran."* Si toda la humanidad interiorizara el sentido de este adagio, tomaríamos menos decisiones egoístas e improvisadas. Este es el espíritu de quienes han sacrificado su propia vida protegiendo el Amazonas contra las empresas depredadoras ambientales, o las personas asesinadas en México por defender el recurso del agua y los bosques. La mentalidad cortoplacista es el reflejo de una sociedad decadente, desintegrada, descompuesta, fría, ausente, vacía, egocéntrica, narcisista, hedonista y profundamente volcada y esclavizada al consumismo irresponsable. Aprender a pensar de manera sistémica es aprender a superar el cortoplacismo que nos tiene empantanados en el fango de la desigualdad económica, corrupción, desempleo, hambre, crisis climática y desesperación. Pensar de manera sistémica, además de ser una ciencia y un arte, *es una mejor manera de ver el mundo y la vida*, no ves partes y eventos aislados, sino que nos enfocamos en las interrelaciones y conexiones entre las variables y actores que integran un sistema, evitando plantear soluciones apresuradas y populares, favoreciendo la consideración de las consecuencias a largo plazo de nuestras decisiones.

Aprender a pensar de manera sistémica consiste en desaprender la manera como nos han enseñado a pensar desde niños en nuestra familia y escuelas, hemos aprendido que todo es racional y evidente, que poco hay por descubrir, que las cosas pueden verse con claridad, que la relación entre causa y efecto es evidente. Además, vivimos en un mundo *hiperespecializado* en el que los profesionales se enfocan en aspectos muy específicos, un propósito que nos ha funcionado a entender y solucionar algunos tipos de problemas especializados, pero no nos ayuda a solucionar problemas de carácter sistémico, la ciencia se ha vuelto muy especializada y necesitamos personas que conviertan la ciencia especializada en ciencia sistémica.

Necesitamos más académicos de la complejidad, que sean capaces de integrar y coordinar equipos interdisciplinarios. La especialización es una debilidad para la sobrevivencia, un animal que se especializa solamente en aprender cómo obtener hormigas de los nidos que encuentra en el suelo, se morirá de hambre cuando las hormigas comiencen a plantar sus nidos en las copas de los árboles, porque no sabe cómo subir a un árbol, es más, ni tan siquiera puede arquear su cuello para ver hacia arriba, siempre está viendo hacia el suelo. La humanidad en su conjunto no debe especializarse, el capitalismo hace que busquemos la especialización para poder ser exitosos, si quieres obtener un buen empleo debes especializarte, pero los nuevos desafíos demandan de un nivel adecuado de *generalización* también, si eres especialista solamente en derecho, más específicamente en derecho familiar, mejor empieza a estudiar otro contenido que te haga salir de esa especialización, no se trata tampoco de tener un océano de conocimiento con un centímetro de profundidad, sino más bien volverte conocedor y dominar diferentes disciplinas, no estudies tu licenciatura en sociología, maestría en sociología, doctorado en sociología y posdoctorado en sociología; estarías atentando contra tu sobrevivencia profesional. La pandemia de del Covid-19 nos lo enseñó recientemente que las personas que estaban especializadas en trabajos que solo se podían ejecutar de manera presencial, quedaron desempleadas y tuvieron serias dificultades para encontrar otras oportunidades. El pensamiento sistémico nos enseña que el "yo" no se identifica con el trabajo que haces, tu yo no es el trabajo que desempeñas, hacerlo mutilaría la capacidad que tienes de aprender diversas habilidades.

El sentido de la Teoría General de Sistemas es ayudarnos como humanidad a lograr un nivel adecuado de generalidad, actualmente se ha hecho sentir la necesidad de un cuerpo teórico y práctico que nos permita sufragar la necesidad que tenemos de un cuerpo sistemático de herramientas y construcciones teóricas para entender mejor el mundo, para explicar mejor todas las interrelaciones del mundo empírico, este es el sentido último del pensamiento sistémico, salvarnos del cortoplacismo, el empeoramiento de los problemas y los riesgos de la sobre especialización sin un nivel de generalización adecuado.

Desde la escuela, la universidad y la misma familia se enseña que la causa de los problemas proviene del entorno del sistema y no desde el interior del sistema. Así vemos muchos problemas con los que nos enfrentamos como personas, empresas, colectivos, países y humanidad; es comprensible que esta manera de pensar se haya propagado y domine todos los campos, no sólo por nuestra herencia evolutiva, sino porque como humanidad hemos encontrado grandiosas soluciones *buscando las causas afuera del sistema*, así hemos encontrado cura para enfermedades, vacunas para virus mortales para el humano, maneras de producir alimentos para escalas mundiales, así hemos desarrollado sistemas de transporte, viendo hacia fuera, más que hacia dentro del sistema. El caos y la crisis deviene posteriormente, ahora esos avances en producción de alimentos, ropa, transporte, etc., ponen en riesgo el equilibrio de nuestro ecosistema para vivir de manera digna, generamos muchas soluciones a problemas solo viendo hacia afuera, sin dedicar tiempo para analizar la estructura del sistema en el que operarían esas soluciones, de tal manera que las nuevas y grandiosas soluciones terminaron generando nuevos y peores problemas, por ejemplo, la sequía, huracanes cada más fuertes, desigualdad económica, narcotráfico, delincuencia, olas de migración, etc.; de tal modo que, la manera de pensar con la que hemos desarrollado grandiosas soluciones es obsoleta para ayudarnos a resolver los problemas más complejos, sin importar los esfuerzos que hagamos no los solucionaremos, es necesaria una nueva manera de pensar, es necesario aprender a ver la realidad como un entramado de sistemas, subsistemas y supersistemas, de lo contrario, problemas complejos como la pobreza, el desempleo, adicción a las drogas, corrupción en el gobierno, sistemas de salud deficientes, narcotráfico, pandemias, amenazas nucleares, terrorismo, ciberterrorismo, etc., no sólo continuaran existiendo, sino que empeoraran, ya que al no entender la estructura del sistema en el que operan, las soluciones que se implementen los empeorarán. Imagina que tú visitas a un médico por un dolor que tienes, este médico nunca acierta en el diagnóstico, no identifica la causa o identifica la causa incorrecta, te receta tratamientos y medicamentos que con el paso del tiempo harán que ese dolor empeore, quizá controle el dolor, pero al paso de los años habrá evolucionado en forma de tumor, cáncer u otro tipo de enfermedad degenerativa. Ningún ciudadano quiere que los problemas anteriormente mencionados existan, quizá sí algunos agentes corruptos de la sociedad, pero la gran mayoría queremos solucionarlos, pero no lo lograremos hasta que no aprendamos a examinar el sistema y establecer una ruta de las causas de raíz.

Es indispensable que estemos dispuestos y exijamos a los tomadores de decisión, la disposición de ver las cosas desde una perspectiva completamente nueva.

¿Cómo practicar el pensamiento sistémico?

Pensar de manera sistémica es identificar, entender, mapear, analizar e incidir en los sistemas. Como en todas las ciencias y disciplinas en el pensamiento sistémicos existen niveles de dominio, el pensamiento sistémico requiere del dominio de conceptos y lineamientos para entender las interconexiones y elementos de los sistemas, su dominio requiere de práctica y dedicación, por ello se plantean una serie de niveles de dominio (Thwink, s.f.).

Nivel 0 – No se tiene conciencia.
En este nivel eres absolutamente desconocedor del concepto de pensamiento sistémico. Nada más que decir.

Nivel 1 – Conciencia superficial.
En este nivel sabes qué significa el pensamiento sistémico, te sientes un pensador sistémico porque hablas con mucho confort sobre este conceto, utilizas alguna terminología de la ciencia, aun no estás habilitado para determinar cuándo un análisis sistémico es bueno o malo, aún no puedes desarrollar un análisis sistémico con todos los criterios necesarios. Este es el nivel donde se quedan estancadas la mayoría de personas.

Nivel 2 – Conciencia profunda.
En este nivel eres capaz de entender los conceptos claves del pensamiento sistémico, eres completamente consciente del gran potencial de este pensamiento, en este nivel puedes realizar diferentes lecturas sobre este tema y comprenderlas, así como realizar lectura de diagramas de flujo que mapeen el funcionamiento de un sistema. Pero, aún necesitas continuar leyendo y practicando para poder realizar por tu propia cuenta los diagramas de flujos, estableciendo cuáles son las fuerzas que hacen que los ciclos se refuercen y balanceen.

Nivel 3 – Novicio.
En este nivel la persona puede crear sus propios diagramas de flujo y puede usarlos para resolver algunos problemas relativamente difíciles.

Nivel 4 - Experto.
Estar en este nivel implica que eres capaz de crear modelos de simulación sobre la dinámica de un sistema. Eres capaz de resolver problemas difíciles y complejos. Las

organizaciones que se enfrentan a problemas sociales complejos deberían por lo menos tener un experto dentro de sus equipos.

Nivel 5 – Gurú.
Es muy raro lograr este nivel de madurez del pensamiento sistémico, quien lo logra puede ser un maestro para convertir a otros en expertos, en este nivel puedes ofrecer un aporte relevante y determinante en el entendimiento y solución de los problemas más complejos del mundo.

Sin lugar a dudas después de la lectura que has realizado en este libro ya no estás en el Nivel 0, por lo menos ahora estás en el nivel de conciencia inicial, si quieres avanzar en el aprendizaje y dominio del pensamiento sistémico, si quieres aportar a la solución de problemas de una manera única y efectiva, te invito a que no te estanques en este nivel, definitivamente este libro no busca ser un manual de pensamiento sistémico, mi objetivo es despertar la conciencia y que avances. Si quieres avanzar del Nivel 1 al Nivel 3, te recomiendo la lectura del libro *La Quinta Disciplina: El Arte y la Práctica de la Organización Abierta al Aprendizaje* de Peter Senge. Si quieres convertirte en un experto, te recomiendo la lectura y aplicación del extenso, minucioso y profundo libro *Business Dynamics: Systems Thinking and Modeling for a Complex World* de John Sterman; además, de practicar, practicar y practicar

4.4 *Via veritatis*: ¿Qué es pensar bien?

Existen órganos cuyas facultades no necesitan ser educadas, simplemente ocurren independientemente de nuestros esfuerzos, actúan con eficiencia siempre y cuando cuidemos nuestra alimentación y estilo de vida. Por ejemplo, el hígado es un órgano que tiene más de 500 funciones en el cuerpo humano, ninguna de ellas es un acto que dependa de nuestra voluntad o libertad de manera directa, no podemos enseñarle a el hígado a ser más eficiente; el riñón tiene sus propias funciones y ninguna de ellas es moldeable por nosotros. Así podríamos citar toda una línea de ejemplos de ese tipo de órganos y sus facultades; sin embargo, las facultades de los órganos que está directamente conectados a las facultades mentales sí pueden ser moldeables, pueden ser educadas, transformadas o deformadas.

La gran facultad del cerebro es pensar. Una facultad muy compleja que no se puede mapear de una manera delimitada y determinista, existen otros órganos como la nariz, los ojos, el oído y la lengua cuyas facultades están bien delimitadas, responden a un mecanismo bien definido y mapeado, pero que pueden ser educadas y mapeadas, puede educarse a la nariz para oler mejor, para captar de una manera más efectiva los aromas e identificarlos, puede educarse al oído para saber captar ritmos, sonidos y volverte un experto en la armonía auditiva; puede educarse al ojo para ver mejor, para saber ver el entorno, tener una mirada más exploradora e inquisitiva. Pensar es una facultad moldeable, pero no mapeable. Podemos conocer los caminos que la mente recorre, los atajos, pero nunca podremos definir un mapa y decir "he aquí el genoma de la mente humana", porque su dinamismo es muy complejo, es muy flexible y versátil. Por eso, al final caminamos en un laberinto, una serie de caminos que nunca hemos logrado y quizá nunca logremos mapear, no hay un mapa para seguir los caminos de la mente, porque si hiciéramos un mapa ahora, en dos minutos ese mapa ya no serviría, estaría totalmente desactualizado, la mente se actualiza permanentemente, por ello se vuelve mucho más difícil aprender a pensar, educar esta facultad requiere esfuerzo, dedicación, tiempo, entusiasmo y conocimiento de la facultad misma.

Mente activa y abierta.

La mente puede adoptar diversos estados, los diferentes modos de pensar expuestos anteriormente constituyen cada uno de ellos un modo de pensar, pero existe una actitud mental que se puede adoptar para evitar pensar de manera errónea, los errores que puede cometer la mente al pensar son muchos, los pocos sesgos acá descritos son posibilidades de error más no errores en sí. No pretendo decirte sobre qué pensar, sino más bien proponerte una actitud sobre cómo pensar. Nadie quiere pensar mal, todos queremos y de alguna manera damos por supuesto que pensamos bien, que nuestra actitud mental es la más adecuada, pero esto no lo podemos saber si no hemos conocido de alguna manera cómo funciona nuestra mente, es como cuando vas al gimnasio a realizar ejercicio, durante un año vas cuatro días por semana, pasado un año no ves los resultados que esperabas, querías incrementar masa muscular y no lo has logrado, hablas con un entrenador certificado y te das cuenta que durante todo un año hiciste mal todos tus ejercicios, nunca ejecutaste una rutina adecuada, siempre hiciste mal lo que creías era lo más efectivo; así sucede con el pensar, quizá toda la vida nunca has entrenado tu mente, nunca has hecho la rutina más eficiente, aunque tú creas que eres un hábil pensador.

Ya lo hemos dicho anteriormente, el error solo ocurre en la mente humana y en sus resultados, no existe error en la realidad natural, por ello es necesario identificar algunos aspectos que pueden inducirnos a un pensamiento muy débil, entre ellos podríamos mencionar (Baron, 1988):

- *Ausencia de búsqueda.* Somos susceptibles del error cuando nos disponemos a concluir o decidir sobre algo, sin haber realizado la investigación sobre aspectos que son indispensables para concluir o decidir acertadamente; o te muestras demasiado confiado después de una investigación muy superficial.

- *Búsqueda parcializada.* Otra actitud que nos conduce al error es el hecho de buscar información o evidencia que solamente sustente nuestros supuestos o deseos ¿Qué buscas? ¿Buscas desafiar tus supuestos, creencias o hipótesis; o sólo buscas confirmar y defender lo que ya das por sentado? La actitud del buen pensador es la que busca información tanto que pueda confirmar como invalidar sus planteamientos, no se busca la información que deseas, sino la mejor información posible y esa es la que se abre a todas las posibilidades. La actitud contraria nos llevaría a coartar el proceso de investigación una vez hayamos encontrado la información que favorece alguna alternativa en particular que ya teníamos en mente, generando conclusiones apresuradas y parcializadas, no filtradas.

- *Búsqueda excesiva.* La sobrecarga de información puede generar que pensemos demasiado sobre un asunto sin generar una conclusión acertada, es necesario investigar y analizar, pero esta fase no puede prolongarse sin ningún límite, por eso es importante siempre establecer límites en cuanto a tiempo que se dedicará a la investigación y saber curar la información, porque de lo contrario podemos pecar de exceso de pensamiento.

El buen pensar está en la diversidad de los modos de pensar, el buen pensador como ya lo he dicho no se limita a un modo de pensar, recurro nuevamente a la analogía del ejercicio, cuando quieres desarrollar un músculo no es funcional realizar solamente el mismo tipo de rutina todo el tiempo, debes cambiar la rutina periódicamente, además, no será la misma rutina y peso si tus objetivos cambian, no es la misma rutina para aumentar masa muscular que para la definición muscular; pues así sucede con el pensar, dependerá de tu objetivo el modo de pensar a implementar, si tu objetivo es generar ideas creativas no será el mismo modo de pensar que si tu objetivo es evaluar las ideas. No será el mismo modo de pensar para determinar la correlación de dos variables a lo largo de un periodo de tiempo, que para determinar la causalidad de un problema que implica muchas variables y actores. El pensar es como el comer, el balance y lo nutritivo siempre estará en la variedad. Esta variedad no solo se refiere al dominio e implementación de diversos modos de pensar, sino también al contenido de cada uno de esos modos de pensar (ya expuestos anteriormente), la variedad en cuanto a los datos sobre los que se piensa es importante para ser un buen pensador y alejarse de cualquier *raquitismo cognitivo.*

Contrario a los tres aspectos anteriormente mencionados que conducen a un pensar deficiente, el buen pensar siempre implicará lo siguiente:

1- La indagación que se realiza es profunda y exhaustiva en proporción al asunto que se aborda.
2- La confianza es proporcional a la calidad y profundidad del análisis realizado.
3- Se consideran todas las alternativas posibles, además de alguna que sea favorable inicialmente.

El psicólogo cognitivo Jonathan Baron (1988) llama al pensamiento que sigue estos principios *"pensamiento abierto y activo"*. *Abierto* en cuanto que no se cierra a buscar solamente información que sustente sus creencias, sino que se abre a nuevas perspectivas, metas, posibilidades y evidencias, aun cuando haya alguna hipótesis muy fuerte inicialmente. *Activo* en cuanto que el pensamiento no descansa en una espera pasiva por esta nueva evidencia o información, sino que realiza una búsqueda constante y participativa. Esto es lo que llamaríamos el *buen pensar*.

EPÍLOGO

Cuando decidí empezar a escribir este libro como compendio y análisis de algunos de los asuntos más relevantes en torno al funcionamiento de la mente humana, se declaró el inició de la pandemia del *Covid 19*, muchos países iniciaron cuarentenas y el contacto social se hizo muy difícil, muchos proyectos se nos vieron retrasados de manera significativa. En ese contexto el escribir fue para mí un refugio y un consuelo ante el encierro y la frustración de no haber podido concretar algunos proyectos. Espero que esta lectura sea reveladora para quienes hayan llegado hasta el final de este libro y que tengan la grandiosa oportunidad de haber sobrevivido a la pandemia. Quiero cerrar este escrito haciendo referencia al punto que abordé en las primeras líneas introductorias, es indispensable que nos conozcamos a nosotros mismos, esa labor no es algo meramente afectivo o simplemente un ejercicio de meditación, sino que es un esfuerzo que implica comprender cómo funciona la que orienta todas nuestras decisiones: la mente humana. Cuando hablo de mente humana, como ya lo he expuesto, no excluye las emociones y sentimientos, estos forman parte de la dinámica del pensamiento. El pensamiento no es un proceso solamente racional ajeno a las emociones, sino que tiene muchas afectaciones de carácter emocional, sensorial y sentimental. El yo que piensa es también un yo que siente, no existe en sentido un *yo puramente racional,* en nuestra cognición siempre acontece la mixtura entre emociones, sentimientos y pensamientos. Nuestro yo es un yo *sentipensante.*

Los sesgos cognitivos son atajos efectivos para la eficiencia energética del cerebro y para el procesamiento rápido de información de la mente humana, no son sinónimos de algo negativo, más bien son configuraciones necesarias de la mente que si las conocemos y entendemos adecuadamente, evitaremos que nos induzcan al *error por ignorancia.* Conocer y entender el laberinto de la mente humana es un paso indispensable para superar los problemas que sufrimos a nivel social, económico, familiar y personal, si conociéramos todos los atajos no nos sentiríamos perdidos ante situaciones que no comprendemos o que comprendemos inadecuadamente, dejaríamos de normalizar comportamientos erráticos.

Además de intentar conocer una parte del laberinto de la mente humana, es necesario recordar que necesitamos volver a nuestros orígenes más remotos como especie humana para aprender a pensar mejor. A lo largo de lo que he escrito he sugerido algunas lecturas y ejercicios para mejorar nuestras habilidades mentales; sin embargo, ahora quiero hacer referencia a una práctica que está al alcance de ti, no tiene ningún costo, no necesitas terapia cognitiva, hacer sudokus y atiborrarte de lecturas, simplemente te invito a salir a caminar en un ambiente natural. Dos cosas: caminar y naturaleza. Eso te ayudará a pensar mejor.

En un estudio realizado en el año 2008 en la Universidad de Michigan dirigido por el psicólogo Marc Berman (Berman et al, 2008), como primer paso para el experimento a los participantes se les sometió a complicadas y rigurosas actividades para medir el desempeño de su memoria de trabajo y atención. Posteriormente, se dividió a los participantes en dos grupos, uno fue enviado a caminar durante una hora a un parque lleno de árboles y alejado del ruido de la ciudad, el otro grupo fue por el mismo lapso de tiempo a caminar en las bulliciosas calles de la ciudad. Después del paseo se les solicitó que realizaran las pruebas cognitivas nuevamente. Las personas que recorrieron durante una hora espacios naturales mostraron una mejora significativa en su desempeño cognitivo, su memoria y atención mejoraron; por otro lado, quienes caminaron por las bulliciosas calles no mostraron ninguna mejora en su desempeño cognitivo.

Para asegurarse qué tanto puede restaurar la naturaleza nuestras habilidades cognitivas, los investigadores hicieron otro ejercicio, un grupo de las personas participantes contemplaron fotografías de escenas tranquilas, rurales y naturales; el otro grupo contempló escenas de ajetreo urbano; en este caso los resultados fueron igual que en el ejercicio anterior, las personas que contemplaron fotografías de escenas campestres y naturales, mostraron mejoras en su memoria y mayor control sobre su atención; en cambio, las que contemplaron fotos de escenas urbanas no mostraron ninguna mejoría en su memoria y atención. Los investigadores concluyeron que aunque la interacción sea *simple y breve* con la naturaleza, esta tiene un alto impacto restaurador en las facultades cognitivas. El contacto restaurador con la naturaleza no es un cliché monástico ni una invitación a odiar las ciudades, sino un hecho comprobado por la ciencia, es indispensable contactar con la naturaleza, retornar a ese espacio que no se encuentra en el inadecuado diseño de nuestras ciudades; además, no se encuentra en internet, en Netflix o en el *Social Media*, ni siquiera en los libros; la quietud de la naturaleza está ausente en la avalancha de mensajes del ciberespacio. Es totalmente gratuito (por el momento, no sabemos si será así más delante con el cambio climático) ir a caminar a un parque arbolado o un bosque, eso te hará mucho más bien que ver tutoriales o documentales en internet. Volvamos a la naturaleza para restaurar nuestra mente.

Caminar. El simple y poco practicado ejercicio de *caminar* te puede hacer más inteligente, aumenta el número de neuronas en tu cerebro y mejora tus facultades mentales. *El sedentarismo vuelve más superficial el pensamiento del ser humano.* El ejercicio aeróbico estimula en el organismo el gen vinculado con el BDNF, la hormona encargada del crecimiento del cerebro, ayudándonos a evitar el encogimiento físico del cerebro y estimular la flexibilidad cognitiva, como lo expone la autora Gretchen Reynolds en su artículo "Cómo el ejercicio podría conducir a un cerebro mejor" (2012). De hecho, existe la hipótesis científica que fue el ejercicio físico el que realmente nos hizo evolucionar hacia un cerebro más grande que posteriormente nos ha permitido desarrollar actividades más complejas, el cerebro que poseemos se lo debemos a la necesidad de las carreras de resistencia según los investigadores Dennis Bramble de la Universidad de Utah y Daniel Lieberman de Harvard (Bramble y Lieberman, 2004). Sin los desafíos atléticos de nuestros ancestros evolutivos, no habríamos heredado este formidable cerebro; si el ejercicio fue el camino para llegar a este logro, entonces ese mismo ejercicio es necesario para protegerlo, cuidarlo, estimularlo y hacerlo crecer en neuronas.

En el año 2011 el doctor Justin S. Rhodes junto a su equipo del Instituto Beckman de Ciencia y Tecnología Avanzadas de la Universidad de Illinois, realizaron un estudio con cuatro grupos de ratones. Cada uno de estos grupos vivía en condiciones diferentes. El primer grupo vivía en medio del lujo y la abundancia, contaba con variedad de alimentos y juguetes, tenían frutas, nueces, túneles, pelotas, etc.; el segundo grupo tenía los mismos placeres, pero además contaba con ruedas para hacer ejercicio; el tercer grupo no tenía nada más en su jaula que alimento para ratones. El cuarto grupo no tenía acceso a juguetes, su comida era muy moderada y tenían una rueda para ejercitarse. El experimento duró varios meses, antes de iniciarlo los científicos inyectaron en los cerebros de los ratones una sustancia que permitiría monitorear los cambios estructurales en el cerebro. Durante meses dejaron que los ratones hicieran lo que se les antojara con todo lo que disponían en sus jaulas.

Después de algunos meses sometieron a los ratones a pruebas cognitivas y revisión de los tejidos cerebrales. Los ratones que se ejercitaron mostraron un mejor desempeño en las pruebas cognitivas, además contaban con un cerebro mucho más saludable, su estado era mucho mejor que los ratones que estaban en la jaula llena de lujos, rodeados de alimento y juguetes. Los científicos exploraron específicamente los avances en el desempeño del pensamiento complejo y solución de problemas, solo los que se ejercitaron mostraron mejoría, el ejercicio multiplicó el número de neuronas en sus cerebros, los ratones que se ejercitaron en la rueda para correr, tenían el doble de neuronas en el hipocampo que los ratones haraganes que pasaron solamente comiendo. Definitivamente el ejercicio nos ayuda a pensar mejor, no es necesario que realices una maratón, solamente basta con caminar unos 20 a 30 minutos diariamente.

Seguramente dirás "eso fue comprobado con ratones, no con humanos". En realidad, en el mismo año se realizó otro experimento con humanos, un total de 120 adultos mayores se dividió en dos grupos, a un grupo se le pidió que hiciera solo estiramientos y a otro que caminara. Después de un año se determinó que el grupo de los caminadores presentó un mayor volumen del hipocampo, así como mayores niveles de BDNF en su torrente sanguíneo. El grupo de los que solo hacían estiramientos no mostraron mayor volumen cerebral y fueron deficientes en las pruebas cognitivas (Erickson et al., 2011).

Todos nuestros dispositivos tecnológicos que requieren de un sistema operativo para funcionar, se están actualizando constantemente, tu computadora y celular actualizan periódicamente su sistema operativo, los softwares se actualizan, de lo contrario los equipos se vuelven lentos y susceptibles de ser atacados por algún *malware* o virus. De una manera aún más sofisticada y continua, nuestro cerebro se actualiza todos los días; dentro del marco conceptual de las neurociencias cognitivas actuales, *la hipótesis de la inferencia activa* es un concepto fundamental, esta plantea que el cerebro está constantemente generando y actualizando un modelo mental del entorno, es un modelo que es utilizado para generar predicciones de la información que se recibe de las entradas sensoriales, la cual es comparada con las entradas reales presentes sensoriales y las almacenadas en la memoria, de esta comparación el cerebro detecta los errores de predicción que son utilizados para actualizar y corregir el modelo mental del entorno. Nuestro cerebro es una máquina de probabilidades que actualiza y refina el modelo a cada momento, el cerebro crea una hipótesis del mundo y la revisa constantemente. El sistema nervioso es un experto en desarrollar modelos probabilísticos del mundo que son actualizados de manera constante por la experiencia sensorial (El Colegio Nacional MX, 2021).

Todo se actualiza diariamente, entonces ¿Por qué te aferras a ideas, creencias o hipótesis que no quieres someter a revisión? El cerebro está actualizando el modelo del entorno que nos rodea, es necesario que como pensadores retomemos ese principio de inferencia activa y estemos también constantemente actualizando nuestro modelo mental sobre las cuestiones más trascendentales de la vida. Actualiza tu modelo mental, si no, le sucederá lo mismo que a los sistemas operativos y software que no se actualizan, se vuelven lentos, ineficientes y cualquier programa malicioso (*malware)* los invade, engaña, estafa y destruye.

REFERENCIAS BIBLIOGRÁFICAS:

1. Aiello, L. C., & Wheeler, P. (1995). The expensive tissue hypothesis: The brainand the digestive system in human evolution. Current Anthropology, 36, Pág. 199–221.

2. Alexander, L., & Sherwin, E. (2008). Demystifying Legal Reasoning. Cambridge, UK: Cambridge University Press

3. Aranguren, A. M. (2011) La influencia de los sesgos cognitivos en las decisiones jurisdiccionales: el factor humano. Una aproximación. Revista para el análisis del derecho. Vol 2.

4. Ariely, D. (2008) Predictably irrational. Harper Collins. New York.

5. Asch, S. E. (1946). Forming impressions of personality. Journal of Abnormal and Social Psychology, Vol. 41, 258–290.

6. Avellar De Aquino, Thiago Antonio; Veloso Gouveia, Valdiney ; Salvino Gomes, Eliseudo & Bandeira Melo de Sá, Lorena (2017). La percepción de sentido de la vida en el ciclo vital: una perspectiva temporal. Avances en Psicología Latinoamericana, 35(2), 375-386. https://doi.org/10.12804/revistas.urosario.edu.co/apl/a.3728.

7. Bacon, F. (1939). Novum organum. In Burtt, E. A. (Ed.), The English philosophers from Bacon to Mill (pp. 24-123). New York: Random House. (Original work published in 1620)

8. Bacon, F.. 1858. The Works of Francis Bacon , vol. 4, ed. de James Spedding, Rober Leslie Ellis y Douglas Denon Heath, Londres Longman. P. 430-435

9. Baddeley, A. D., & Hitch, G. (1974). Working memory. Psychology of Learning and Motivation.

10.Baddeley, A.. (2012) Working Memory: Theories, Models, and Controversies. Annual Review of Psychology 10.1146/annurev-psych-120710-100422.

11.Baddeley, AD, Thomson N, Buchanan M. 1975b. Word length and the structure of short-term memory. J. Verbal Learn. Verbal Behav.

12.Baron, J. (1988) Decidign and thinking. New York: Cambridge University Press.

13.Baron, J. (1991) Beliefs about thinking. In J. F. Voss, D. N. Perkins, & J. W. Segal (Eds.), Informal reasoning and education, pp. 169–186. Hillsdale, NJ: Erlbaum.

14.Baron, J. (1991). Beliefs about thinking. In J. F. Voss,D. N. Perkins, & J. W. Segal (Eds.), Informal reasoning and education (pp. 169-186). Hillsdale, NJ: Erlbaum. Como fue citado en Nickerson, R. (1998) Confirmation Bias: A Ubiquitous Phenomenon in Many Guises. Review of General Psychology. Vol. 2, No. 2, 175-220.

15.Baron, J. (1995). Myside bias in thinking about abortion. Thinking and reasoning, Vol. 7, 221-235. Como fue citado en Nickerson, R. (1998) Confirmation Bias: A Ubiquitous Phenomenon in Many Guises. Review of General Psychology. Vol. 2, No. 2, 175-220

16.Barton, R. A., y Dunbar, R. I. M. (1997). Evolution of the social brain. In A. Whiten & R. W. Byrne (Eds.), Machiavellian intelligence II (pp. 240–263). Cambridge: Cambridge University Press.

17.Bauman, Z. (2005) Vidas desperdiciadas: La modernidad y sus parias. Paidós: España.

18.Bechtel, W. (1999) A Companion to Cognitive Science. Blackwell Publishing Ltd. USA.

19.Bergland, Christopher. 2017. Hunter-gatherer Ancestry May Be Why Our Brains Need Exercise. Psychology Today. Extraído el 08 de febrero de: https://www.psychologytoday.com/us/blog/the-athletes-way/ 201706/hunter-gatherer-ancestry-may-be-why-our-brains-need-exercise

20.Berman, M. G., Jonides, J., Kaplan, S. (2008) The Cognitive Benefits of Interacting with Nature. Psychological Science, Vol. 19, No. 12 (Dec., 2008), pp. 1207-1212. https://doi.org/c97t5p

21.Bermejo, R., (s.f.) Del desarrollo sostenible según Brundtland a la sostenibilidad como biomimesis. Hegoa, Universidad del País Vasco. Extraído el 16 de mayo de https://www.upv.es/contenidos/CAMUNISO/info/U0686956.pdf

22.Bertoglio, O. J. (1982) Introducción a la teoría general de sistemas. México.

23.Bodenhausen, G.V., Gabriel, S., Lineberger, M., (2000). Sadness and susceptibility to judgmental bias: the case of anchoring. Psychological Science 11, 320–323. DOI: 10.1111/1467-9280.00263

24.Bono, E. (1967) Lateral Thinking. Pelican Books. Londres.

25.Bramble, D. M., Lieberman, D. E., (2004) Endurance Running and the Evolution of Homo. Nature 432, 7015, pp. 345-352.

26.Busemeyer, J., Hastie, R., Medin, D.L., (1995). Decision making from a cognitive perspective. Academic, San Diego.

27.Byrne, R. W., y Corp, N. (2004). Neocortex size predicts deception rate in primates. Proceedings, Biological Sciences/The Royal Society, 271, 1693–1699.

28.Cairó, O. (2011). External measures of cognition. Frontiers in Human Neuroscience 5: 108. ISSN 1662-5161. PMC 3207484. PMID 22065955. doi:10.3389/fnhum.2011.00108.

29.Camus, A. (1951). El hombre rebelde. 9ª Edición. Editorial Losada, Argentina.

30.Caputo, A. (2014) Relevant information, personality traits and anchoring effect. International Journal of Management and Decision Making, 13 . pp. 62-76. ISSN 1462-4621

31.Carr, N. (2013) ¿Qué está haciendo Internet con nuestras mentes? Superficiales. Taurus.

32.Carr, N., (2010). The Shallows. What the internet is doing to our brain. W.W. Norton.

33.Carriere, J. S. A., Cheyne, J. A., Smilek, D. (2008). Everyday Attention Lapses and Memory Failures: The Affective Consequences of Mindlessness. Consciousness and Cognition. Consciousness and Cognition 17, 835–847.

34.Chen L, Baker SP, Braver ER, Li G. 2000. Carrying passengers as a risk factor for crashes fatal to 16- and 17-year-old drivers. JAMA.

35.Chow, S. J..(2015) Many Meanings of Heuristic. The British Journal for the Philosophy of Science, Vol. 66, No. 4, pp. 977-1016. https://www.jstor.org/stable/24562967

36.Clark, P.J., Kohman, R.A., Miller, D.S., Bhattacharya, T.K., Brzezinska, W.J., & Rhodes, J.S. (2011). Genetic influences on exercise-induced adult hippocampal neurogenesis across 12 divergent mouse strains. Genes Brain Behavior, 10. doi: 10.1111/j.1601-183X.2010.00674.x.

37.Clore GL, Ortony A. (2008). Appraisal theories: how cognition shapes affect into emotion. Lewis M, Haviland-Jones JM, Barrett LF (eds). Handbook of Emotions (3rd ed.) (pp. 628-642). Guilford Press: New York, NY, US, xvi: 848 pp.

38.Clore GL, Ortony A. (2008). Appraisal theories: how cognition shapes affect into emotion. Lewis M, Haviland-Jones JM, Barrett LF (eds). Handbook of Emotions (3rd ed.) (pp. 628-642). Guilford Press: New York, NY, US, xvi: 848 pp.

39.Cohen, G. L. (2003). Party over policy: The dominating impact of group influence on political beliefs. Journal of Personality and Social Psychology, 85, 808–822.

40.Coleman, M. J., Fortune, E. (2021) The Neuroscience of Taking Turns in a Conversation. Scientific American. Consultado en Agosto de 2021 en: https://www.scientificamerican.com/article/the-neuroscience-of-taking-turns-in-a-conversation/

41.Corrales, N. E., (2011) El lenguaje no verbal: un proceso cognitivo superior indispensable para el ser humano. Revista Comunicación, vol. 20, núm. 1,46-51. Instituto Tecnológico de Costa Rica.

42.Costello, S., Roodenburg, J., (2015). Acquiescence Response Bias—Yea saying and Higher Education. The Australian Educational and Developmental Psychologist Vol. 32. pp. 105–119. doi 10.1017/edp.2015.11

43.Crowne, D. P., Marlowe, D. (1960). A new scale of social desirability independent Of psychopathology. Journal of Consulting Psychology. College of Medicine, University of Kentucky, Vol. 24, No. 4, 349-354.

44.De Bono, E. (2005). Seis sombreros para pensar. Buenos aires: Granica.

45.Dehaene, S. (2005). Evolution of human cortical circuits for reading and arithmetic: The "neuronal recycling" hypothesis. en S. Dehaene, J. R. Duhamel,

M. Hauser, G. Rizzolatti (eds.), From Monkey Brain to Human Brain, Cambridge (Mass.), MIT Press, 133-157.

46.Dehaene, S. (2014) Le code de la conscience, París, Odile Jacob [ed. cast.: La conciencia en el cerebro, Buenos Aires, Siglo XXI, 2015].

47.Dehaene, S., Cohen, L. (2007), Cultural recycling of cortical maps. Neuron, 56 (2), 384-398.

48.Dunbar R. I. (2009). The social brain hypothesis and its implications for social evolution. Annals of human biology, 36(5), 562–572. https://doi.org/10.1080/03014460902960289

49.Dunbar, K. (1998) Problem Solving, in W. Bechtel and G. Graham (eds), A Companion to Cognitive Science, Maiden, MA: Blackwell Publishing.

50.El Colegio Nacional MX (12 julio de 2021) El azar y la necesidad: 50 años después. [Archivo de Vídeo] https://www.youtube.com/watch?v=RnmbVBArEd4&t=7577s

51.Englich, B., & Mussweiler, T. (2001). Sentencing under uncertainty: Anchoring effects in the courtroom. Journal of Applied Social Psychology, 31(7), 1535–1551. https://doi.org/10.1111/j.1559-1816.2001.tb02687.x

52.Erickson, K. I., Voss, M. W., Prakash, R. S., Basak, C., Szabo, A., Chaddock, L., Kim, J. S., Heo, S., Alves, H., White, S. M., Wojcicki, T. R., Mailey, E., Vieira, V. J., Martin, S. A., Pence, B. D., Woods, J. A., McAuley, E., & Kramer, A. F. (2011). Exercise training increases size of hippocampus and improves memory. Proceedings of the National Academy of Sciences of the United States of America, 108(7), 3017–3022. https://doi.org/10.1073/pnas.1015950108

53.Evans, J. St. B. T. (2009) How Many Dual-process Theories Do We Need? One, Two, or Many?, in J. St., B. T. Evans and K. Frankish (eds), In Two Minds: Dual Processes and Beyond, Oxford: Oxford University Press, pp. 33-54.

54.Felson, R.B., Palmore C. (2018). Biases in blaming victims of rape and other crime. Psychology of Violence. 8(3), pág. 390–399. doi:10.1037/vio0000168

55.Festinger, L. (1957). A theory of cognitive dissonance. Stanford, CA: Stanford University Press.

56.Fodor, J. A. (2008) The Language of Thought Revisited, Oxford: Oxford University Press. P. 116.

57.Friederici, A. D., Chomsky, N., Berwick, R. C., Moro, A., & Bolhuis, J. J. (2017). *Language, mind and brain*. Nature human behaviour, 1(10), 713–722. https://doi.org/10.1038/s41562-017-0184-4

58.Gigerenzer, G. and Gaissmaier, W. (2011). Heuristic Decision Making, Annual Review of Psychology, 62, pp. 451-82.

59.Gilbert. D. T. , & Malone. P. S. (1995). The correspondence bias. Psychological B ulletin, 117, 21-3 8 .

60.Gilovich, T. (1991). How we know what isn't so. New York: The Free Press. ISBN 978-0-02-911706-4.

61.Glowacka, H. (2018). Cerebros versus masa corporal. Obtenido el 12/06/2020 de https://askananthropologist.asu.edu/cerebros-versus-masa-corporal.

62.Graber, M. (2017). Social and ecological aspects of brain size evolution: a comparative approach. University of Zurich, Faculty of Science.

63.Graeff, T. R., (2005). Response Bias. Encyclopedia of Social Measurement. Vol. III. 411-418, ISBN 9780123693983, https://doi.org/10.1016/B0-12-369398-5/00037-2

64.Gretchen Reynolds (2012) How Exercise Could Lead to a Better Brain. The New York Times Magazine, 18 de abril de 2012. Consultado el 17/10/2021 en: https://www.nytimes.com/2012/04/22/magazine/how-exercise-could-lead-to-a-better-brain.html.

65.Haider, B., Krause, M. R., Duque, A., Yu, Y., Touryan, J., Mazer, J. A., & McCormick, D. A. (2010). Synaptic and network mechanisms of sparse and reliable visual cortical activity during nonclassical receptive field stimulation. Neuron, 65(1), 107–121. doi:10.1016/j.neuron.2009.12.005

66.Harari, Yuval N. author. (2015). Sapiens : a brief history of humankind. New York :Harper.

67.Hauser, J.R., Tellis, G.J., Griffin A. (2006). Research on innovation: A review and agenda for marketing science. Marketing Science 25(6): 687–717.

68.Heider. F. (1 958). The psychology of interpersonal relations. New York: Wiley. Seminal book that laid the foundations for attribution theory.

69.Hembrooke, Helene, and Geri Gay. 2003. "The Laptop and the Lecture: The Effects of Multitasking in Learning Environments." Journal of Computing in Higher Education 15:46–64.

70.Henrich, Joseph, and Francisco J Gil-White.(2001). The evolution of prestige: Freely conferred deference as a mechanism for enhancing the benefits of cultural transmisión. Evolution and human behavior 22, no. 3, 165-196.

71.Herrmann, E., Call, J., Hernandez-Lloreda, M. V., Hare, B., & Tomasello, M. (2007). *Humans have evolved specialized skills of social cognition: The cultural intelligence hypothesis.* Science, 317(5843), 1360-1366. https://doi.org/10.1126/science.1146282

72.Hirschman, E. C., (1980). *Innovativeness, Novelty Seeking, and Consumer Creativity.* Journal of Consumer Research 7(3): 283–295.

73.Hochachka, P. W. (1994). Muscles as molecular and metabolic machines. Boca Raton, FL: CRC Press.

74.Horst W. J. Rittel, & Webber, M. (1973). Dilemmas in a General Theory of Planning. Policy Sciences, vol. 4, 155-169. Revisado 13 de marzo de 2021 en http://www.jstor.org/stable/4531523.

75.Hovland, C. I., & Weiss, W. (1951). The influence of source credibility on communication effectiveness. Public Opinion Quarterly, 15, 635–650.

76.Huebner, B. (2016), Transactive Memory Reconstructed: Rethinking Wegner's Research Program. The Sou. Jour. of Phil., 54: 48-69. doi:10.1111/sjp.12160

77.IntraMed (2010) Un "segundo cerebro" funciona en el aparato digestivo. Consultado el 30/08/2021 en https://www.intramed.net/contenidover.asp?contenidoid=68330

78.Jahnke, J. C. (1965) Primacy and recency effects in serial-position curves of immediate recall. Journal of Experimental Psychology, Vol. 70, No. 1, 130-132.

79.Jaiswal, Ajeet. 2007. The hominization process of Homo Sapiens, University of Delhi, India.

80.James, Emshoff. (1971) Analysis of Behavioral Systems. New York, The Macmillan Co.

81.Jerison, H. J. (1973). Evolution of the brain and intelligence. New York: Academic Press.

82.Jones, E. E., Nisbett, R. E. (1971). The actor and the observer: divergent perceptions of the causes of behavior. New York. General Learning Press.

83.Kahneman, D. (2012). Thinking Fast and Slow; Penguin. London, UK..

84.Kahneman, D., & Frederick, S. (2002). Representativeness revisited: Attribute substitution in intuitive judgment. In T. Gilovich, D. Griffin, & D. Kahneman (Eds.), Heuristics and biases: The psychology of intuitive judgment (pp. 49–81). New York: Cambridge University Press.

85.Kahneman, D., Frederickson, B. L., Schreiber, C. A., & Redelmeier, D. A. (1993). When more pain is preferred to less: Adding a better end. Psychological Science, vol. 4, 401–405.

86.Kandel, E. R. (2007) En busca de la memoria, una nueva ciencia de la mente. Katz Editores.

87.Kazdin, A. E. (2000). Encyclopedia of psychology. Washington, D.C: American Psychological Association. Págs. 2588-2592

88.Kelley, H.H. (1967). Attribution Theory in Social Psychology. Nebraska Symposium on Motivation, 15, 192-238.

89.Klein, I., Mitchell, G. (2010) The Psychology of Judicial Decision Making. Oxford University Press. New York.

90.klingberg 2009

91.Koriat, A., Lichtenstein, S., & Fischhoff, B. (1980). Reasons for confidence. Journal of Experimental Psychology: Human Learning and Memory, 6(2), 107–118. https://doi.org/10.1037/0278-7393.6.2.107

92.Kudo, H., y Dunbar, R. I. M. (2001). Neocortex size and social network size in primates. Animal Behavior, 62, 711–722.

93.Langhe, B., Puntoni, S., Larrick, R., (2017) Pensamiento lineal en un mundo no lineal. Harvard Business Review. Mayo-Junio.

94.Laver, M. Sergenti, E. (2012) Party Competition: An Agent-Based Model. Princeton, NJ: Princeton University Press.

95.LeDoux, Joseph. (2002). Synaptic self: how our brains become who we are, Nueva York, Penguin, p. 160-162.

96.Lehninger, A.L., Davi, L.N., Cox, MM. (2014) Principios de Bioquímica.. 6ª edición, editorial Omega, Barcelona.

97.Lehrer, Jonah. (2007). Proust was a neurocientist. Nueva York, Houghton Mifflin.

98.Lewin, K. (1951). Field theory in social science. New York, NY: Harper and Row.

99.Lieberman, Hampton, Littlefield & Hallead (1992) Race in Biology and Anthropology: A Study of College Texts and Professors,Journal of Research in Science Teaching 29.

100.   Linker, M. (2014). Intellectual Empathy: Critical Thinking for Social Justice. Ann Arbor. University of Michigan Press.

101.   Littlewood, J.E. (2004) Littlewood's Miscellany; Cambridge University Press: Cambridge, UK.

102.   Lovejoy, C. O. (2009). Reexamining human origins in light of Ardipithecus ramidus. Science.

103.   Lukas, E. (1986). Logo-Test, Test zur Messung von innerer Sinnerfuellung und existentieller Frustration. Viena: Ed. Deuticker.

104.   M. Chudek et al. (2011). Prestige biased cultural learning: bystander's differential attention topotential models influences children's learning. Department of Psychology, University of British Columbia , Canada

105.   Madore KP, Addis DR, Schacter DL. Creativity and Memory: Effects of an Episodic-Specificity Induction on Divergent Thinking. Psychol Sci. 2015;26(9):1461‑1468. doi:10.1177/0956797615591863

106.   Maharjan, J. (2020) Youtube video recommendation architecture. Medium. Consultado el 22/08/2021 en https://medium.com/delvify/youtube-video-recommendation-architecture-9036f58 743c2

107.   Mandik, P. (2014) Philosophy of Mind. Wiley. ISBN 978-0-470-67447-5

108.   Markman, A. B. (2013). Smart thinking: Three essential keys to solve problems, innovate, and get things done. New York, N.Y: Perigee/Penguin Group.

109.   McLuhan, M. (1964) Understanding Media: The Extensions of Man. Lestrobe. Traducción: Patrick Ducher. ePub. P. 74.

110.   Mehrabian, A. (1972). Nonverbal Communication. Chicago: AldineAtherton.

111.   Merton, R. K. (1948). The self-fulfilling prophecy. Antioch Review, Vol. 8, No. 2, 193-210.

112.   Moll, H. y Tomasello,M. (2007). Cooperation and human cognition: the Vygotskian intelligence hypothesis. Phil. Trans. R. Soc. B 362.

113.	Molleman L., Pen I., Weissing F.J. (2013) Effects of Conformism on the Cultural Evolution of Social Behaviour. PLoS ONE 8(7): e68153. doi:10.1371/journal.pone.0068153

114.	Morrison A.B., Conway A.R.A., Chein J.M. (2014) Primacy and recency effects as indices of the focus of attention. Front. Hum. Neurosci. 8:6. doi: 10.3389/fnhum.2014.00006

115.	Morwitz, V. G. (1997). It seems like only yesterday: The nature and consequences of telescoping errors in marketing research. Journal of Consumer Psychology, 6(1), 1-29.

116.	Moss, Ann. 1996. Printed Commonplace-Books and the Structuring of Renaissance Thought. Oxford: Clarendon Press.

117.	Newell, A., Simon, H. A. (1972). Human problem solving. Englewood Cliffs, NJ: Prentice-Hall.

118.	NPTEL (2007) Introduction to Transportation Engineering. India. Consultado el 26 de septiembre en https://nptel.ac.in/content/storage2/courses/105101087/downloads/Lec-31.pdf

119.	Nunnally, B., Farkas, D., (2017) UX Research. O'Reill. USA.

120.	ONU (2018) Las ciudades seguirán creciendo, sobre todo en los países en desarrollo. New York. Consultado el 12 de octubre de 2021 en https://www.un.org/development/desa/es/news/population/2018-world-urbanizatio n-prospects.html

121.	Ouimet MC, Pradhan AK, Brooks-Russell A, et al. Young drivers and their passengers: a systematic review of epidemiological studies on crash risk. Journal of Adolescent Health 2015;57(1 Suppl):S24-35.

122.	Palmer, T. (2020) Human Creativity and Consciousness: Unintended Consequences of the Brain's Extraordinary Energy Eficiency?Entropy 22, 281

123.	Palmer, T.(2020). Human Creativity and Consciousness: Unintended Consequences of the Brain's Extraordinary Energy Efficiency? Department of Physics, University of Oxford, Oxford OX1 3PU, UK.

124.	Payne, J. W., Bettman, J. R., Johnson, E. J. (1993). The adaptive decision maker. New York: Cambridge University Press

125.	Payne, J., Bettman, J., Johnson, E., (1993). The adaptive decisión maker. Cambridge, New York.

126.	Perkins, D. N., Allen, R., & Hafner, J. (1983). Difficulties in everyday reasoning. Como fue citado en Nickerson, R. (1998) Confirmation Bias: A Ubiquitous Phenomenon in Many Guises. Review of General Psychology. Vol. 2, No. 2, 175-220

127.	Perkins, D. N., Farady, M., & Bushey, B. (1991). Everyday reasoning and the roots of intelligence. Como fue citado en Nickerson, R. (1998) Confirmation Bias: A Ubiquitous Phenomenon in Many Guises. Review of General Psychology. Vol. 2, No. 2, 175-220.

128.	Popper, K. (1994) *Knowledge and the Body-Mind Problem: In Defence of Interaction.* Routledge.

6. 127.	Rawls, J. (2012) Teoría de la Justicia. F ondo de Cultura Económica. México.

129.	Reader, S. M., & Laland, K. (2002). Social intelligence, innovation and advanced brain size in primates. Proceedings of the National Academy of Sciences, U.S.A., 99, 4436–4441.

130.	Richmond, B. (1994), Systems thinking/system dynamics: Let's just get on with it. System Dynamic Review, 10: 135-157. https://doi.org/10.1002/sdr.4260100204

131.	Roming, J. (2013) Lawyers and biased listening (part 2). Consultado el 26/08/2021 en https://listenlikealawyer.com/2013/10/17/lawyers-and-biased-listening-part-2/

132.	Rosati, A. G. (2017). Foraging cognition: reviving the ecological intelligence hypothesis. Trends Cogn Sci 21.

133.	Shackelford, T. K., Keenan, J. P., & Platek, S. M. (2007). Evolutionary Cognitive Neuroscience. The MIT Press.

134.	Shafir, E., Simonson, I., Tversky, A. (1993). Reason-based choice. Cognition 49, 11–36.

135.	Shah, A., Oppenheimer, D. (2008) Heuristics Made Easy: An Effort-Reduction Framework. Psychological Bulletin, American Psychological Association Vol. 134, No. 2, 207–222.

136.	Shepperd J., Malone W., Sweeny K. (2008). Exploring causes of the self-serving bias. Social and Personality Psychology Compass. Vol. 2. Pág. 895-908. doi:10.1111/j.1751-9004.2008.00078.x

137.	Sherman, S. J., Zehner, K. S., Johnson, J., & Hirt, E. R. (1983). Social explanation: The role of timing, set, and recall on subjective likelihood estimates. Journal of Personality and Social Psychology, Vol. 44, No. 6, 1127-1143.

138.	Simon, H. A. (1990). Invariants of human behavior. Annual Review of Psychology, 41, 1–19.

139.	Slovic, P., (1995). The construction of preference. American Psychologist 50, 364–371.

140.	Small, Gary. Vorgan, Gigi. (2008) iBrain: Surviving the Technological Alteration of the Modern Mind. Nueva York, Collins.

141.	Sparrow, B., Liu, J., & Wegner, D. M. (2011). Google effects on memory: cognitive consequences of having information at our fingertips. Science (New York, N.Y.), 333(6043), 776–778. https://doi.org/10.1126/science.1207745

142.	Stuss, D. T., Eskes, G. A., & Foster, J. K. (1994). Experimental neuropsychological studies of frontal lobe functions. In F. Boller & J. Grafman (Eds.), Handbook of neuropsychology, Vol. 9 (pp. 149–185). Amsterdam: Elsevier.

143.	Subramanyam, P.; Colecraft, H. M. (enero de 2015). "Ion Channel Engineering: Perspectives and Strategies". J Mol Biol (en inglés) 427 (2): 190-204. PMID 25205552. doi:10.1016/j.jmb.2014.09.001. Consultado el 02 de noviembre de 2020.

144.	Summhammer, J.; Sulyok, G.; Bernroider, G. (2018) Quantum dynamics and non-local e

7. ects behind ion transition states during permeation in membrane channel proteins. Entropy, 20, 558.

145.	Sweller, J. (1999). Instructional design in Technical Areas, Camberwell, Australia Council For Education Research.

146.	The Brain Inlfuence Podcast, Roger Dooley Ep 21: Smart Thinking, Smart Change with Art Markman.

147.	Thomson, H. (2017). Absent minded. New Scientist, 235 (3144). 40–43. https://doi.org/10.1016/S0262-4079(17)31876-6

148.	Tuchman, B. W. (1984). The march of folly: From Troy to Vietnam. New York: Ballantine Books

149.	Turner, J. C. (1991). Social influence. Buckingham, England: Open University Press.

150.	Tversky, A., Kahneman, D. (1973). Availability: A heuristic for judging frequency and probability. Cognitive Psychology, 5, 202–232.

151.	Tversky, A., & Kahneman, D. (1974). Judgment under uncertainty: Heuristics and biases. Science, 185, 1124–1131.

152.	US Census Bureau, 12 Population Division. 2017. Annual Estimates of the Resident Population for Selected Age Groups by Sex for the United States: April 1, 2010 to July 1, 2016. 2016 Population Estimates. Available at: https://factfinder.census.gov/faces/tableservices/jsf/pages/productview.xhtml?pid= PEP_2016_PEPAGESEX&prodType=tableexternal icon. Accessed 24 July 2018

153.	Von Bertalanffy, L. (1989). Teoría general de los sistemas. Fundamentos, desarrollo, aplicaciones (1a. Ed.). México: Fondo de Cultura Económica.

154.	Wegner, D., Ward, A. (Dic, 2013). Cómo Google está cambiando tu cerebro. Scientific American 309, 6, 58-61. doi: 10.1038 / scientificamerican1213-58

155.	Wegner, Daniel. Erber, Ralh. Raymond, Paula. (1991). Transactive Memory in Close Relationships. APA. Journal of Personality and Social Psychology Copyright 1991 by the American Psychological Association~ Inc. Vol. 61, No. 6, 923-929.

156.	Weizenbaum, J. (1976) Computer Power and Human Reason: From Judgement to Calculation. W.H.Freeman & Co Ltd, p. 127.

157.	Youngblood, M., Lahti, D.. (2021). Content bias in the cultural evolution of house finch song. BioRxiv, doi: https://doi.org/10.1101/2021.03.05.434109

158.   Zhu, X. H., Qiao, H., Du, F., Xiong, Q., Liu, X., Zhang, X., Ugurbil, K., & Chen, W. (2012). Quantitative imaging of energy expenditure in human brain. NeuroImage, 60(4), 2107–2117. https://doi.org/10.1016/j.neuroimage.2012.02.013

159.   Zohar D. (1990) La conciencia cuántica. Barcelona: Plaza y Janés.